羊城学术文库·岭南文化研究专题

广东民间信仰文化探析

A Study of Folk Belief Culture in Guangdong

贺璋瑢 著

社会科学文献出版社
SOCIAL SCIENCES ACADEMIC PRESS (CHINA)

羊城学术文库学术委员会

主　　　任　曾伟玉

委　　　员　（按姓名笔画排序）

　　　　　　丁旭光　马　曙　马卫平
　　　　　　王志雄　朱名宏　张　强
　　　　　　吴如清　邵国良　周成华
　　　　　　柳宏秋　黄远飞　谢博能

编辑部主任　陈伟民　金迎九

羊城学术文库
总　序

学术文化作为文化的一个门类，是其他文化的核心、灵魂和根基。纵观国际上的知名城市，大多离不开发达的学术文化的支撑——高等院校众多、科研机构林立、学术成果丰厚、学术人才济济，有的还产生了特有的学术派别，对所在城市乃至世界的发展都产生了重要的影响。学术文化的主要价值在于其社会价值、人文价值和精神价值，学术文化对于推动社会进步、提高人的素质、提升社会文明水平具有重要的意义和影响。但是，学术文化难以产生直接的经济效益，因此，发展学术文化主要靠政府的资助和社会的支持。

广州作为岭南文化的中心地，因其得天独厚的地理环境和人文环境，其文化博采众家之长，汲中原之精粹，纳四海之新风，内涵丰富，特色鲜明，独树一帜，在中华文化之林中占有重要的地位。改革开放以来，广州成为我国改革开放的试验区和前沿地，岭南文化也以一种崭新的姿态出现在世人面前，新思想、新观念、新理论层出不穷。我国改革开放的许多理论和经验就出自岭南，特别是广州。

在广州建设国家中心城市、培育世界文化名城的新的历史进程中，在"文化论输赢"的城市未来发展竞争中，需要学术文化发挥应有的重要作用。为推动广州的文化特别是学术文化的繁荣发展，广州市社会科学界联合会组织出版了"羊城学术文库"。

"羊城学术文库"是资助广州地区社会科学工作者的理论性学术著作出版的一个系列出版项目，每年都将通过作者申报和专家评

审程序出版若干部优秀学术著作。"羊城学术文库"的著作涵盖整个人文社会科学,将按内容分为经济与管理类,文史哲类,政治、法律、社会、教育及其他等三个系列,要求进入文库的学术著作具有较高的学术品位,以期通过我们持之以恒的组织出版,将"羊城学术文库"打造成既在学界有一定影响力的学术品牌,推动广州地区学术文化的繁荣发展,也能为广州增强文化软实力、培育世界文化名城发挥社会科学界的积极作用。

广州市社会科学界联合会
2016 年 6 月 13 日

序

任何一个具备严格的学术意义的学科课题研究，都必然有其自身特有的难点。就民间信仰研究而言，其难点至少包括：民间信仰范畴的科学界定；民间信仰现象的极其广泛性与复杂性；揭示民间信仰与官方微妙关系的调研及明确表述的难度。在中国，从现今政策管理层面上说，民间信仰与宗教是两个范畴不同的概念，在老百姓心目中却近乎不加区分。而在社会现实中，民间信仰与宗教之间是你中有我，我中有你，难以分别清楚。

在外国学者的理论判断上，还出现了中国民间信仰包括宗教信仰的看法，因为中国民众对神佛顶礼膜拜的出发点，总是一种有求而为的交易观，求神拜佛说不上什么信仰，最大的效应就在于追求"有求必应"。在现实生活中，民间信仰与宗教信仰是很难区分的，这从本书设目"佛教与道教的俗神信仰"的提法可见一斑。民间信仰诸对象源于各种原始崇拜，自然物、自然现象、先贤善者，皆可成神，难以胜数。民间信仰的流播，多为口口相传。民间信仰中的种种神明，各显神通，各有来路，也不是派系清晰、脉络分明的，并且不断地消长演变。千头万绪，给研究带来了不少矛盾和困难。民间信仰的出现离不开各个历史时期的主流意识，其发展与流播，从价值取向、传播手段到存在空间，充分体现了官方意志的主流倾向。所谓废"淫祀"与崇正典两者之间的博弈关系及必然结果，就是让民间信仰被纳入官方认可的轨道，获得官方批准的地位。近现代社会的民间信仰的兴废，差不多每次的重大转折，都充分体现了官方态度和施策的直接作用。在"破四旧"的浪潮下以及在非遗保护的浪潮中，民间信仰就进入了完全不同的兴衰状况。研究民间信仰，必然需要揭示官方运作在民间信仰背后的强大影响力和管控作用，但也不可避免地会涉及许多更深层次的未

必适合时宜之论。

　　基于以上各点，进行民间信仰研究，不仅要有学问，还要有胆识和智慧。正因如此，敬佩贺璋瑢教授在治学道路上的选择和努力。长期以来，她坚持不懈地致力于民间信仰的研究，著作丰富，是这方面颇有影响力的专家。对于出身湖北籍而求学又不在广东的她来说，完成广东民间信仰文化这样一个研究课题，需要比本土专家更多的付出，有着更大的难度，这是不言而喻的。此前，已经出版了她的大著《岭南信仰研究》，标志着她对这一专题研究取得的成果，本书的完成则是在这一基础上对研究的进一步深化和细化。

　　本书较之已见广东民间信仰研究题材的著作，其优长特色在于对广东民间信仰文化的研究思路，具有自觉的系统性。开头二章，从纵向与横向两个方向组织。纵向方面，梳理了广东地区民间信仰从秦汉至明清时期的历史之流、广东民间信仰的主要神祇；横向方面，对于广东民间信仰的历史之流及主要神祇，又立足于岭南文化的实际，划分为广府、客家、潮汕三民系及粤西地区四个板块进行阐述分析。面对岭南文化组成的复杂性，如此大刀阔斧地化繁为简划分板块，可见著者对岭南文化研究的造诣和匠心。在此基础上，进而分析广东民间信仰的表现特征、社会历史作用与影响，则是从整个广东地区的视野下进行阐述研究，是对分散现象的集中抽象，从宏观上把握民间信仰的基本特征，从而避免了认识的碎片化。对不同研究题材，采用不同架构，通过纵横交错的有机安排，使广东民间信仰的研究呈现出科学完整的体系性。著者对广东民间信仰的研究，既注意到广东地区的共性特征和规律，又不忽略不同板块的个性特征。对广东民间信仰历史之流的论述，针对广府、客家、潮汕地区，均采用从秦汉到明清的分时期论述，而针对粤西地区则独具特色，自南北朝前后开始论述，并且对雷神、石狗和信仰的多元因子多有涉及，显示出这一地区民间信仰历史演变的特质。论及广东民间信仰的主要神祇，水神信仰占有重要位置，在广府、潮汕、粤西地区部分都设有这一题目，唯独在客家中没有列此专题，而列出了山丘神明信仰，这一设置，符合前三者皆为沿海地区而客家民系主要居住于内地的环境条件。特别引人注目的是各板块中一些独具特色的信仰，如客家的巫觋信仰，潮汕的"百姓公妈"信仰，粤西地区的冼夫人、雷神、石狗信仰。这些篇目鲜明地体现了本研究课题的地方性，是民间信仰研究中最为可贵的内容，而从书中大量的田野调查个案，则可以见到著者为完成此研究课题所付出之辛劳，治学功夫之扎实。运用科学方法对传统文化的研究，提高了研究成果的可靠性，这也是本书学术价值的充分体现。

　　本书不但从源流上对民间信仰文化作了系统地研究，还对这一信仰的社会历史作用与影响专设一章进行论述。阐述了民间信仰的道德教化功能与心理抚慰功能，同时，对民间信仰在整合社群与维系秩序上能够发挥其作用也进行了论述。这就将历史文化、传统文化的研究视野与当代社会联系起来，使研究成果走出学术殿堂而与服务社会接轨。当今社会，民间信仰与社会一样正发生着剧烈的变化，因其对传统文化顽强的继承性、民间传播的广泛性和鲜明的价值观倾向性，对当代社会各个阶层人们的思想和行为，直接间接地发生着重大的作用，值得从科学的角度进行严谨的审视，做出正确的判断。

　　本书还有一个特点，即其体现了贺教授在研究中对女性问题的关注。这一关注，不只是表现在对广东各地民间信仰中女神信仰的重视。民间信仰的主要神祇中，广府、客家均设有女神信仰一题，在粤西则有冼夫人信仰。述及广东民间信仰的表现特征，信仰神祇方面的表现特征之一就是"崇尚女神"。所有这些，凸显了对女神信仰的重视。甚至在附录中收入著者的专论总共两则，均是对女神信仰的专题研究，一是广府民系的女神信仰，另一则是从社会性别的角度对女神信仰个案龙母女神的研究。贺教授对女神信仰特别关注并进行了深度研究，在她已经出版的《两性关系本乎阴阳——先秦儒家、道家经典中的性别意识研究》、《神光下的西方女性》和《历史与性别——儒家经典与〈圣经〉的历史与性别视域的研究》等论著中，一以贯之地得到体现，体现了一位女性专家对女性特殊的人文关怀，也是此一著作可贵的特点。

　　对于广东民间信仰文化的研究，当然还有很多的空间可以深入，例如，民间信仰在当代社会的作用与影响，具有积极与消极作用的两面性，对此未直接点出与论述。至于官方在民间信仰中的作用，论述更少。由于民间信仰文化包罗万象，恐非此篇幅有限的课

题能够穷尽。较之以往所见民间信仰领域研究中有碗数碗、有碟数碟的罗列性著述的做法，此书明显体现出其研究的学术性和系统性，这就是一种进步。由此写下读后之感，以兹对贺教授的力作出版表示祝贺！

陈泽泓
己亥深秋于羊城壁半斋

目 录
CONTENTS

前　言 ·· 001

第一章　广东民间信仰文化的历史之流 ············· 001
　　第一节　广府民间信仰文化的历史之流 ············· 001
　　第二节　客家民间信仰文化的历史之流 ············· 010
　　第三节　潮汕民间信仰文化的历史之流 ············· 024
　　第四节　粤西地区民间信仰文化的历史之流 ········· 031

第二章　广东民间信仰文化的主要神祇 ············· 045
　　第一节　广府民间信仰文化的主要神祇 ············· 046
　　第二节　客家民间信仰文化的主要神祇 ············· 074
　　第三节　潮汕民间信仰文化的主要神祇 ············· 092
　　第四节　粤西（雷州半岛）民间信仰文化的主要神祇 ····· 111

第三章　广东民间信仰文化的主要特点 ············· 118
　　第一节　信仰神祇方面的特点 ······················· 118
　　第二节　大众百姓的信仰习惯与心理 ················ 134
　　第三节　浓郁的巫觋品格 ··························· 156

第四章　广东民间信仰文化的社会历史作用与影响 ····· 172
　　第一节　百姓的精神支柱与教化之源 ················ 172

第二节　整合社群与维系社区秩序的有效途径 …………… 178

余　论 ………………………………………………………… 199

附录一　广府民间信仰中的女神信仰探略 ………………… 205

附录二　龙母女神信仰的社会性别视角思考 ……………… 224

参考文献 ……………………………………………………… 236

前 言

广东简称粤,地处南海之滨,《广东省商务概览》和《广东省情库》等网站都有如下介绍,广东"东邻福建,北接江西、湖南,西连广西,毗邻港澳,西南与海南省隔海相望,是华南地区、东南亚经济圈的中心地带"①,素有祖国"南大门"之称。一般而言,若要了解一个地方的人文历史与宗教传统,首先就必须了解其所处的地理位置与环境。广东陆地面积约17.98万平方公里,大陆海岸线总长约3368.1公里,优良港湾众多,海运发达。沿海大小岛屿面积在500平方米以上的约759个,海区面积40多万平方公里。②广东的海洋资源在国内可以说是名列前茅,种类丰富,以热带暖水性海洋生物为主。此外,广东境内丘陵众多,其面积就大约占去了广东全省面积的三分之二,人们常把广东丘陵与广西丘陵并称为两广丘陵。广东省内有享誉全国的罗浮、西樵、鼎湖及丹霞四大名山,南部沿海地带有珠江三角洲和韩江三角洲等平原地区,粤北为南岭,珠江水系三源即西江、北江及东江,以西江为主,因而珠江三角洲内河网稠密,自古河运就相当发达。

广东的自然地理环境较为优越,地处亚热带,可谓冬无严寒,夏无酷暑,是中国水资源、光资源与热能最为丰富的地区之一,四季常青,土地复种指数高。加之地势北高南低,海陆兼备,比较适合多元化经营。全广东又地处低纬度地区,最北端为北纬25°31′。"北回归线横贯省境大陆,大致是南澳岛—从化—封开一线。如此的地理位置,使广东全年太阳高度角大,所得的太阳辐射多,热量充足,是中国太阳能蕴藏最丰富的地区之一。万物生长靠太阳,因

---

① 参见《广东省商务概览》,http://xxhs.mofcom.gov.cn。
② 参见《广东省商务概览》,http://xxhs.mofcom.gov.cn。

而广东是全国植物生长量最大的地区之一。"①

《吕氏春秋》称广东地区为"百越之地",《史记》称"南越",《汉书》称"南粤"。古音中的"越"与"粤"相通,简称"粤",泛指岭南一带的地方。据考古成果发现,今广东韶关一带曾出现距今约12.9万年的马坝人及生活遗址。早在中国历史早期的商朝与西周时代,此地先民便与中原地区的商王朝、周王朝有一定的直接或间接的经济文化联系。到了春秋战国时代,岭南与吴国、越国和楚国等国关系逐渐密切,交往也逐渐频繁。《国语·楚语上》有"抚征南海"的记载,由此可见,当时岭南曾与楚国有军事、政治方面的联系。公元前214年,秦朝发兵打到岭南,结束了广东境内各土邦各自为政、一盘散沙的自治状态,并开始设置郡县。唐朝开元年间,即公元741年时,唐王朝在此设岭南东道,宋代时广东大部分属于广南东路,即"广东"一名的由来。元代时广东又分属两个省,即江苏西行省和湖广行省,公元1376年(明朝洪武九年)时,明朝中央政府将"省"改称布政司,并设广东布政司,清代时又改称广东省②,沿用至今。

广东北倚南岭("南岭又称五岭,横亘粤北和湘、赣之间以及广西东北部,岭南指的就是南岭以南的区域"③),南临浩瀚的南海,因此也是一个相对开放的比较独立的地理单元,有中国的南大门之称。而且广东"面向东南亚,恰处太平洋、印度洋及大西洋这三大洋航运的枢纽位置上,是中国的海上交通要冲、沟通海外的通道和主要对外通商口岸之一。历史上,广东是中原人士南下出海的必经之地,被誉为海上的'丝绸之路'"④。"一方水土养一方人,一方人信仰一方神,一方神护佑一方人",这种既相对独立又相对开放的独特的自然地理环境使得广东的民间信仰既自成体系,又接受了从中原和海外而来的许多影响,同时将这种影响辐射到或影响到中国港澳与东南亚一带。

---

① 参见《广东省情库:地理位置》,http://www.gd-info.gov.cn/shtml/guangdong/gd-gl/dlgk/2011/08/29/48316.shtml。
② 参见《广东省情》,http://wenku.baidu.com。
③ 陈泽泓:《广府文化》,广东人民出版社,2012,第23页。
④ 参见《广东省情库:地理位置》,http://www.gd-info.gov.cn/shtml/guangdong/gd-gl/dlgk/2011/08/29/48316.shtml。

前言

值得注意的是，广东境内由于自然及历史的种种因素，历来又被分成几个独立的区域，即人们常说的三大民系①：即广府、客家与潮汕。另外，以高州、茂名、湛江一带为中心的粤西地区，既受上述广府民系文化与客家民系文化的影响，也受黎语民系文化的影响，还受到当地古代俚族、僚族等许多土著文化的遗存影响，因此，也独具特征。

笔者在此需说明两点。一是广府、客家与潮汕民系均主要是北方汉人在不同时期迁移到广东的不同地方后，适应当地的自然生存环境和人文环境，并在南迁的汉文化与当地土著文化的融合与交流中渐渐形成的。不同民系的民间信仰文化均有着不同的面貌和特征，因此在对广东的民间信仰文化进行探讨时，研究者既要注意到不同民系、不同区域的民间信仰文化的共性，又尤其要注意到不同民系、不同区域的民间信仰文化的鲜明个性特征。这很好理解，因为如果说岭南文化是一个整体的话，在这个整体中也长期共存着各具独特个性和鲜明特色的亚文化，所以才有广府文化、客家文化和潮汕文化之分别，形成长期三足鼎立的民系文化组合。

二是笔者在这部著作中将广东的民间信仰文化分成了四部分，即广府民间信仰文化、客家民间信仰文化、潮汕民间信仰文化和粤西民间信仰文化，但要特别加以说明的是，这种划分只是权宜之计，只是为了研究的方便而已。这是因为：无论在上述的任何一个地方，行政区划从历史到今天都处在变动之中，每一地包括民间信仰在内的文化元素都是错综复杂的，是"你中有我，我中有你"的。

举例而言，如与潮汕地区西面接壤、今天属于汕尾市的海丰和陆丰两地，历史上长期为惠州府（大部为客家人所在地）所统辖，"然而，惠州府所属各县大部分位于东江流域，只有此两县被南北向的莲花山脉分切出，与潮汕地区同属岭东的地理区域，关系密

---

① 依照通常的说法，所谓民系，亦即民族内部的分支，在人类学上又称为族群，民系形成的两个最基本的要素，即共同的语言、风俗文化以及建立在文化相互认同基础上的共同心态意识。而方言的不同是广府、客家、潮汕三大族群最大的差别。广府人使用以广州方言为标准音的粤方言，客家人使用以梅县方言为标准音的客家话，潮汕人的方言则是闽南话的一个支系，简称"潮语"，潮汕人的方言原来以潮州方言为标准音，20世纪60年代以后改为以汕头方言为标准音。

切。在语言、习俗上与潮汕地区有许多相同或接近之处……因此，汕尾市属于以使用潮汕方言为主的地区，也属于潮汕文化的区域范围，只不过更多时间被边缘化而鲜为人所提及"①。又如，现在已划归广州的增城区，以现在的眼光看，其属于珠江三角洲的区域，按理说应属广府民系。但若以历史的眼光来看，直至唐朝，当时的广州城很小，广府文化的影响与辐射也比较有限，此地在交通不方便的古代主要受到客家文化传统的影响，所以现在的增城既有来自客家民系的民间信仰与神祇，也有来自广府民系的民间信仰与神祇。这种现象可以说在广东的任何一个地方都存在。

此外，即使在同一个地方，其核心地区与边远地区之间的文化传统都会发生渐变，显然边远地区的文化传统更易受到离其更近的其他文化传统的影响。因此，人们切不可以静止和僵化的眼光来看待和理解广东各地如此复杂的"你中有我、我中有你"的民间信仰。正因为岭南或广东民间信仰文化难以一"粤"字而统领之，而笔者勉为其难的"分民系和分块"研究的最大好处，是能够较为清晰地呈现出广东不同民系和地方最主要的民间信仰文化的大致情形和样貌。

---

① 陈泽泓：《潮汕文化概说·引言》，广东人民出版社，2013，第2页。

第一章
广东民间信仰文化的历史之流

毫无疑问,广东可谓民间信仰大省,自从在这块土地上有人类活动开始,就有了民间信仰的活动,从过去直到今天,广东的民间信仰一直比较发达,其产生和发展,自然与广东的自然、历史与社会密切相关,同时也深受周边(如福建、江西等地)民间信仰的影响,由于地处沿海,也受到海外文化的影响,更随着这个曾被中原人视为"蛮荒之地"的不断开发以及源源不断的移民之缘故,也受到以儒家为代表的中原文化传统的深厚影响。在上述因素的影响下,广东的民间信仰较清晰地呈现出自身的历史流变特征。

第一节 广府民间信仰文化的历史之流

最能代表岭南文化特征的是广府文化。广义的"广府"通常指的是使用粤语方言地区的汉族族群。狭义的"广府"大致指明朝开始设立的广州府的范围,大致包括今天的广州、南海、番禺、顺德、东莞、从化、龙门、增城、新会、中山、三水、新宁、新安、清远、花县以及香港、澳门、佛冈、赤溪等地及珠三角周边的粤西、粤北部分地区和广西东南部。简言之,"广府文化是以使用粤方言为语言特征,分布在以珠江三角洲为中心以及珠江三角洲周边的粤西、粤北部分地区的民系文化"[1]。广府民系亦是学界公认的岭南三大民系中最早形成的居民共同体。

当然,广府文化的中心无疑是广州,广州现在是国家首批历史文化名城、国家重要中心城市、国际商贸中心和综合性交通枢纽,拥有四五千年的人类活动历史和2200多年的建城历史,长期以来

---

[1] 陈泽泓:《广府文化》,广东人民出版社,2012,第19页。

都是岭南地区的政治、经济和文化中心，海上丝绸之路的重要发祥地，也是近现代民主革命的策源地和改革开放的前沿阵地，具有深厚的历史文化底蕴和丰富的文化遗产资源。因此，在溯源广府的民间信仰之流时，总是要牢牢地把握广州作为广府文化的中心其对周边地区的辐射作用。

一　秦汉时期的民间信仰

广东省面积最大的平原就是珠江三角洲，珠江可谓广府人的母亲河，以及广府民系的文化命脉。珠江有北江、西江与东江三大支流，珠江水系北有南岭横亘，南临大海，自成一体。珠江三角洲是华南地区最大的三角洲，地处广东中部沿岸地区，濒临南海，气候温和，属于亚热带气候，终年温暖湿润，这里土地肥沃，植被繁茂，河湾港汊众多。自然环境比较好。要说明的是，珠江三角洲冲积平原是晚至明代才逐渐形成的，因此在秦汉时期，珠江三角洲的大部分地方还是汪洋大海。在珠三角境内，历史学家通过考古发掘证明了最原始的本土居民为越人，稍微靠东面的是瓯越与闽越，靠西边接近今广西的是骆越，而分布在珠三角今广府中心地区的主要为南越人（学者普遍认为他们就是广府人的源头之一），所谓"百越"只是"越"这一民族群的统称。从前人们往往认为中华民族的远古文明与黄河、长江水系密切相关，但随着越来越多的考古发现，人们越来越认同中华文明的多源头说。其实珠江流域也算是中华文明的起源区域之一。

先秦时期，广府地区所在的区域几乎不见于文献记载。商周以来，由于本地民众的生活方式和信仰习俗与中原地区迥异，因而越地被中原政权与民众视为"蛮夷之邦"，常可见诸如"越人跣行""越人被发""越王勾践，剪发文身"之类带有鄙夷意味的史料记载。越人"断发文身之俗"的史料反映出彼时越地尚存蛇和鳄鱼等图腾崇拜的遗风遗迹，但这些图腾崇拜其实不仅存在于广府，在粤地的其他地区也均有深厚的历史传统。

越人先民对巫鬼信仰的崇拜由来已久且广为人知。古越人相信万物有灵，以万物有灵为基础的原始信仰虽具有普遍性，但因为地理位置的关系，岭南河网密布，越人先民维持生存的手段一般是捕鱼拾贝，因为水下世界神秘莫测，所以他们相信下水时在身上若文上鳞片等图案，就能让水里面的怪兽认自己为同类而不加以攻击，进而能平安返回地面，这或许是越人"断发文身"之缘由。

此外，巫鬼信仰是基于万物有灵而来的原始信仰，这亦是越人土著的原始信仰之一，当然也是广府地区民间信仰的源头。由于岭南独特的地理位置，在中原开发后相当长的一段时间里，古越人还是处于原始的部落状态，并没有受到外来文化的影响。

外来信仰的传入是随着中原的四次规模较大的移民而发生的。第一次是秦朝时期屠睢带领的50万将士及后期任嚣、赵佗所带领的士兵和被流放而来的犯人，这是岭南地区汉越之间的第一次文化交流与碰撞，移民中所带来的信仰也多是中原人自己的原始信仰，如火神祝融于此时来到岭南。《吕氏春秋·四月》有注云："祝融，颛顼氏后，老童之子吴回也，为高辛氏火正，死为火官之神。"如社神，早在《诗经》中就有社祭的记载："以我齐明，与我牺羊，以社以方。"

秦汉时期，尽管包括广东在内的岭南地区逐渐开始被纳入中央王朝的统治，但此时的岭南一带仍为化外之地，移民在数量上属于少数群体，当地居民的信仰仍以原始信仰为主，信鬼尚巫之风依然盛行。如《汉书·郊祀志》载"粤人勇之乃言粤人俗鬼，而其祠皆见鬼，数有效。昔东瓯王敬鬼，寿百六十岁。后世怠慢，故衰耗。乃命粤巫立粤祠，安台无坛，亦祠天神上帝百鬼，而以鸡卜。上信之，粤祠鸡卜始用焉"。此处的"鸡卜"是越人常用的占卜方法。除"鸡卜"外，还有"鼠卜""米卜""牛骨卜"等类型。需要指出的是，秦军南来以及赵佗的南越立国，以广东为代表的岭南之地自此开始归在以中原文化为正统的中央王朝的"大一统"领导之下。赵佗所实施的"和辑百越"的政策，无疑促进了中原移民与南越人的融合。

第二次大规模的中原移民发生在汉代，汉武帝平定了南越国后，在广信①设置岭南的行政中心，大批的移民也随之涌入广信地区。尤其在两汉之际，由于战乱，北人南迁，广东人口成倍增长。

---

① 汉武帝平定南越王国吕嘉之乱后，下令将岭南之地划分为南海、苍梧、郁林、合浦、交趾等九郡，辖地包括今之两广。元封五年（前106），武帝将交趾刺史部移治苍梧郡广信县，统辖岭南的苍梧等九郡，广信成为"岭南要地"、岭南首府。

汉末天下大乱，三国孙吴政权进一步地经营岭南，除了北方移民，又有大量来自楚、吴地区的移民。此时汉朝的文明已经是相对比较成熟的中原文明，北方的"石敢当"①、太乙真神（即真武、北帝）等民间信仰随移民一同南下，可谓中原民间信仰的南迁。南下移民带来的信仰在来到岭南后又渐渐发生了一些变化，例如北帝②在进到南方之后变成了水神，火神祝融在进入岭南后也成了水神，这样的例子在民间信仰的神灵中不胜枚举。正是在汉朝后，越人信仰的主导地位逐渐被削弱，越人的原始信仰也渐渐地与外来信仰相融合，逐渐演变为新的具有岭南地区特色的信仰。

二 魏晋至隋唐时期的民间信仰

因避战祸，自汉末至两晋时期出现了中原人南移的又一个高潮。尤其东晋十六国时，可谓中国历史上第一次全国性大移民，更多不同口音的人群来到江南，而江南地区的人，又有人移民岭南或者到岭南充军、屯垦、任职等。明嘉靖黄佐的《广东通志》说："自汉末建安至于东晋永嘉之际，中国之人，避地者多入岭表。"③《广东通志》还援引《交广记》："江、扬二州经石冰、陈敏之乱，民多流入广州，诏加存恤。"④ 在这次移民潮中，移民以"衣冠望族"为主体，且多以家族为单位，举族迁移。北人南移，无疑加快了北方社会风俗及信仰的南迁，这使得岭南地区的社会风俗逐渐向中原地区看齐。如以孝悌和贞节为基本内容的封建伦理道德，逐渐影响岭南，"其流风遗韵，衣冠习气，熏陶渐染，故习渐变，而俗庶几中州"⑤。

外来信仰进入岭南广府地区的方式除了北人南下移民之外，还有外来宗教（如佛教）的传入以及本土宗教（如道教）的传播。自东汉三国之交佛教传入交州后，进入粤地的外国僧人渐多。东汉桓帝建和元年（147），中国佛教史上第一位佛经翻译家安世高经海路到广州再北上后，外国的高僧陆续到广州传播佛教。东晋时期，在番禺、佛山、东官郡的青山（今香港九龙）都有番僧活动，东晋

---

① （西汉）史游《急就篇》："师猛虎，石敢当，所不侵，龙未央。"
② 北帝又被称为真武大帝、玄天上帝、玄武大帝等。
③ 嘉靖《广东通志》卷四《事纪二》，嘉靖四十年刻本。
④ 嘉靖《广东通志》卷四《事纪二》，嘉靖四十年刻本。
⑤ 道光《广东通志》卷九二《舆地略十·风俗》，道光二年刻本。

隆安年间，有罽宾（今克什米尔）人昙摩耶舍，亦称法明，在广州译出《差摩经》一卷①。

南朝时期，到番禺的外国名僧更多，今天广州的六榕寺和光孝寺均修建于南朝时期。除修建佛寺外，外国僧人更主要的是从事佛经翻译，这些宗教活动都对岭南地区民众的信仰有很大影响。佛教的传入，在很大程度上改变了中国的信仰结构，特别是当地的民间信仰。自佛教传入以来，佛教中的神祇纷纷进入老百姓的日常生活中，老百姓还结合自己的理解对佛教神祇的形象加以改造，并对其功能加以选择和扩大，形成了一系列的民间信仰神祇，如观音信仰在民间信仰中的改变尤其突出。观音在佛教经典中本为男相，后在南北朝时期逐渐变成女相，而后更是兼具了生育、求子等多种多样的功能。观音信仰在岭南有着极其广泛的信众，是广府民间信仰中信众数量最多的神祇之一。佛教诸神中除了观音，还有十八罗汉、四大金刚等神祇进入民间信仰神祇的队伍中来，在广府民间信仰中占据着重要地位。

道教对岭南地区的民间信仰影响也很大，道教历来从汉族民间的神话传说以及民间名人中吸收神祇，同样道教神祇也在民间信仰中被民众供奉、崇拜，这是一个双向的互动。"西晋至唐代，有一批中原的专职神灵，如五帝（五岳神）、五谷神（五仙）、禾谷夫人、西王母、花王父母等神仙落户岭南。"② 在道教的影响下，广府地区出现了许多男神和女神，如葛洪和葛洪的妻子、女针灸家——鲍姑和罗浮山主管长寿的女仙——麻姑等。两晋至隋唐时期，随着中原男神女神的传入以及岭南地方神的产生，岭南民间信仰中神祇的数量大大增加，神祇的职能也出现了专门化的趋势：或治痘、催生如西王母③，或治病如鲍姑，或保佑农事如禾谷夫人④。两晋至隋唐时期岭南地区的民间信仰逐渐趋同于中原地区。

---

① 参见（梁）释慧皎《高僧传初集》卷一。
② 何方耀、胡巧利：《岭南古代民间信仰初探》，《广东社会科学》2002年第6期，第22页。
③ 西王母是古代神话传说中的女神，后逐渐演化为道教主神之一。（清）屈大均的《广东新语》卷六《神语·西王母》记载："广州多有祠祀西王母。左右有夫人。两送子者。两催生者。两治痘疹者。凡六位。盖西王母弟子。"参见（清）屈大均《广东新语》，中华书局，1985，第214页。
④ 参见（清）屈大均《广东新语》，中华书局，1985，第210页。

三 唐、宋、元时期的民间信仰

唐、宋、元时期可谓岭南民间信仰的大发展时期,各路神灵陆续涌现出来。唐宋时期,广府地区的神谱出现了扩大的态势,一方面是外来神继续传入与逐渐地方化,如天后(妈祖)、康公等;另一方面则是本地神的不断涌现,如道教八仙之一的何仙姑、生育女神金花夫人、绣工神卢眉娘①、铁匠神涌铁夫人等。

这一时期,许多民间神灵被纳入王朝祀典并加以祭祀。如广府地区著名的水神南海神从隋开皇年间起就受到朝廷敕封,在唐代被封为"广利王",南宋绍兴年间的封号更有十一字之多——"南海广利洪圣昭顺威显王"。随着南海神崇拜的日盛,其夫人也蒙荫受封,于宋仁宗皇祐五年(1053)被敕封为"明顺夫人","明顺者,王之夫人,皇祐所封号也"②。

隋唐五代时期的社会经济有了较大变化,民间信仰适应社会变化也出现了两方面的变化。一是新的神灵出现。众所周知,唐代商品经济就整体而言,比前朝有了较为显著的发展。随着手工业与商业的发展,也促进了各种行业的行业神涌现出来,如绣工神卢眉娘、铁匠神涌铁夫人③。二是"各路神灵出现整合的现象,此方面是官方对民间信仰的整合——用儒家伦理对民间神祇进行整合并纳入官方祭祀,并赋予其伦理教化的意义"④。另一方面则是正统宗教神灵对于民间神灵的整合,在唐宋时期,广府地区的女性神祇的本身故事更加丰富,融入了符合儒、释、道思想的内容,诸如金花夫人、何仙姑、龙母等女神均是如此。据学者研究:"与民间信仰

---

① 卢眉娘(792~?),唐代南海(今广东南海)人,清代范端昂的《粤中见闻》记载:"卢眉娘,南海人……能于尺绢绣《法华经》七卷,字如粟粒,而点画分明。"据说唐永贞元年(805)时,南海将其贡于朝廷,顺宗嘉其工,谓之"神姑",令止于宫中。后来作为道士被放归,赐曰逍遥。屈大均的《广东新语》对其也有记载。
② 参见(清)屈大均《广东新语》,中华书局,1985,第206页。
③ 清代李调元的《南越笔记》中对涌铁夫人有记载,"铁于五金属水,名曰黑金。乃太阴之精所成。其神女子,相传有林氏妇以其夫逋欠官铁,于是投身炉中以出多铁,今开炉者必祠祀,称为涌铁夫人"。
④ 贺璋瑢、蔡彭冲:《广府民间信仰中的女神信仰探略》,《世界宗教研究》2016年第4期。

的冲突与整合是佛教、道教世俗化的重要表现,并由此导致宗教神灵与民间神灵的整合。"①

显然,这种"整合"是双向的,如身为民间神灵的妈祖、龙母、金花夫人进入了道教宫观,同时,佛、道教的神灵则日益民间化,如"观音在南北朝以后逐渐从男相转变为女相,唐朝以后女相逐渐占主导地位,被称为观音娘娘,到了宋代更是出现了千手观音、白衣观音、鱼篮观音②、水月观音等诸多变相"③。此外,一些宗教神灵单独立庙的现象增多,功利性不断增强,并拥有了满足信众需求的各种职能。

相较于唐代,伴随着整个社会从贵族社会向平民社会的转变,宋代宗教世俗化与平民化的趋势更为明显。唐中期出现的由六祖慧能所创立的"新"禅宗在宋代大行其道。其修行方法更为简便,度牒的商品化等使得佛教的世俗化特征极为明显。④ 随着佛、道二教的世俗化与平民化,佛、道神谱中的神祇也日益俗神化,如"从观音传说中妙善公主的故事、道教八仙信仰中何仙姑的故事均不难看出民间信仰对佛教道教神灵的改造与融合"⑤。

第四次移民潮则出现在南宋时期,此时珠玑巷⑥聚集的前中原移民更进一步迁移到珠江三角洲,初步奠定了广府地区的文化基

---

① 马新、贾艳红、李浩:《中国古代民间信仰:远古——隋唐时代》,上海人民出版社,2010,第301页。
② 鱼篮观音又被称为马郎妇或锁骨观音。传说观音化身为一卖鱼妇,来到一处淫乱之村落,允诺下嫁给最会背佛经的男子。马郎成功夺魁,但在迎娶之日,卖鱼妇却突然病逝。数日之后,外地来的一位僧人称卖鱼妇实为观音化身,并带着卖鱼妇所幻化的锁子骨升天而去。当地人则因此神迹而从此信佛。
③ 贺璋瑢、蔡彭冲:《广府民间信仰中的女神信仰探略》,《世界宗教研究》2016年第4期。
④ 参见刘浦江《宋代宗教的世俗化与平民化》,《中国史研究》2003年第2期。
⑤ 贺璋瑢、蔡彭冲:《广府民间信仰中的女神信仰探略》,《世界宗教研究》2016年第8期。
⑥ 珠玑巷位于广东省南雄市区北部偏东,该巷南起驷马桥,北至凤凰桥,全长1.5公里,是古代五岭南北梅关古道的必经之路。珠玑巷的兴衰与唐玄宗时开挖的梅关古道密切相关。宰相张九龄奉唐玄宗之命,开凿大庾岭梅关,把一条崎岖难行的山径开通为能通车马的大道。从那时起,梅关道沟通了长江与珠江两大水系,使南北交通顿时通畅,成为岭南最重要的通道,而依踞梅关道的珠玑巷也夹道成镇,古代称沙水镇,成为南来北往旅客的歇息地,上升为大庾道上最重要的驿站。

础。民间信仰神灵队伍在宋以后不断壮大，数量众多的历史名人或是贤明圣哲进入民间神祇的行列，百姓为其立祠祭祀，纪念其给后人留下的深远影响。

历史上的历次移民潮促进了中原文化与岭南文化的交流与融合，使古越人的原始信仰在不断融入中原移民信仰后成为具有鲜明地方特色的民间信仰体系。中原移民南下岭南的历史也是广府民间信仰产生与发展的历史。

四　明清至民国时期的民间信仰

经过唐末宋元时期的造神运动，到了明清时期，广府地区的神灵体系业已逐渐完备。广府民间信仰的主要神祇与崇拜仪式均逐渐定型。明清时期也是传统宗法性国家宗教发展的完全成熟期。正是此时，关帝、城隍与文昌帝君等官方崇拜神祇在全国也包括在广府地区得到弘扬。要说明的是，自明朝中叶以来，广东的社会经济发展势头迅猛，广东在全国的经济比重中的地位也开始变得越来越重要，务实重利之风在这里日渐流行开来，并逐渐成为岭南风尚之主流。但经济和生活的变幻无常又常使人感到难以掌握自身命运的紧张压抑，于是形成凡个人与家庭的大小事情均求神灵的社会氛围，民间普遍尊奉的功利神灵迅速扩张。清人屈大均在《广东新语》中专门辟出"神语"一卷，历数彼时粤地的主要民间神明。清代戴肇辰的《广州府志》记载："粤俗尚鬼，赛会尤盛"，而广东各路神祇的诞日或祀日也渐渐演变成为民间的节日和庆祝的日子，以至于"所称会者，无月无之"（戴肇辰《广州府志》卷一五，舆地七"风俗"）。吴震方的《岭南杂记》记载：粤人"凡遇神诞，举国若狂"。

这种情势一直延续到晚清民国之时。如《时事画报》上登载的两则关于清末民初民间信仰的新闻：

> 香山县城，每届城隍诞醮会，热闹异常，数日间靡费至二千余金。该款由石岐、澳门两埠及各乡捐签。日前经二三开通绅士，传现年值事到局集议，拟加撙节，免耗巨资。讵有值事某店，竟敢阳奉阴违，串同一二劣绅，籍称城隍系一邑祀典，仍往全属照常索捐，而议定棚厂灯色各件，裁减一半。似此从

第一章　广东民间信仰文化的历史之流

中渔利,该值事得以便其私图矣。——《借神渔利》①

顺德北水乡,前月初酬神演戏,定到某班开演。收场后,该乡主会因亏本故,纷纷逃匿,竟不能将戏金如数交付。该班因赶下台,迫不及待,无可如何,乃将该庙之木偶神像收入戏箱,扬帆而去。之后乡人哗然,惶然,谓掳去木偶,则神无凭依,该乡便失其主。即凑欠款二百余金,克日着人来省,到吉庆公所赎回。并拟为神洗羞,日间再定该班演戏云云。——《掳神勒赎》②

第一则新闻反映了香山(即今中山)的城隍诞之景象。每届都热闹异常,花销靡费,有乡绅从中联合商人渔利,城隍诞的醮会热闹异常、花费千金,并且由石岐、澳门的各乡捐签。第二则新闻是讲当时的戏班把神掳走,乡里人哪怕是没有钱,也要凑合着把神给请回来,民间信仰神灵对老百姓生活的重要性不言而喻。

辛亥革命推翻了帝制,传统的国家宗法性宗教发生了总体性崩溃。民国时国人提倡"民主""科学",民国政府曾大力推进移风易俗(如20世纪初期的废除旧历运动、风俗改革运动、新生活运动等),并相继制定了各种限制神祠泛滥以及取缔卜筮、风水、巫医等法规,形成了传统知识精英反对民间信仰的传统。③但延续了千百年的民间信仰的根基并未彻底动摇。"据佛山忠义乡志所载,单是佛山就有大小庙宇54间,广州神诞表所列神明就有40多位,金花庙所供奉的尊神达98位,东莞城隍庙所录出的神名,亦有65位。致使当局惊呼,'无论山野乡曲之间,仍有牛鬼蛇神之俗,即城市都会所在,亦多淫邪不经之祀',因此1928年广东省政府还下了一道'神祠存废标准令',其中勒令废止的神明两类31种,尚可适存的两类20种。其用心无可非议,殊不知风俗这东西不是靠一

---

① 广东省立图书馆编《旧报新闻:清末民初画报中的广东》,岭南美术出版社,2012,第456页。
② 广东省立图书馆编《旧报新闻:清末民初画报中的广东》,岭南美术出版社,2012,第451页。
③ 〔美〕杜赞奇:《从民族国家拯救历史》,王宪明等译,江苏人民出版社,2009,第109页。

纸禁令可以兴废的。"①

第二节 客家民间信仰文化的历史之流

最能反映岭南文化与中原文化交融变异的莫过于客家民系的文化。有关客家人的源流，至今说法不一②，不过，主流普遍的认知是：从秦末至宋初，黄河流域汉族居民数次从中原南迁，最终落籍于粤东北、闽西南与赣南三省交界处的山区。这三块区域其实是一个地理单元，只是因行政区划而分属不同省份，古代这个区域是三省之内地形最为复杂、生存环境比较恶劣的区域，可以想象，最早移民到粤地的人群，首先会选择更适合生存的河谷平原地带或者台地，越是后来者选择性越小，后来的人无奈只能住在生存环境不太好甚至恶劣的地方，相对于广府人和潮汕人，大批客家人应是较晚迁入的，客家民系也是广东三大民系中最晚形成的民系。他们不得不走进三省粤、闽、赣交界地带的高山密林，这一区域与其他区域相对隔绝，其独特地理单元和特征，在历史的长期积淀中渐渐形成了特征鲜明的客家文化。学界多认为客家文化带有强烈的中原文化色彩。客家先民们有着强烈的自我认同意识，自成一方区域社会，自操一种语言（客家话），这或许是客家文化比广府文化和潮汕文化更多地保留了中原汉族的文化传统的重要因素。

客家先民长期过着以家族为核心的集体生活，宗族观念极强，并延续着"耕读传家"的中华文化传统，因而文风鼎盛，崇文重教，英才辈出。今天位于粤东山区、号称"世界客都"的梅州市，是客家人的大本营之一。梅州市下辖梅江区、梅县区、兴宁市、大埔、丰顺、五华、平远、蕉岭等区县。除丰顺客家人口占总人口的

---

① 叶春生：《岭南民俗文化》，广东高等教育出版社，2011，第157页。
② 关于客家的源流问题，主要有罗香林的《客家研究导论》，认为客家人是北方的中原士族经过三次南移后，在闽粤赣三角地区扎根的人。房学嘉的《客家源流探奥》，认为客家人是南迁的中原人与闽粤赣三角地区的古越族遗民混化以后产生的共同体，其主体是生活在这块土地上的古越族人。谢重光的《客家源流新探》，认为客家人是唐宋时期江淮的贫苦农民迁来后，同化了当地的土著人民形成的。陈支平的《客家源流新论》，认为客家民系与南方民系的主要源流均来自北方。

32%外,其余各县和地区都为纯客县。① 梅州客家的民间信仰以其神秘的色彩、独特的形式、深广的影响力和跨越时空的历史穿透力,成为一种丰厚的传统文化而不断发展,沿袭至今。曾有学者讲,客家民性可以概括为五个方面:客性、山性、祖性、土性及神性,亦可谓一家之言。② 本节主要是对粤东客家人的"神性",即客家人的民间信仰从秦汉到明清的历史发展线索做一个大致的梳理。

一 秦汉以前的民间信仰

梅州地区最早的居民是百越人,其中又主要是闽越人,后汉三国时称山越人。后来生活在当地的古越人也分化为不同支系,最早该地主要为畲族、瑶族与疍人所居。魏晋南北朝后,越人后裔多被称为俚人或僚人,而隋唐绵延至明清时期的越人后裔则多是疍人。

如前所述,古越人崇拜鬼神及"鸡卜"。据《史记·封禅书》载:"是时既灭两越,越人勇之乃言:'越人俗鬼,而其祠皆见鬼,数有效。昔东瓯王敬鬼,寿百六十岁。后世怠慢,故衰耗。'乃令越巫立越祝祠,安台无坛,亦祠天神上帝百鬼,而以鸡卜之。"古越人还崇拜蛇、鸟图腾。《说文解字·虫部》载:"蛮,南蛮,蛇种;闽,东南越,蛇种。"尽管梅州地区现今的百越族后裔为数不多,但其宗教信仰却一直影响着这片土地上的人们。如在清朝时期,"鸡卵卜"和"鸡卜"还是当地人流行的卜式之一,如清代黄钊《石窟一征·礼俗》卷四:"俗以鸡卵占病,不仅巫觋间有村妇以术行医,皆用此法……今俗生卵剖开,其内有点与否,以断病之轻重,法虽不同,其术则一也。"

二 三国至唐宋时期的民间信仰

三国至唐宋元时期,是中原汉人移民大量进入粤东的时期。随之而来的还有中原汉人的固有信仰。东晋南朝后,进入岭南的移民日益增多,尤其是唐代粤北的大庾关开通后,客家先民入居粤北南雄、曲江一带,再后来梅州和惠州一带成为客家人在广东的大本

---

① 参见谭元亨主编《广东客家史》,广东人民出版社,2010,第675页。
② 邱远等:《试论客家民性的特质》,载吴善平编《客家文化学术研讨会论文集》,黑龙江人民出版社,2010。

营。因此也有学者认为，客家民系形成于宋元时期。①

客家人的祖先早先大多是从中原地区，亦有部分在黄河流域和长江流域的群落，先后经过几次大迁徙，才到粤、闽、赣三地山区的三角地带落脚的，而宋末元初南迁客民主要是来自江淮、两湖和江西。"原先与客家先民共存于粤东的畲族在宋元及其后陆续他迁，向闽南、闽东、闽北等地转移……这就使得客家先民有可能反客为主，发展成一个独立民系。"②粤地客家人有独特的生活习俗、独特的文化和语言，有强烈的自我认同意识。他们为了保护自我，往往聚族而居，并营建富有中原特色的建筑形式，即客家大屋或围龙屋，自成一方区域社会，自操一种方言（客家话）。当然，客家人把自己的宗教信仰也带到了粤东，包括对天地的崇拜及对祖先的崇拜等。

在原始社会，先民们对天的崇拜表现为对具体天体物象和神化了的天体物象的崇拜。而后随着国家的建立，逐渐发展到对有意志的"天"或"天帝"的崇拜。梅州的客家人视天为至高无上的神，是众神之主；称之为"天公"、"天神"、"天神爷"及"玉皇大帝"等。客家人在拜任何神灵前，都会先拜"天公"。如拜伯公时要先向门外拜天神；扫墓时也要向坟堂外拜天神，然后祭墓；婚嫁时，先拜天地，后拜祖宗，再拜高堂。

土地神是一方的保护神。对土地的崇拜在梅州衍生出了种类繁多与管辖范围不一的土地神。土地神的称谓多有不同，如"土地公"、"公王"、"社官"（社公）、"伯公"、"龙神"（阳居、阴居所在的山称为"龙"）、"山神"、"河神"、"水伯"等。"伯公"的管辖范围最小，一般是一个村，"社官"的范围为数村或一个社区。土地神的来源广泛：有灵验的"神明"，也有某些自然物，如山、石、树等，这一时期形成的有名的公王信仰包括：三山国王③信仰和石古大王信仰。宋代时，建公王庙或公王坛已经十分普遍，在各地或各自然村大都建"坛"，或建"宫"，或建"庙"。从那时起，

---

① 参见司徒尚纪《岭南历史人文地理——广府、客家、福佬民系比较研究》，中山大学出版社，2001，第30页。
② 司徒尚纪：《岭南历史人文地理——广府、客家、福佬民系比较研究》，中山大学出版社，2001，第32～33页。
③ 三山国王信仰在粤东颇为盛行，而有关三山国王的属性，其功能的嬗变以及此信仰与客家、潮汕族群的关系等问题，学界依然分歧颇多。

客家人的村头路边，到处是神坛社庙。逢年过节，客家人必拜各类土地神明。

对动植物的崇拜，其表现为建龙王庙、过"野猪节"（梅县隆文镇檀江村）、拜"伯公树"神等。一些年代久远和枝繁叶茂的大树往往也是人们崇敬的对象。尤其是一些老榕树、松树、柏树及水杉等。它们被认为生命力旺盛，能给人带来吉利。客家人常对这些老树顶礼膜拜，甚至备牲礼祭拜。人们对祠堂前后的"风水树""风水林"，更是敬畏有加，不敢随意砍伐。客家人还敬门神、灶神、米谷神、厕神等。这些对自然"神灵"的崇敬，实际上体现了客家人对大自然的一种敬畏与理解。

汉人对祖先的崇拜古来有之，而客家人的祖先崇拜尤盛。对客家人来说，最神圣的信仰莫过于祖先崇拜，这可能与客家人在历史上的流转迁徙、亲人分散、随处为家相关，故而尊祖祭祖的观念特别深厚，也与其较为发达的宗族家族制以及强烈的宗族观念密切相关。所谓"宗族"，就是以同姓和拥有共同祖先的血缘为基础的亲族组织。客家人对自己的家族来源和血统所出尤为重视，以至在家谱和堂号上多有反映，如兴宁的《汪氏三修族谱》说，兴宁汪氏来源于颍川。兴宁《温氏族谱》说其族发源于山西、河南。可见客家与中原，渊源有自。因而家谱和堂号（又称堂匾，如梅州一带李姓立的"陇西堂匾"、廖姓立的"武威堂匾"、严姓立的"天水堂匾"等）成为探讨客家先民与中原地区之关系的重要依据。客家人的家庭一般会供奉祖先牌位。对祖先的崇拜，一方面是尽孝，另一方面是相信人死有魂，祀奉祖宗可以让祖宗保佑自己。儒家经典著作《礼记》中《祭统》篇有云："孝子之事亲也，生则养，没则丧，丧毕则祭。"宋人也有云："葬祭二事，尤孝子所当尽心焉。盖孝子之丧亲也，葬之以礼则可以尽慎终之道，祭之以礼则可以尽追远之诚。"①

儒家重孝的观念深深地影响着从北方迁入南方的客家人。儒家的"孝"包含了对"死人"的孝。"对'死人'的孝，从本质意义上说，这即是重视丧葬和丧葬的质量。"② 加上佛教中"生为苦、

---

① 郑至道撰《琴堂谕俗编》卷上《正丧服》（应俊续编），转引自王善军《宋代宗族和宗族制度研究》，河北教育出版社，2000，第96页。
② 陈华文：《丧葬史》，上海文艺出版社，1999，第10页。

死为乐"的思想在客家先民中影响极深,故客家人对丧事极为重视,并严肃认真地加以操办。

客家人对祖先的祭拜具体表现为:家祭(顾名思义是在家中祭祀,祭祀时间不定)、祠祭(祠祭是祠堂修建以后的事,大约始兴于明清时期,祠祭的对象是指在祖堂和一族的族姓宗祠祭拜、奉祀最亲近的祖先及父母长辈,以及该族姓的共同祖先等)。"在客家地区,从前几乎每一个宗族都有自己的祖祠,内设祖先牌位及香炉,凡遇家中有大事,诸如晋升、中举、赴考、婚嫁、生育等,客家人都要给祖先牌位烧香祭拜以求庇佑。而在岁时特定日子里,则必须敬拜祖先。"①

另外,客家人对墓祭也很重视,客家人的许多宗族对如何墓祭都有明晰的规定,并将其写进了族谱,"在客家各姓族谱中,都有明确的家训作为本族的道德规范,其中重要一条是'修坟墓'。在客家礼俗中,每年农历三月清明节、八月初一'大清明'是春秋二祀。这天家里要备办三牲衣纸扫墓,祭拜先人"②。在客家人的心目中,孝亲敬祖方能万事顺遂,家业兴旺、家族绵延,祖宗可谓子孙得以生存与发展以及得福的根本大计。

祖先偶像崇拜的现象迄今还在客家地区普遍存在,如直到现在当地还有五华县安流胡氏宗族的胡法旺公、张法青公、郭田的江法师、黄姓的"吴爷公"等。③ 五华县华城镇湖田村张姓设立"崇德祠",祭祀张公仁爷、张毛大郎两位神明。因供奉的是本家神明,俗称"张公庙"。湖田张姓在每年的农历八月十三日都要举行为期两天的庙会,其间每家每户都要进庙"上表"朝拜。又如五华县华城镇铁炉村的大部分村民姓钟,为祭祀其祖先钟万公而建立了万公祠。此祠既是祖祠,也是神祠,每年的农历八月十八日都要举行庙会。又如梅县松源镇郊的王氏宗族每年农历正月二十八都要举行大型联宗祭祖活动,当地民间称之为"挂大牌",该仪式主要是对王姓历代祖先举行一次比较大规模的祭拜。④

---

① 巫秋玉、黄静:《客家史话》,中国华侨出版社,1997,第133页。
② 巫秋玉、黄静:《客家史话》,中国华侨出版社,1997,第133页。
③ 房学嘉、肖文评、钟晋兰:《客家梅州》,华南理工大学出版社,2009,第144页。
④ 参见宋德剑《梅县松源镇郊王氏宗族与龙源公王崇拜》,载谭伟伦主编《粤东三洲的地方与社会之宗族、民间信仰与民俗》(下),国际客家学会、海外华人资料研究中心、法国远东学院,2002,第372页。

第一章 广东民间信仰文化的历史之流

客家人眼中的"祖先"还包括为客家人利益而死去的英灵，如祭祀那些在移民、开拓及械斗的过程中，为了捍卫客家人利益而死难或做出调和贡献的英灵。如丰顺县的"法青公庙"祭祀的"法青公"就属于这一类。法青公，即张法星。据《揭阳县志·杂记》载："宋张法星，霖田人，巫师也。"霖田，今日之丰顺。相传他有道术，常为祀禳。后因与三山国王斗法，以死相争，不分胜负，最后双方议和，在横江为其立庙，并在三山祖庙中三山神让其居座左，由乡人合祀。法青公虽为道人，但也被当地人神化为祖先来崇拜了。

佛教传入梅州是在魏晋南北朝时期，当时有大量外邦僧人在广东从事传教活动。梁武帝时，佛教被钦定为"国教"。因此，佛教在南方得到迅速发展，寺院林立，僧尼激增。程乡县的大觉寺即在此时建造。佛教的传入对梅州地区产生了很大影响。佛教在闽、粤、赣边区客家住地，初传于晋代，初盛于唐代。唐代以后，逐渐与道教合流，与当地的民间信仰融合。① 如对佛教高僧和"肉身菩萨"的信仰，唐宋时期梅州信仰的"肉身菩萨"主要有伏虎佛②（或称伏虎禅师）和定光佛③。

在这一时期，除北方汉人移居此地外，苗族的分支——畲族和瑶族也移居此地。虽然他们大部分已融入汉人群体中，但他们的信仰传统也部分地流传了下来。如畲族崇拜盘瓠，崇拜狗图腾。据光

---

① 胡希张、莫日芬等：《客家风华》，广东人民出版社，1997，第320页。
② 伏虎禅师（？~962），北宋时佛教高僧，本姓叶，法名惠宽，福建宁化人。在汀州开元寺出家为僧，遍游诸方丛林，访师学道，领悟佛家要旨，然后返汀。时境内虎豹出没为害，据说他以解脱慈悲力驯服虎豹，于是众称之"伏虎"禅师。建隆三年（962）农历九月十三日示寂，徒众塑其像于庵。熙宁三年（1070），其庵被赐名"寿圣精舍"，乾道三年（1168），改赐名"广福院"。惠宽四次被皇帝封号为"威济灵应普惠妙显大师"。南宋淳熙元年（1174），郡守奉院迎武平均庆院定光真像入州衙后庵，又于广福院迎伏虎禅师真像与定光差肩为宾主，同祀于州衙后庵。其后，庵被改名为"定光寺"。
③ 定光古佛的来源有很多种说法，流传最普遍的是：其化身是唐末宋初的高僧，俗家姓郑，名自严。父曾任同安令，故为同安人。他年仅十一岁时就出家了，投汀州契缘法师席下，得道后在汀州地区传法。曾经为莲城诸地方除蛟患，在武平县南安岩（现称狮岩）隐居时，又收服了山中的猛虎和蛟湖恶蛟，乡民非常尊敬他，建庵供他居住。他在八十二岁时坐逝。多年以后，汀州城遭寇贼围攻，相传他显灵退敌，使全城转危为安。朝廷于是颁赐匾额，将他住过的庵寺命名为"定光院"，他也因而被尊为"定光佛"，与伏虎禅师并列为汀州二佛，成为闽西汀州的守护神之一。

绪《嘉应州志·祠祀》卷十七载："盘古圣王宫在（梅县西阳）樟坑口。"① 这表明，直至清朝，梅州地区还保留着对蛇与盘瓠的崇拜。

三 元明清时期的民间信仰

元明清时期，粤东客家民间信仰的进一步发展，加之其他地区民间信仰的传入，使粤东客家民间信仰的主要神祇与崇拜仪式均逐渐定型。其表现为，一方面，国家大力推崇的神祇信仰在客家地区得到推广，国家推崇的信仰有城隍、社稷神、先农神②、山川神和风神等；另一方面，崇奉新造或新来的神祇及新的崇拜仪式。新来客地的神祇有观音、天后、保生大帝、关帝、文昌帝、北真武帝等。尤其是到了明清时期，是传统的宗法性国家宗教发展完全成熟期。就在此时，孔子、关帝以及城隍崇拜在全国（包括在客家地区）得到传扬。因此，客家人的民间信仰实是流动和不断发展的过程，直到明清时期其信仰的主要神祇及崇拜仪式才大致定型。

城隍③（有的地方又称城隍爷），是中国民间和道教信奉的守护城池之神，一般由去世英雄或名臣所构成，因明太祖朱元璋在全国范围屡次敕封和大力推崇而推广至全国，成为自然神及城市保护神。

社稷神、先农神、山川神、国家祭祀之神，由国家主祭。乾隆《嘉应州志·建制部》祠祀载"社稷之神、先农之神、山川之神，乾隆七年奉文……，孟夏月奉文，定期致祭，主祭官穿朝服，行三

---

① 盘古是盘瓠之讹，盘古传说是由盘瓠崇拜演变而来，这是学术界的共识。盘古与盘瓠的关系，历来是史家争论的问题。清初修《康熙字典》最初将盘古氏释为天地万物之祖，又引晋干宝《搜神记》释云：犬名。高辛氏有犬，其文五彩，名盘瓠。清末民初北京大学图书馆馆长夏曾佑在《古代史》一书中说："今按盘古之名，古籍不见，疑非汉族旧有之说，或盘古盘瓠音近。盘瓠为南蛮之祖"，认为是汉民族把南方少数民族神话人物盘瓠误为己有，造出了盘古。其后顾颉刚、范文澜等均采此说。

② 先农神是我国古史传说中最先教民耕种的神者。

③ 城隍是冥界的地方官，职权相当于阳界的县长（是真正专门负责人一生福寿禄和恶罚明的官职，或被称为城隍判官等）。因此城隍就跟城市相关并随城市的发展而发展。城隍产生于古代儒教祭祀而经道教演衍的地方守护神。祭祀城隍神的例规形成于南北朝时。唐宋时城隍神信仰滋盛。宋代列为国家祀典。元代封之为佑圣王。明初，大封天下城隍神爵位，分为王、公、侯、伯四等，岁时祭祀，分别由国王及府州县守令主之。明太祖此举之意，"以鉴察民之善恶而祸福之，俾幽明举不得幸免"。

跪九叩首礼"①。

风神，"雍正十二年奉文建造，内祀宣仁昭泰风伯之神，每年春秋中月戌祭，后巳日致祭，官穿莽服，行两跪六叩首礼"。

隋唐以来，佛教的观音信仰广泛流传，观音被纳入了民间俗神的系统。具有救难和送子等功能。明清时期，观音信仰深入客家地区的千家万户。另外，梅州观音信仰区别于其他地方的最大特点是在专奉血缘性祖宗神灵的民宅宗祠内，同时专建观音坛或庙祀观音菩萨。②

天后（妈祖）信仰也是在明清时期传入梅州地区。在粤东的五华、兴宁等地都建有天后庙。当然，天后的神能神职也在不断增添，人们渐渐相信天后还能护佑城池、驱邪治病，同时也是妇女及儿童的守护神，并为她配上众奶娘，还包括家里的大事小情，诸如升学求职、婚丧嫁娶等。天后俨然成了人们全方位的保护神明。要说明的是，梅州客家地区的天后庙并不像在潮汕地区那么繁盛。

保生大帝又被称为大道公，吴真人（979~1036），医神。本名吴夲，字华基，为北宋福建泉州府同安县白礁人，据说他从小就对医学特别感兴趣，有神童之称，平生茹素，志不成婚，专心致志。而后又得高人指点，医术精深，悬壶济世，治病救民，医德高尚，深受广大乡民敬仰，但不幸在一次采药时坠崖身亡。百姓感其恩德，纷纷奉祀他。南宋高宗颁诏书立庙祭祀，历代朝廷对其普济众生之感人事迹，亦深为嘉许，御赐"大道公"及"普济真人"等，"1425年，明仁宗皇帝赐封其为'昊天御史医灵真君万寿无极保生大帝'，赐龙袍建宫殿，给予至高荣誉。从此保生大帝法号便家喻户晓，吴夲原名却鲜为人知了"③。

可见，保生大帝信仰原为福建本土的信仰，供奉保生大帝的"世界祖庙"现在位于全国文明城市、国家历史文化名城、中国优秀旅游城市漳州台商投资区白礁慈济宫，现中国大陆和中国台港澳地区以及东南亚共有两千多座供奉吴夲的保生大帝庙宇，信众近亿

---

① 程志远、王洁玉、林子雄等撰《乾隆嘉应州志》（上），广东省中山图书馆古籍部，1991，第102页。
② 参见房学嘉、肖文评、钟晋兰《客家梅州》，华南理工大学出版社，2009，第144页。
③ 梅州大埔县湖寮镇黎家坪村广福宫理事会整编《广福宫保生大帝简介》。

人。保生大帝是中国历史上最著名的医神之一,已成为闽南、潮汕地区及中国台湾、中国香港、中国澳门、东南亚及吴氏后代所共同信奉的道教神祇。清嘉庆元年,即1796年,梅州大埔县湖寮镇东部的黎家坪村有村民把保生大帝神像从福建泉州同安县的白礁村恭请回来,"乡人建广福宫以崇祀,迄今两百余年。广大善信对保生大帝无限敬仰,影响深远。每年正月祈福,三月半大帝诞辰,九月半作大福,都异常热闹"①。

晏公,水神。据《赣州府志》,乾隆《嘉应州志·杂记部》寺庙载:"晏公庙,水南河岸,明时建。"

火神。乾隆《嘉应州志·杂记部》寺庙载:"火神庙,水南晏公庙侧,知县刘广聪建。"

关帝、北真武帝、文昌帝。乾隆《嘉应州志·杂记部》寺庙载:"三帝庙,城内,旧按察司行署,康熙元年,知县洪图光建,移北城真武像祀其中,并祀文昌、关帝。"

明清时期梅州客家人的祖先崇拜,尤其表现在丧葬方面,"从技术上讲,祖先崇拜由两部分组成,即人死后随即进行的埋葬仪式与死者之间保持长久的供奉仪式"②,简言之,祖先崇拜主要表现为丧礼和祭祀。梅州客家人的祖先崇拜发展到明清,从丧礼到祭祀已形成了一套完整的体系与规范。客家的丧礼包括买水葬、二次葬、选取风水宝地作为墓地等。祭祀仪式有高、曾、祖、考四代近亲的祖宗牌位祭祀(家祭)、祖公牌位祭祀(祠祭)、祖先坟墓祭祀(墓祭)。

客家先民丧礼中的买水葬,最早记载此俗的为宋代范大成的《桂海虞衡志》,据马端临《文献通考》引该籍载:西原蛮(今壮族先人),"亲始死,披发持瓶瓮,恸哭水滨,掷铜钱纸钱于水,汲归浴尸。谓之买水。否则,邻里以为不孝"③。清乾隆时《嘉应州志·舆地部》风俗有载:"而还丧始死,子往河浒,焚纸钱,取水浴尸,谓之'买水'。"

而其丧礼中的二次葬则是一种古老的葬俗,其显著特征是将逝

---

① 梅州大埔县湖寮镇黎家坪村广福宫理事会整编《广福宫保生大帝简介》。
② 杨庆堃:《中国社会中的宗教》,上海人民出版社,2007,第43页。
③ (元)马端临撰《文献通考》卷330,中华书局,1986。

者的遗骸进行两次甚至两次以上的安葬，多数是易地安葬。从已有的考古证据来看，关中地区的西安半坡文化遗址、中原地区仰韶文化遗址和百越地区均有二次葬习俗，现存最早的文字记载来自《墨子·节葬下》所记载的南方的二次葬习俗，"楚之南有啖人国者，其亲戚死，朽其肉而弃之，然后埋其骨，乃成为孝子"。此古老的葬俗从远古一直延续下来，在客家地区（还包括闽南地区、壮族地区等地乡村）较为常见。乾隆《嘉应州志·舆地部》对此习俗亦有载："有数十年不葬者，葬数年必启视洗骸，贮以瓦罐，至数百年远祖，犹为洗视。或屡经启迁，遗骸残蚀，止余数片，仍转徙不已。"可见，该习俗应与客家的迁徙有关，客家人迁至哪里，就把祖宗的"遗骸残蚀"带到哪里。笔者以为，二次葬可能还与古人的灵魂观念有关，古人相信逝者是有灵魂的，他们的灵魂不会远去，而是会保佑在世的家人，带着逝者的骸骨迁徙，逝者的魂灵就总能找到回家的路，也能继续荫庇护佑子孙。

与二次葬相关的是堪舆与风水信仰的兴盛。风水乃相术中的相地之术，即临场校察地理的方法，中国古代也称之为堪舆术。其目的是考量村落与家宅选址、墓地，即阳宅和阴宅等兴建的位置是否合适，并以村落、家宅选址及墓地兴建的合适方位和形状来判断后人的吉凶、昌盛与衰败与否。客家人每到新地落脚，就有选址重新安葬祖宗和新建安全住宅的需要，因此堪舆先生便应运而生。客家人普遍相信风水屋场堪舆之说，"认为建屋造坟一定要请堪舆师（即地理先生）相地看风水，以阴阳五行之说为住宅、祖坟选择有利地址，唯这样'财、丁、贵、寿、福、禄'才会有，为求一好坟穴或屋址，客家人会不惜长期供养地理先生，以丰美酒食招待，而风水家更为客家人推崇"[①]。

久而久之，在客家就形成了一种普遍的观念，即认为个人命运的好坏与家中屋场与祖坟的风水最为直接相关。客家地区至今还流传着许多与风水相关的俗谚俚语，譬如"一福二命三风水"，"不信风水看三煞，不信药方看砒霜"，"医药不明，仅杀一人；地理不明，杀人全家"，"风水人间不可无，全凭阴阳两相扶"。诸如此类的说法有许多。以屋场的选址为例，最好选四神相应的地方，四神

---

① 巫秋玉、黄静：《客家史话》，中国华侨出版社，1997，第141页。

相应是指"'东方有流水名青龙,西方有大路名白虎,南方有污池名朱雀,北方有丘陵名玄武。'对屋场地面要求平整,平整的叫'梁土',居住便吉祥;北高南低为'晋土',居住尚可;西高东低为'鲁土',居住会富贵,子孙满堂且旺族;南高北低为'楚土',居住会凶险;四面高中央低名'卫土',居住会先富后贫"①。选好屋场地址后,对于奠基、起房、装门窗、上梁、安门、砌炉灶、搬新屋等还有许多讲究与禁忌。

屋场为阳宅,祖坟为阴宅,而阴宅的风水至关重要。笔者去梅州调研时,经常有受访对象说某某家祖坟的风水好,所以后代兴旺发达。但有些人不信这种说法,结果后代不昌。客家人津津乐道这类历史上现实中的不少例子,且对此深信不疑。故为逝去的人选取一块风水宝地下葬,对客家人意义重大,他们甚至不惜为此花费重金。在他们眼里,这种行为和举动不仅关乎个人,也是关乎整个家庭和家族兴衰的首要之事。

道教传入梅州较晚,直到清乾隆年间(1736~1796)才开始传入梅州。最初在梅县紫金山顶供奉吕祖门,设坛参拜。光绪十三年(1887)建吕祖庙。不过,道教与民间信仰有着与生俱来的天然关系,梅州的巫觋被等同于道士。道教在民间的主要活动有"做觋驱邪""安龙奉朝"等。道士戏被分为文和武两种。文道士戏的内容,主要是神魔故事。武道士戏有登刀山、跳火等。梅州的觋公是清中后期由福建传入。巫觋跟佛教徒不同,他们只为生者消灾祈福,不为死者修斋超度。"每逢俗民生病、新居落成、修建祖祠或地方发生天灾人祸等不测事故,人们都习惯请巫觋师为之请神驱鬼、祛邪、镇煞、祈保平安。"②

梅州本土在明清时期新产生的信仰还有梅溪公王信仰、龙溪公王信仰和香花信仰及科仪。公王崇拜可谓粤东客家地区一种独特的民间信仰。梅溪公王是水神,亦是广东客家地区民间崇信的神祇。清康熙《程乡县志》卷一《沿革》记载:"梅绢,浈水人。汉初,从高祖,破秦有功,封于粤,即今程乡地。故号其水曰梅源,溪曰梅溪,名其州曰梅州。皆以梅绢得名也。至今各乡祀神有梅溪公

---

① 巫秋玉、黄静:《客家史话》,中国华侨出版社,1997,第141页。
② 房学嘉:《客家民俗》,华南理工大学出版社,2006,第136页。

王，意即其人。"梅溪公王的主要崇拜区域集中在梅县的松源镇。当地人关于梅溪公王还有另外一个传说，他们认为，梅溪公王本名为王梅溪，他曾在嘉应州当州官，有一年发大水，他决心以自己的身家性命平息水患，于是跳入梅江中，洪水立即消退了。人们为了纪念他，便在各地立坛祭祀，称其为梅溪公王。松源镇各村落都有"梅溪公王会"，专门负责每年的"扛公王"（祭拜）活动，祭拜梅溪公王的时间主要是每年的春节、公王的生日农历三月十六、端午节和农历七月十五。

著名的龙源公王宫也位于松源镇，有学者考证，该宫的建立应该不会晚于明代万历四年（1577）。龙源公王祭拜的缘起，清康熙《程乡县志》卷八《杂志·宫观》载："龙源宫，在县东北二百里松源。其神姓钟，武平人。相传宋朝兄弟三人同助国，经敕封，乡人立祠祀之。一日，洪水漂三神像至松源，乡人即其地立宫，敕封龙源助国之神。祷雨祈福，舞步立应，称灵赫云。"可见，龙源公王是三兄弟，是宋朝时福建武平人，相传这三兄弟本为宋朝的进士，均供职于朝廷，因反对王安石变法而受株连，族人只好隐姓埋名。龙源公王又被称为大相公王、二相公王、三相公王，他们的生日分别是正月初八、二月初一、六月十四，"扛公王"（祭拜）活动因此也有三次，一般在正月十五、八月十五与十一二月。从前每年立秋前后，松源各个姓氏都要将龙源公王抬到各自的村中去游行，以期得到公王的护佑。

关于香花信仰及科仪，这是梅州地区一种特有的宗教信仰形式，也是客家民俗中丧葬、祈福、消灾仪式的主要内容。除梅州外，在现今福建诏安等闽南客家地区、江西万载等客家区域及中国台湾、东南亚部分地区也有仪式类型稍异的香花信仰。关于香花信仰的起源，国际学界有不少研究，但并无定论性描述，这种信仰属性在归类上仍存在很大争议。不过梅州的部分学者及香花传承人本身却一致认为香花信仰始创于明末何南凤。①

---

① 这种说法与中国在20世纪90年代所推动的地方史编纂工程不无关系。梅州地区当时所编纂的《梅县文史》、《平远文史》、《大埔文史》、《蕉岭文史》、《兴宁文史》及《五华文史》等由官方统一修编的地方史，将原本口头流传的丰富、多层次的民间传说单一化并固定下来作为香花起源的定论。当然，这种"定论"既然来自官方，并未得到学界的一致认可，就说明还有讨论的余地。

明清以后,正规佛教逐渐在梅州开始衰落,并逐渐与客家地区的民间信仰相结合,且与当地传统的巫觋文化融为一体,佛道不分。明万历年间,兴宁县石马人何南凤(牧原和尚)创立"横山堂"教义,独成一个亦佛亦儒、亦僧亦俗的新的信仰形式与仪式,俗称"香花佛事"。香花佛事的仪式被客家人称为"救苦"、"做斋"、"做生斋"、"做佛事"、"做丧事"和"香花佛事"等。香花佛事渐渐在梅州地区流行开来,它与梅州地区自古重丧葬的风气相适应、相融合,从此,客家丧葬仪式中多了香花佛事一项。清乾隆《嘉应州志·舆地部》的《风俗》载"夜即做佛事,谓之'救苦'"。

要说明的是,"香花"二字后虽与"佛事"二字相连,即"香花佛事",但实际上香花只是梅州客家地区众多的民间信仰"之一",香花科仪也只是梅州客家地区众多的民间信仰的表现形式"之一"。有充分的证据表明,早在明代何南凤之前,梅州地区已经有大量类似香花信仰的仪式存在。而何南凤的贡献在于,他把佛教的许多元素,加入明末即已在粤东兴宁县等地区颇为流行的一种以新儒家(朱子)《家礼》作为整个葬礼仪式基本结构的宗教仪式中,从而形成一种新的混合形态。① "以梅县丙村为例,做香花佛时的排坛法是,正面挂'三宝图',即儒释道3教教主像,两旁则挂24诸天像。从业者做法事时男穿黑袍女穿黑裙。超度法事一般5位僧尼为一班,2人负责前场仪式,3人在后场负责司钟鼓、锣、钹。演出时有一个是必不可少的环节叫'佛祖淡桥'(为客家方言,又曰'架桥',在此意为延寿),内容主要是佛祖引导亡灵过奈河桥,因为死者只有过了桥才能安全到达阴间的彼岸。所以,做法事时,孝子要拿一个灯笼,给死者照路。尔后,要把灵屋、器物等烧掉送给阴间的死者。做香花的唱词常用双关语,为的是要让孝子们笑出来。俗云:佛事慰死者兼安生者,即指此。"②

---

① 据刘熙祚编纂《崇祯兴宁县志》记载,当地人安排葬礼主要是依据朱子《家礼》,此外在死者去世七日后请"香花僧"向佛祖祭献。香花僧"交相舞于庭,求赏"。亲友则纷纷前来"看斋"。主人家会大摆斋筵招待来看斋的亲朋。详见《崇祯兴宁县志》卷1《地纪》之"风俗",台湾学生书局,1973,第314~315页。

② 房学嘉:《从香花佛事及其科仪看客家文化的特征》,《客家研究辑刊》2000年第2期。

香花歌曲中的客家韵味很是浓郁,歌词也尽是劝告人们多尽孝、多从善之类的非常富有哲理的语言,与客家山歌中的某些形式亦有重叠。这些歌曲的语言多用与民歌、五句板、小调类似的梅州客家话编写,乐曲亦多用客家民间山歌、小调、汉乐等以笛子(唢呐)伴唱。① 香花科仪可谓一整套客家特有的超度仪式,完整的科仪套路包括:起坛、发关、沐浴、诵经直至送灯等三十多套。这些仪式一般以"半斋"(一日连宵)和"全斋"(一日两宵)的形式在丧主家进行表演。这些仪式中的个别套路,虽吸纳了佛门经忏的一些元素,但基本经过改编和加工,客家文化韵味浓厚。这种"韵味"更多的是带有"巫术"而非"佛教"的韵味。换言之,香花信仰保存了一种更接近华夏汉族人自远古以来形成的鬼神观念下的生死观和儒家导向的伦理价值体系。

自明末清初以来,这种香花科仪从初期与主流佛教并存渐次完全取代了主流佛教的传统,俨然成为当地客家丧葬习俗的基本仪式。如《乾隆嘉应州志》载:"而还丧始死,子往河浒,焚纸钱,取水浴尸,谓之'买水'。日不吉,不敢哭,不敢闭棺。盖棺,夜即作佛事,谓之'救苦'。择日成服,鼓乐宴客,然后又大作佛事。"② 类似记载还散见于《程乡县志》(1690)、《咸丰兴宁县志》(1852)等诸多古籍中。文献中所说的"佛事"就其"鼓乐宴客"的情形及"救苦"的论调来看,与香花传统情况基本吻合。由此可见,虽然加入了佛教的元素,但这种丧葬习俗的基本仪式及仪式背后的死亡观与主流佛教丧葬习俗的基本仪式及仪式背后的死亡观迥然有别。

因此,梅州香花科仪虽在明末就已兴盛普及,但一直未被官方和士大夫等知识阶层所接纳与认可。不但香花仪式较少为士绅所采用,且当地的官员还多次特地上书谎报朝廷称,香花传统正有条不紊地被正统佛教取代。香花这种为民间所常见但不被官方认可的局面一直持续到20世纪。

---

① 参见《客家民俗文化——客家香花佛事》,https://tieba.baidu.com。
② 王之正编纂、程志远等整理《乾隆嘉应州志》卷1,广东省中山图书馆古籍部,1991,第45页。

第三节　潮汕民间信仰文化的历史之流

潮汕民系具有鲜明的地方文化特征，该民系以潮州方言为主要特征。此民系主要是由当地的土著居民闽越族人与两晋以来迁入该地区的中原汉人融合而成的。"潮汕"一词的本义，是潮州与汕头两地的合称，主要是从1858年汕头开埠后才渐渐开始并用。古时则称此地为"潮州"（隋朝时就有"潮州"之称，作为州府一级的地方行政单位，该名称一直沿用到1911年清朝的统治结束[①]）。"潮汕"一词本身不是一个行政概念，而是一个文化概念，泛指受潮汕文化影响的人文地理区域。在行政区划上，它涵盖了今天潮州市、汕头市、揭阳市和汕尾市的部分地区。其文化辐射圈则包括了揭阳、潮阳、潮安、饶平、惠来、澄海、普宁、揭西、海丰、陆丰、潮州、汕头、南澳及惠东、丰顺、大埔三县的部分地区。

潮汕历来有"省尾国角"之称，这是因为"潮汕位于东经115°06′～117°20′、北纬22°53′～24°14′之间，地处中国大陆的东南隅，广东省的最东端，与福建省比邻。潮汕面对滔滔大海，南海和台湾海峡在这里交接。潮汕与台湾遥遥相望，一衣带水"[②]。省内分别与西北之梅州市、西南之汕尾市为邻。

潮汕的地理环境总体上是山地多、耕地少。山地和丘陵约占本地区总面积的70%。气候方面，因该地处于热带与亚热带之间，古时气候变幻无常，热湿气候与暖湿气候交替更换，自然灾害多，以台风、旱灾、水灾、地震（潮汕地区处于地壳活动较为强烈的环太平洋地震带，地震活动频繁，被中国科学院定为9级地震区）最为常见。此外，凝霜、下雪、雨雹、雷击以及虫害等各种灾害也时有发生。"一般2～3月和10～11月多为春旱和秋旱，4～9月又常有水灾和台风……每年，潮州一般要受到3～4次台风外围的影响，有些年份可以多达5～6次。"[③] 因为热湿气候的影响，所以这里长期为瘴气所笼罩，鳄鱼横行水域。韩愈在其《韩昌黎集》中提到，

[①] 参见黄挺、陈利江《潮州商帮》，暨南大学出版社，2011，第1页。
[②] 黄挺、陈占山：《潮汕史》，广东人民出版社，2001，第14页。
[③] 黄挺、陈占山：《潮汕史》，广东人民出版社，2001，第377页。

"州在广州极东界,过海口,下恶水,涛泷壮猛,飓风鳄鱼祸患不测,州南近界,瘴海连天,毒雾瘴氛,日夕发作"。因此这里长期被视为"蛮荒瘴疠"之地,直到晚唐时期,农耕开发程度仍较浅。宋元时期,已经有部分人口要靠渔盐工商为业谋生。到了明清时期,由于各种原因,民间海外贸易兴盛起来,因此渐渐形成了潮州人善于经商的风气与传统。

"潮汕地理虽然对内陆腹地比较封闭,却有着很长的海岸线,呈现出中原移民泛海而来、潮汕移民漂洋过海的面海开放的格局。潮汕人的生活、生产、贸易乃至发生于潮汕地区的军事活动,都带上了强烈的海洋色彩,进而影响到潮汕人的文化生活、思维方式、民风民俗以及民系发展等,是潮汕文化成为有海洋文化特色的地域文化。"①

由于地理与移民的原因,潮汕地区与闽南的历史文化之发展有着同源性,潮汕与闽南地区在地形、气候、水文等方面基本一致,地域上又是邻居,因此潮汕的民间信仰中有很多闽南民间信仰的因子与元素,受闽文化影响很深。不过,要强调的是:潮汕文化并不属于福建文化,潮汕人与福建人也不属于同一民系。

一 秦汉以前的民间信仰

秦汉以前,潮州地区属闽越,潮汕当地的土著居民主要为闽越族人,他们虽然在后来的移民大潮中及与汉人的长期磨合中大部分已被同化,但也有部分被迫迁移到其他地区。迁居深山中的闽越族人仍顽强地保留了自身特色,现在仍居住在潮汕地区的三支少数族群——黎族、畲族和疍族均是闽越族的后裔。

闽越族文化无疑是潮汕地区先秦之前的主流文化。他们"信鬼神,重淫祀"的信仰特征在《史记》中已有所记载,如"(汉武帝)既灭两越,越人勇之乃言越人俗鬼,而其祠皆见鬼,数有效,昔东瓯王敬鬼,寿百六十岁。后世怠慢,故衰耗。乃令越巫立越祝祠,安台无坛,亦祠天神上帝百鬼,而以鸡卜。上信之,越祠鸡卜始用"。越人"好巫尚鬼"的传统影响久远,如在信巫不信医方面表现得尤为突出,潮汕地处偏僻,古时生存环境恶劣,医疗条件落

---

① 陈泽泓:《潮汕文化概说》,广东人民出版社,2013,第4页。

后，所以一旦生病，巫觋必定会成为人们求助的主要对象。即便到了近现代，在条件落后的广大农村地区，还仍存有信巫不信医之风。

二 汉代至宋元时期的民间信仰

"潮汕地区至迟在南越国时设立揭阳县，这是岭南较早的设县之一，反映了南粤国时期粤东在军事上的重要地位，潮汕地区的开发已直接受到中原封建文明的辐射。"[1] 但直到汉代，潮汕之地还是一处没怎么开发的海滨荒芜之地。直到东晋时期该地才开始受到朝廷的重视。"东晋南朝大量进入福建的北方移民有一部分从海陆两个方向进入潮汕地区，成为继秦汉以来人数较多的一批移民。"[2] 东晋义熙九年（413），在揭阳县治设立了义安郡，这是该地区州郡一级建制的开始，它说明本地的在编人口增加，这些新增在编人口大多数为南迁汉族移民。"潮州"作为行政区划名称是从隋朝开始的，沿用千余年。唐天宝元年（742）又有了潮州郡的设立，这是潮州开始逐渐繁荣的重要起点。"唐宋时代，闽潮地区经历了空前的社会变动，民族融合从疏远，缓慢走向迫近和频繁……区域经济特色也初露端倪。"[3]

从汉至宋，潮汕地区有四次具有重要意义的移民潮：西汉初期、晋永嘉之乱之后、唐后期及北宋靖康之难后，入潮移民规模剧增（宋代入潮移民主要来自毗邻的福建地区）。当然，除这四个时期外，其他时期如元明清时期也陆续有移民进入该地区，但移民的数量与规模并不能与这四个时期相比。尤其是唐宋时期的移民潮才使潮汕地区的面貌有了较大的变化。

随着唐末宋元时期汉族移民的大量迁入潮汕地区，该地的民间信仰逐渐定型。大量闽南移民的到来无疑推动了闽地民间信仰的传入，其成为潮汕神明的一大来源；地方建制国家化与官方化一方面带来政府力量的支持，国家政权力量成为创造神明与推广神明的重要力量，而这一过程又与和土著人汉化的过程相结合，为后来的

---

[1] 陈泽泓：《潮汕文化概说》，广东人民出版社，2013，第34页。
[2] 司徒尚纪：《岭南历史人文地理——广府、客家、福佬民系比较研究》，中山大学出版社，2001，第36页。
[3] 司徒尚纪：《岭南历史人文地理——广府、客家、福佬民系比较研究》，中山大学出版社，2001，第36页。

"造神运动"提供了条件,当然,土著人汉化的过程亦为民间信仰得以传播的过程。

考察其民间信仰的主要神祇来源,不外乎以下几方面。

第一,外来引进。潮汕地区的移民大多来自福建地区,福建本是民间信仰的繁盛之地。福建地区在北宋时期,大量居民迫于人口压力开始向周边扩散,并带动闽地文化的扩散与传播,潮地便是其主要文化辐射地之一。潮汕地区民间信仰中的神明很多是自宋代开始从福建传入的,如妈祖信仰、陈元光信仰①等。这些都是福建地区土生土长的神灵,且都有人物原型,属于区域性神灵,他们的祖庙现在在福建地区依然保存着,香火旺盛,如"妈祖祖庙是福建省莆田县湄州天后宫,开彰圣王(陈元光)祖庙是福建省诏安南闽内将军庙"②。

除福建地区土生土长的神灵外,宋代的福建移民还带来了已在福建扎根的全国性神灵崇拜,如保生大帝信仰、注生娘娘信仰、佛教俗神(观音、如来等)、道教诸神(财神信仰、城隍、玄天上帝、九天玄女、玉皇大帝、王母娘娘等)、汉族的天地日月风雨雷电崇拜、文化神(文星、魁星)等,为该地民间信仰的形成提供了丰富的民间文化素材。

因为"移民迁徙是一个漫长且充满危险的过程,所以他们在迁徙时,往往要把平常供奉的小神像或其他他们看来有灵异的圣物带上,祈求一路平安,到了迁徙地后,这些灵验的小神像便成为他们信仰的偶像"③。不过因为此时潮汕地区刚进入开发阶段,大多数移民仍处于糊口维艰阶段,根本无经济实力去建造宫庙来供奉神像,所以此时神灵崇拜多以家祀为主,尚未能广泛传播开来,只是作为潮地民间信仰的储备资源。

第二,本土造神。因为潮汕地区长期为土著越人的势力范围,其土著色彩浓厚。"本地土著在隋唐仍以十分强劲的力量与中原移

---

① 陈元光(657~711),字廷炬,号龙湖,漳州首任刺史。他自幼即随父南下,治理闽地长达四十二年;他治闽有方,使号称"蛮荒"之地的闽南地区,经济文化得到了迅速发展。陈元光成为促进中原文化与闽越文化融合的奠基者。他去世后,被尊奉为"开漳圣王",成为闽台地区重要的民间信仰之一。
② 林国平:《闽台民间信仰源流》,福建人民出版社,2003,第250页。
③ 林国平:《闽台民间信仰源流》,福建人民出版社,2003,第23页。

民对抗，而且直到宋元时期，汉文化已经成为潮汕地区主流文化，土著民族也还有相当大的势力。"① 在此情况下，为了推广汉族的主流儒家文化，仕潮官师就成了潮汕地区早期的造神推动力量。在这一过程中，仕潮官师特别注意有意识地神化祠祀当地（或有功于当地的）部分英贤。如韩愈的"被神化"就是这方面的最典型例子。

终唐一代，潮州都是有罪官宦的流放和贬斥之地。在韩愈前，先后有不少中央官员如张元素、唐临、常怀德、卢怡、李皋、常衮等被谪放潮州。他们把中原礼俗文化在一定程度上传播到了地广人稀、落后荒僻的潮州。韩愈于819年因谏迎佛骨被贬来潮，这"在潮汕地区历史上是一个具有重大文化意义的事件"②。他在潮州任职8个月间，做了不少好事。一是捐自己的俸钱办学，推广儒家的忠孝礼义之教；二是释放奴隶；三是祭潮神驱鳄除害，意在归化当地土著及淳化民风；四是关心农桑。因此，潮汕人民对于韩愈推崇备至。北宋中后期，陈尧佐③（963~1044）任潮州通判时首举尊韩大旗，他为韩愈建祠，视韩愈为在潮地推行王道第一人，另外还绘鳄鱼图并撰写《祭鳄鱼文》。继陈以后，1090年知州王涤卜建昌黎伯庙，并邀请苏轼撰写碑文。是时，韩愈已成为潮人顶礼膜拜的一尊神灵，据陈尊韩也不过一百年。尊韩活动在元明时期依然进行着，而且与韩愈有关的人物，如韩湘子、大颠祖师④等也借助韩愈的声名扩大了在潮地的影响力（韩愈画像见图1-1）。

---

① 黄挺、陈占山：《潮汕史》，广东人民出版社，2001，第77页。
② 黄挺、陈占山：《潮汕史》，广东人民出版社，2001，第85页。
③ 陈尧佐任潮州通判后，认为最重要的事情就是使这里的民众得到开化，而要开化这里的民众，首要的工作是传播文化。于是，他筹备修建了孔子庙、韩愈祠堂，宣传学习文化的重要性，并在各地开办了一些学校，又不辞辛苦地动员民间有供给能力的家庭把孩子送到学堂读书。通过陈尧佐的努力，潮州的文化事业比以前有了很大的发展。
④ 唐代著名高僧（732~824），俗名陈宝通（一说姓杨），自号大颠和尚生于今广东省汕头市潮阳区，大颠幼年好学聪慧，潜心钻研佛学，是著名的灵山禅院的创建人，弘扬曹溪六世禅风，讲授佛学真谛，其讲义先后被整理成书，传至现代的有《般若波罗蜜多心经释义》《金刚经释义》，手抄《金刚经》1500卷，还抄写有《法华经》《维摩诘经》各30部。其著作之丰，为佛教界叹为观止，大颠和尚也成为岭南一代佛学者和高僧，有弟子千余人。民间流传了不少有关他的法力神功的故事。韩愈来潮不到一年，便与大颠和尚结为莫逆之交。

图1-1 韩愈像

第三，南宋时期随着潮地科举制度的兴盛，乡贤祠祀也是官府实施榜样教育的一大途径，如"潮八贤"祭祀就是南宋潮州知州沈杞所提出的，八贤包括唐代的赵德，宋代的许申、卢侗、吴复古、刘允、王大宝、张夔、林巽，他们多为科举考试中的翘楚。"八贤"中除了赵德、吴复古不曾出仕外，其余几人在政坛上廉洁清正，且都颇有一番建树，声誉颇高。祠祀八贤是因为这八位"道义文章，青史中罕见，其建祠立像，冠湖山之巅，以鼓舞邦人"。可见"八贤称号的提出及祠祀，完全是政府行为，它是宋代潮州官师推行儒家文化，加强人才培养的一个举措"。① 正是因为唐代以后潮人尊孔敬韩，儒学在当地影响渐深，潮汕地区渐渐有了"海滨邹鲁"之美誉。

宋朝后，潮地的经济持续增长并且儒学与礼教在本地被大力推行。潮人从南宋后期起在儒家忠孝礼义观念的影响之下，秉承惩恶扬善及表彰忠义的精神开始自发造神，凡是对当地百姓有所贡献、或具有美德及有对百姓教化之用的人物，乃至动物，人们多将其神化。潮汕地区的第一个双忠庙是建于北宋的潮阳威宁庙，南宋政权在其国难当头时就努力将双忠公信仰推广和灌输于民间。

人们的这种"造神"热情在元代也得以延续。元代时潮州路总

---

① 黄挺、陈占山：《潮汕史》，广东人民出版社，2001，第213页。

管王瀚甫上任就派人到潮阳双忠祠致祭，并将文天祥感怀双忠的《沁园春》改为《谒张许庙词》，勒石立碑于威宁庙前。海门建忠贤祠祭祀文天祥、韩文公祠旁有陆公祠祀陆秀夫，这两位因其"抗元护主"的民族气节备受推崇；饶平长彬村有陈吊王庙，供奉的是潮地本土抗元英雄陈吊眼。此外还有潮汕的风雨圣者，饶平三义女庙，大峰崇拜，潮州韩江北岸供奉的龙母妈，相传因与青蛇合力抗洪而受膜拜。揭东南陇乡牛狮爷崇拜、本土灶王爷司命帝君、公婆神崇拜等都是在这种惩恶扬善、弘扬美德的情况下所造的，因数量太多，这里就不一一列举了。

三　明清时期的民间信仰

明嘉靖后，潮汕地区除农业经济的发展外，商品经济的繁荣发展更为突出，而此时亦为潮汕文化臻于成熟的阶段。嘉靖后期，潮人在语言、人文心理、行为方式、民情风俗上，都形成了自己的特点。潮汕地区经济的繁荣无疑对民间信仰的发展起到了极大的推动作用，主要表现在庙祀和宗教活动的兴盛方面。

从《潮汕时节与崇拜》、《潮汕诸神崇拜》与《潮人与神》等著作所提供的相关记载中，可知潮汕现存的很多宫庙多是在明朝或明以后修建的，而且多由百姓集体筹资，如韩文公祠旁的陆公祠、饶平飞龙庙、潮阳东山魁星阁、揭东鞍山忠勇庙、潮汕沿海一带的周王公庙、惠来和澄海一带的水仙宫、大禹古庙、各县所兴建的名宦祠、名贤祠、城隍庙等。这说明了明朝时庙宇建设的兴盛对于民间信仰的推动作用。

根据陈韩星、王泽晖及洪介辉所著的《潮汕游神赛会》一书记载，现今潮汕地区在拜神过程中出现的赛大猪、赛大鹅、斗戏、斗彩棚等风俗便是从明朝时开始出现并流传下来的。游神活动的起源则更早些，宋时已有，但在明朝时更为兴盛。在丰富多彩的游神活动中，各种神灵的知名度也得以提高。潮汕的游神赛会俗称为"迎老爷"（或"营老爷"，营即游行之意），而"老爷"则是潮汕人对各路神祇的称呼，祭神被称为"拜老爷"。

潮俗对神庙不论规制大小，统称其为"老爷宫"，而百姓家里的神龛以及各行各业拜行业神的神龛，则被称为"老爷龛"，"老爷"本是能左右人命运的官长或主子，精明的潮州人将各路神祇视为"老爷",说明"老爷"在其心目中的尊严和威严,讨好"老爷"总是没有错的,说不定还能给自己带来某些好处与利益。按照陈泽泓的见解,"尽管有'拜老爷'之笼统说法,仔细推敲起来还是有区分的,被称为'老爷'的神,往往是生前就被老百姓称为'老爷'的地方长官或国家重臣。潮汕崇祖的安济圣王、三山国王、双忠公……都是生前对地方有裨益的官员或忠烈之臣。另有一类与'爷'字有沾边的,如七月半的盂兰会祭孤魂野鬼,也叫'拜孤爷',这是习俗的延伸……职小而权大的,如'土地爷、灶神爷',也只能称'爷'。而拜祖先、拜佛,都不叫'拜老爷'。称神明为'老爷',既是封建等级社会在信仰崇拜上的折射,也是百姓对这些老爷的怀念,对他们在天之灵造福一方的祈望。正是出于这种直接的功利动机,使得潮人民间对神灵崇拜之风尤为普遍,造神的欲望也特别强烈"。①

"迎老爷"通常在农历的正月或二月举行,有的地方是一年一"迎",有的地方则是三年或六年乃至于十二年一大"迎"的,各地所"迎"的老爷也不尽相同,有迎福禄寿三星、观音、城隍神的,也有迎妈祖、三山国王的。其实,广东的三大民系都盛行游神赛会,而以潮汕地区为最,游神本是为了驱鬼消灾,后来又加进了喜庆娱乐的内容,娱神又娱人,热闹非凡。

第四节 粤西地区民间信仰文化的历史之流

粤西(地区)为广东省西部地区的简称。粤西地区包括现在的云浮、阳江、茂名与湛江四个地级市。粤西的地形以丘陵山地为主,茂名和湛江的地形则属台地。区域总面积约为3.17万平方公里,占全省的17.7%左右。粤西在秦统一前被称为陆梁地及百越地。秦平定百越后,于秦始皇三十三年(前214)在百越设桂林、象、南海三郡,粤西地区大部分属南海郡,云浮部分地区属桂林郡,湛江属象郡。

粤西历来也是移民聚集之地,且集广府民系、客家民系与黎语民系三大族群于一身,方言甚多,主要有白话(粤语在粤西俗称

---

① 陈泽泓:《潮汕文化概说》,广东人民出版社,2013,第415页。

"白话")、客家话(又称涯话)与黎话(属闽南语系,在雷州半岛又称"雷话、雷州话")等。因此,广府、客家与闽南文化在此都有不同程度的影响。本节主要是对粤西地区的民间信仰从南北朝前后的历史发展概况作大致的梳理。

一 南北朝以前粤西的民间信仰

若要关注粤西地区的历史的话,首先映入人们眼帘的就是"俚人"(即粤西的土著人)二字了。俚人与南越人一样,都是百越族的分支,其先民是先秦时的西瓯越与骆越人及汉代的乌浒、南越人。魏晋南北朝以后,骆越人后裔多被称为"俚""僚"。到了南朝末年乃至隋朝初年,文献中已经鲜见广东境内越人的记载,而有关俚人、僚人的记载则大大增多了。

粤西的发展总比粤东慢几拍。据《隋书·地理志》载:俚人"巢居崖处,尽力农事",《广东通史》亦载:"俚人随山洞而楼(以山洞为家),各有部落,各为雄长,好相攻讨(互相抢夺),也有势力较大的部落联盟,由酋长统治,少与汉人往来。"① 史书记载俚人"质直尚信","刻木以为符契,言誓则至死不改"。② 这些材料均说明俚人主要以农耕为谋生方式,刻木记事并未出现文字,性格耿直重信义。俚人主要生活于粤西、桂东、桂南及越南北部等地。本节主要涉及的是粤西地区(即今天广东的茂名、高州、化州、电白一带)的俚人,而这个区域大致属于古高凉郡地。

俚人分布较广,其汉化的时间有早有晚,"三国、南朝时期的的岭南俚僚已经有一定程度的汉化,已有列入编户之民,故史籍将当时尚处于较为落后状态的僚人称为'生僚',以区别于编户纳赋的僚人"。③ 而高凉一地,因位置稍偏,"俚僚猥杂,皆楼居山险,不肯宾服"。④ 当然,俚人的族群文化信息对当地的文化与信仰习俗也有不同程度的影响,如粤西某些本土化的神明便有不少就体现了许多古代俚、僚、瑶等族的文化信息,现在基本融合到当地其他

---

① 方志钦、蒋祖缘主编《广东通史·古代上册》,广东教育出版社,1996,第367~368页。
② 《隋书·地理下》卷三一。
③ 陈泽泓:《羊城钩沉——广州历史研究文集》,广东人民出版社,2018,第70页。
④ 《南齐书·州郡上》卷一四。

第一章 广东民间信仰文化的历史之流

民系的文化中。

因为史料对粤西地区南北朝以前的记载不太多,所以史料中论及广东先民的民间信仰的大部分材料应同样适用于粤西地区的民间信仰状况。如《史记·封禅书》载:"越人勇之言:'越人俗鬼,而其祠皆见鬼,数有效。昔东瓯王敬鬼,寿百六十岁。后世怠慢,故衰耗。'乃令越巫立越祝祠,安台无坛,亦祠天神上帝百鬼,而以鸡卜。上(武帝)信之,越祠鸡卜始用。"[1]"鸡卜"为百越民族所独有。其具体占卜方法,主要是将竹签插入鸡腿骨,根据鸡骨龟裂的纹理走向以判断所卜事物之吉凶。除"鸡卜"外,古时的岭南各地还流行"茅卜""蛋卜""石卜""珓杯卜"等卜筮之法。唐《番禺杂记》一书曾记载:"岭表占卜甚多,鼠卜、箸卜、牛卜、骨卜、田螺卜、鸡卵卜、蓛竹卜,俗鬼故也。"

二 南北朝以后的冼夫人信仰

南北朝以后关于粤西的民间信仰首先要提到的莫过于令人眼花缭乱的冼夫人(在粤西人们亲切地称之为"冼太")信仰了,关于她的故事和传说至今在粤西地区一带仍是如雷贯耳并广为流传。冼夫人(约512~590),真名为冼英,是南朝梁、陈至隋初高凉(今茂名一带)俚人(见图1-2)。她是6世纪我国南方百越族中杰出的女政治家和军事家,不仅以"巾帼英雄"的形象,更是以神灵偶像的形象留存于粤西和海南岛民间社会中。早在冼夫人逝世时,其孙冯盎即以州府名义建立庙宇(今高州市的长坡镇旧城村),奉祀冼夫人。对冼夫人事迹的记载、描写和研究,自唐初魏征在《隋书》中撰《谯国夫人传》至今,已蔚为大观。《隋书》、《北史》、《资治通鉴》、《广东通志》、《高州府志》和《电白县志》等史志都有大量与她相关的记载。故笔者在此不再赘述。

总结冼夫人功绩,不外乎如下几方面。一是坚持民族团结,促进汉人与俚人的融合。岭南冼氏原是拥有十几万户的俚人部族首领,雄踞于广东粤西一带山区,主要是高州一带。冼夫人原是高凉(今茂名一带)的俚人首领,而其家族在当地的汉化程度较一般百姓要深。冼夫人冲破俚人世俗的禁锢,与高凉太守汉人冯宝联姻,

---

[1] (汉)司马迁:《史记·封禅书》,中华书局,1982,第1400页。

图 1-2　冼夫人像

此举无疑对加速俚人的汉化产生了深远的社会影响。婚后,她协助丈夫处理政事,"约诫本宗,使从国礼","首领有犯法者,虽是亲族,无所舍纵"。① 二是多次配合朝廷平定叛乱,打击地方分裂势力,反对割据,致力于民族的和睦。三是积极转变俚人社会风气,力行清除俚人"掠人为奴隶,贩卖人口"的陋俗、陋风,引导俚人从之以礼,形成文明的社会风气,在俚人地区推广汉服,学汉语汉字,读汉书,普及汉族文化和儒家的伦理道德,并积极推广汉族的生产技术,俚人社群的社会面貌因之发生了根本性变化。"冼夫人活跃于岭南的政治舞台几十年,促进了粤西南地区乃至更广地区的俚僚族与汉民族的融合,推动融合向加速汉化的方向发展。魏晋时期普遍存在的俚人,隋唐以后在历史典籍中的记载已渐渐减少了,大多融于汉族之中。"② 俚人之名渐成历史遗迹。

对粤西的历史研究颇有造诣的学者贺喜认为:从南北朝到清末,跨越了近 1400 年。在这段漫长的历史中,朝廷与地方的关系发生了关键性的改变。梁陈之际,土酋首领的家族归附了国家,以依附国家的制度显贵。从明到清,国家的制度渗透到乡村的层面,一方面越来越多的冯氏人以冯宝和冼夫人作为自己的祖先,并通过

---

① 《隋书·烈女·谯国夫人传》。
② 陈泽泓:《羊城钩沉——广州历史研究文集》,广东人民出版社,2018,第75页。

文字以及依托文字为载体的制度（例如编修族谱），把地方的传统与中央联系起来；另一方面，地方历史的塑造者用中央对当地的地方政策，重构自己的传统。①

洗夫人信仰可谓朝廷与地方建立联系和传统的典型例子，但洗夫人信仰也不是一蹴而就的。有学者认为，在明以前，几乎没有材料显示高州地区的洗夫人信仰有普遍的流布。但是经过了明中叶的社会动荡和秩序重建，洗夫人信仰得到了广泛的传播。②

到了明清时期，粤西地区的洗夫人崇拜已成为民间社会的重要活动，此时也是洗夫人庙宇的建立高潮时期。有学者统计，电白有洗太庙、夫人庙、娘娘庙、慈佑庙等祭祀洗夫人的庙宇共计17座，化州29座，高州28座，阳春3座，琼山25座，琼海6座，海南其他地区还分布着18座。③ 同时，明清两朝也举办盛大的官方祭祀活动。据《大明一统志》祠庙载："本朝洪武初封为高凉郡夫人，岁以仲冬二十四日祭之。"④ 而《茂名县志》也记载："春秋仲月二十四日及十一月二十四日诞辰，本府率官属致祭。"⑤

由此可知，洗夫人信仰从隋唐时期开始出现在高州地区，并且不断发展普及，到了明清时期进入了繁荣兴盛的阶段。据清康熙《茂名县志》载：每年农历十一月二十四日是洗夫人诞辰日，每到洗太诞，城乡群众便要举行丰富的庙会活动，"正日及前后数日，演戏，祭奠，城市乡落有庙之处皆然"。⑥ 在漫长的岁月里，粤西人对洗夫人的崇敬及奉祀，逐渐事无巨细都到洗夫人庙祈求保佑或乞示。形成了"初一、十五拜洗太，小孩契洗太，困扰求洗太，诞辰祭洗太"等民间信仰习俗。

据民国《茂名县志》记载，当时高州共有135座庙宇，其中洗

---

① 参见贺喜《土酋归附的传说与华南宗族社会的创造——以高州洗夫人信仰为中心的考察》，《历史人类学学刊》2008年第6期。
② 参见贺喜《亦神亦祖——粤西南信仰构建的社会史》，生活·读书·新知三联书店，2011，第21页。
③ 刘佐泉、洗冠强：《洗夫人和洗夫人文化研究刍议》，载张磊主编《洗夫人文化与当代中国》，广东人民出版社，2002。
④ 转引自洗剑民《从巾帼英雄到神灵偶像——洗夫人崇拜现象的探析与思考》，《广西社会科学》2005年第3期。
⑤ 转引自吴兆奇、李爵勋《洗夫人文化》，广东人民出版社，2006，第75~76页。
⑥ 参见《高州博物馆：高州地区洗太庙述略》，http://blog.sina.com。

太庙就有 63 座，约占 46.7%。① 民国中后期由于受到战争影响，人们生活动荡、流离失所，冼夫人信仰一系列祭祀活动无法正常开展。1949 年后，受极左思潮的影响，民间信仰被认为是封建迷信备受打击。"文化大革命""破四旧"等活动兴起后，大量冼夫人庙遭到严重破坏，冼夫人信仰的祭祀活动基本处于停顿状态。

三　雷州半岛的雷神传说

雷州半岛位于中国大陆最南端，为全国三大半岛（雷州半岛与山东半岛、辽东半岛合称"中国三大半岛"）之一。它东濒南海，西临北部湾，南与海南岛隔海相望，因历史上属于雷州府辖地而得名。雷州半岛素有"天南重地"之称。其主要城市为湛江市（地级市），辖遂溪县、海康县（今雷州市）、徐闻县、廉江市、吴川市等。因为雷州半岛位居中国大陆的南端边陲，传入此地的中原文化广泛吸收融会了古老的南越、俚僚文化，互相碰撞与融合，逐步形成独特的雷州文化与雷州的民间信仰，在岭南历史文化和信仰体系中同样占有一席之地。

古代岭南生存环境恶劣，处于岭南南部的雷州半岛尤甚。这里森林茂密，农业开发难度大，社会发展相当滞后。据《雷州府志》云：雷州古为南荒，直至唐代还被视为蛮夷瘴疠之乡。雷州有"多雷"② 一说，"雷州地处热带，日照猛烈且时间长；雷州半岛地形呈龟背型，三面海风都很容易吹刮至半岛的腹地；雷州地表覆盖着颜色偏深的玄武岩和砖红壤，更容易吸收太阳辐射，有助于产生强烈的空气对流，形成雷击"。③ 尤其春夏两季，多有暴风骤雨，电闪雷鸣。唐李肇《国史补》曰："雷州春日无日无雷。"

雷雨风云的变化及所引发的自然灾害，自然令当地的先民们惊悚畏惧，因而在雷州半岛，对雷与风的崇拜尤甚，按清人屈大均所云："天地之神莫大乎雷、风……事雷之神，所以事日；事风之神，所以事月。而雷之神在雷州，风之神在琼州，以二州南之极也。南

---

① 蒋明智：《论岭南冼夫人信仰衍变》，《世界宗教研究》2009 年第 3 期。
② 屈大均云："雷州乃炎方尽地，瘴烟所结。阴火所煽。旧风薄之而不散。溟海荡之而不开。其骇气奔激，多鼓动而为雷……故雷神必生于雷州，以镇斯土而辟除灾害也。"参见（清）屈大均《广东新语》，中华书局，1985，第 201 页。
③ 官景辉：《雷州文化是广东四大区域文化生态区之一》，http://bbs.southcn.com。

第一章　广东民间信仰文化的历史之流

之极,其地最下,雷生于地之最下而风从之,故雷雨风之神在焉。"① 这段文字说明了雷州之雷与琼州之风与这两地的地理环境之关系。因此,雷州半岛和海南岛均饱受风害与雷害之苦,这两处皆建有飓风祠以祀飓母,而雷州半岛的祭拜雷神,在此得详述之。

雷州半岛因雷而得名,此地信仰雷神,古已有之。雷州半岛上的先民主要是西瓯、骆越人,历史上多称俚僚,唐时称俚人②(他们也是今天黎族、壮族的祖先),他们称雷神为"雷首公"。"骆越人图腾崇拜雷电,制造青铜鼓以象征雷,铜鼓既是神器又是乐器,供奉铜鼓为神,又击鼓作乐,相娱为乐。俚人传承,供鼓祭雷,相沿成习。"③ 雷祖崇拜可谓此地多雷地理环境下的产物,是研究雷州半岛乃至古骆越地区历史、文化、民俗、宗教等方面的"活化石"。

雷州半岛流传着许多围绕雷神的传说或故事,其中固然有荒诞不经的一面,但在科学不发达的古代,也是能理解的。在民间信仰的神祇中,如果说妈祖是人升天变为神的典型例子,而雷神的传说则是神下凡为人的典型例子。据屈大均的《广东新语》卷六的"神语·雷神"引志书的传奇故事:南朝时,雷州有个名陈鉷的猎人,膝下无子,一日打猎,他养的那只九耳猎犬从地里挖出一大卵,陈氏抱回家中。第二天早上,乌云密布,雷电交加。陈氏置卵于庭中,忽然卵为霹雳所开,跳出一男孩,两掌有文,左曰"雷",右曰"州"。陈氏将男孩禀明州官,官收卵壳寄库,男孩交陈氏养育,取名陈文玉。文玉聪颖过人,勤学不辍。长大后,文武兼备,屡受荐举。文玉却以双亲年老为辞而不受。

唐贞观年间,当时的南合州(今雷州)境内居有黎、瑶、壮、侗、苗等民族。唐王朝为了更有效地治理该地,于公元631年(唐贞观五年)启用陈文玉出任南合州的刺史。三年以后,即公元634年(唐贞观八年)陈文玉上奏请求改南合州为雷州并沿用至今。陈文玉上奏改州名的原因则尚无定论。从陈文玉的名字来看他是汉人无疑,但陈文玉的"前任是俚人首领,俚人本就有敬雷拜雷与祭雷之习俗。以雷为州命名,是对俚人的尊重"。④ 其目的当然是凝聚

---

① (清)屈大均:《广东新语》卷六"神语·雷神",中华书局,1985,第202页。
② 参见《雷州半岛》,http://baike.baidu.com。
③ 参见《雷州半岛》,http://baike.baidu.com。
④ 参见《雷州半岛》,http://baike.baidu.com。

俚人民心，既有利于吏治，又是对上天的祈祷，祈求雷神及时行云化雨，润泽州境。一举两得，何乐而不为。陈文玉在任八年，捐俸造城，巡访境内，消民疾苦，政教并行，各族和睦相处，民皆富庶，风俗大变，雷州大治。

陈文玉去世后的第四年，即公元642年，唐太宗李世民下诏令于雷州城西六里为雷州百姓所爱戴的陈文玉立庙，对其大加褒奖。朝廷还专门派大臣前往雷州专司建祠之事以祀陈氏。朝廷之举当然也是顺应了百姓要求，赢得人心。据雷州的地方志记载，此后人们就开始渐渐尊陈文玉为雷祖，将其祠称为雷祖祠，关于他的种种传说与故事也渐渐在民间流行开来。而在传说与故事的流行过程中，陈文玉也逐渐由祖上升为神，成了雷种、雷神，神力广大，民间传说他能够惩恶除凶，还管辖众多雷神下属，神职广泛，管辖范围甚至远达广西桂林等地。雷州境内的老百姓，无论是从北方来的汉人移民还是当地的俚人，都一致尊敬崇奉雷祖陈文玉。"据雷州的方志记载，自唐太宗贞观年间起，历代帝王曾先后14次褒奖陈文玉，其封号屡屡更新，地位步步抬升。"[①]

据说"每到农历正月十五日，府县官员齐集祠内致祭，把新铸制的大铜鼓置于祠堂，各民族酋首庶民亦把自家铸制的铜鼓摆于祠中为致祭明器。各族百姓大摆雷鼓阵，击鼓酬谢雷神，表演铜鼓舞、傩舞、蛙舞、龙舞、鹤舞、散花舞等敬雷舞蹈"[②]。据此，可以想象这种宏大场面的盛况空前。

近年来，有学者通过文献考证指出：陈文玉"诞生"的故事有着相当浓烈的"小说家言"的味道，"陈文玉"的形象是在明末崇祯年间到清代嘉庆、道光时代才逐渐定型的，而陈文玉之名，则是在乾隆时才出现的。换言之，陈文玉的出现，与明清时代通俗文学的盛行不无关联。"'陈文玉'是统治者出于神道设教的政治需要、民间雷神崇拜的习俗、通俗文学创作无意之中合力虚拟出来的'历史'人物。而《雷神志》之编成于晚明、重编于清代中叶。"[③] 作

---

① 何天杰：《论雷祖的诞生及其文化价值》，《华南师范大学学报》（社会科学版）2008年第6期。
② 陈志坚：《湛江：傩舞文化》，广东人民出版社，2017，第19页。
③ 详见何天杰《论雷祖的诞生及其文化价值》，《华南师范大学学报》（社会科学版）2008年第6期。

第一章　广东民间信仰文化的历史之流

者认为,"陈文玉"只是一个文化符号,雷神出生的神话故事是岭南文化融入中华文化的一个出色范例。笔者赞同这种观点。

在雷祖的祭祀活动中,俚汉文化观念逐渐合二而一。俚人本来就信仰天雷,汉人的道教信仰中也有"九天应元雷声普化天尊"之称的雷神,在俚人的天雷信仰中一直就延续了先人上供铜鼓的传统,在汉人的道教仪式上也有供猪牛羊牺牲品的习俗:"汉人念念有词,顶礼膜拜,俚人呼天唤地,击鼓铿铿。最初的祭祀理念是既祭雷祖,又祭雷神,也祭天雷,但随着陈文玉的神化,以及各种各样的雷传说,雷祖、雷神与天雷已浑然一体,祭祀活动渐渐简称为'祭雷'。"①

"雷州换鼓"是古代雷州"祭酬雷"大型民俗活动中的一种主要形式,明朝冯梦龙《警世通言》第二十三卷之《乐小舍拚生觅偶》篇的引语曰"从来说道天下有四绝,却是:雷州换鼓,广德埋藏,登州海市,钱塘江潮。这三绝,一年止则一遍。惟有钱塘江潮,一日两番"。雷州换鼓是"天下四绝"之首绝,可见其名气之大。清人屈大均在《广东新语》卷六"神语·雷神"中记载:"岁之二月,雷将大声,太守至庙为雷司开印。八月,雷将闭藏,太守至庙为雷司封印。六月二十四日,雷州人必供雷鼓以酬雷神。"②由此可见,当地存在"二月开雷"、"六月酬雷"与"八月封雷"等一年三次敬祭雷神的祀典活动。

在雷州,由"祭雷"而"祭石"也相沿成习。对此,屈大均讲得很清楚,"雷以石为胎,其起也破石而出,石迸散于人间,故为雷公之石也"。③ 故而雷州人对石头(或曰灵石),尤其是一种大雷雨后见于田野的黑色石块(有人说是雷雨冲刷后显露出的矿石或先民石器等),更是视为珍异,谓其有辟邪、镇惊的功能。在民间传说中,雷神还有惩恶除凶之功能。由雷公石到对石制的动物崇拜,如对石狗的崇拜比比皆是,雷州半岛差不多每村都有石狗,这可谓每村都敬贺恭奉的守村神。此外还有石牛、石马、石虎、石龟、石蝙蝠等,即便是一块很普通的石头,一旦被认为有灵气,就

---

① 参见《雷州半岛》,http://baike.baidu.com。
② (清)屈大均:《广东新语》卷六"神语·雷神",中华书局,1985,第201页。
③ (清)屈大均:《广东新语》卷六"神语·雷神",中华书局,1985,第201页。

会有人烧香虔诚祭拜。

从唐宋延续到明清，因各种原因从福建等地来的汉人大量移居雷州，而俚人的后裔黎族、壮族则渐渐远走广西及海南等地，雷州也就渐渐成了以汉人为主的地方，但祭拜雷神的传统并没有因黎族、壮族的远行而消失，反而一直得以延续下来。明万历年间的《雷州府志》卷十一曰"粤俗尚鬼，未有如雷之甚者，病不请医而请巫"。宣统《海康县续志》称："雷出万物出，雷入万物入。入然除弊，出然其利"，所以人们对雷神"畏敬甚谨慎，每具酒肴奠焉"，"或有疾即扫虚室，设酒食，鼓吹幡盖迎雷于数十里外，即归屠牛豕以祭"。雷祖雷神崇拜在明清两朝依然兴盛，至今在雷州仍然可见雷祖古庙的匾额、楹联与碑刻等，明清时甚至民国的地方志里也不难找到关于雷州半岛雷神崇拜的记载。

除祭拜雷神外，雨神自古也得到崇拜，今雷州的西湖即为古代官民求雨的地方。后在湖边建"龙宫"，设龙王像和彩塑龙母、龙女、虾兵、蟹将等水族像，同样反映了雷州先民对于"风调雨顺"的愿望，龙王成了雨神代表。当然，龙王庙过去遍于岭南各地，各民族、民系都视之为水神，但对干旱的雷州半岛，作为雨神更有它的现实根源，雷州半岛盛行"傩祭"，其主要内容是雨祭，雷神又为其中主神，反映了人们对雷雨神的崇拜。位于雷州城西南英榜山上的雷神祠，是雷神崇拜的祖庭，至今犹存，占地面积约10000平方米，为国家重点文物保护单位。雷州半岛上还有擎雷山、擎雷水等地名，雷州半岛的"雷歌"、"雷剧"、"雷州傩舞"与"斗雷"故事，以及器皿上的云雷纹等，无处不体现着当地人对雷神的崇拜。

四 灵石与石狗文化传统

雷州的灵石与石狗文化也是雷州文化中最具有特色的一部分，它也是汉粤文化融合的产物，石狗文化经历了从自然崇拜到图腾崇拜，再到"守护神"与吉祥物的发展过程。雷州境内现存1.5万至2.5万只古石狗，其雕刻年代则要从战国时代算起，直到现代，被当地人戏称为散布民间的"雷州兵马俑"。雷州石狗流传的历史十分悠久，它是雷州社会历史与民俗文化的产物。

石狗信仰和崇拜产生于春秋战国时期，当时此地仍为一片蛮荒之地，人烟稀少，瘴疠之气浓重，带有硕大生殖器的体魄健硕的狗成为人们羡慕的对象，人们就雕刻这种狗来进行祈祷祭拜，希望养育健硕的后代，人丁兴旺。如前所述，古代雷州的俚僚瑶僮人的生活以从事农耕兼之捕猎为主，而以有看护狩猎与保护农稼本领的兽物为图腾。俚人以狸为图腾，僚人以娄为图腾，瑶人先以盘瓠为图腾，后来，瑶人又驯服了犬，且以犬为图腾。僮人以猫为图腾。生活在雷州这块当时可算是蛮荒之地的百越诸族先民，他们在当地比较特殊且又异常艰苦的自然地理环境中，在保留自己原先的图腾崇拜的同时，又和其他不同族类的图腾崇拜互相融合，正如陈志坚所说："他们对原先的图腾崇拜经历了保留、演绎与融会的潜移默化，互取精华。但僚人对雷神的崇拜与瑶人对狗图腾的信奉，已成为雷州古越族人从生产生活的现实中所认同。"① 最后形成共同对狗的图腾崇拜。

另外，唐宋时期闽人迁入此地后，又带来"石敢当"及"八卦"之类驱邪镇魔的信仰形式，与雷州石狗信仰文化相结合，赋予了雷州石狗"守护神"的新内涵。石狗原先只是被安置在河口、路口、村口、庙门口等处，为人守田地、守坟地、守山坡、守江河等，保境安民。但凡人们觉得有凶象和不吉利之地，就安置石狗以驱邪镇魔。后来人们又将其安置在祠堂门口、学堂门口、衙门前，其职能也从驱邪镇魔扩展为兼赐财富、添丁寿、司风雨（当遭遇久旱无雨灾荒之年时，人们就抬着石狗游街串巷，用荆条抽打石狗，使劲吆喝，似苛责石狗未尽己责。据说石狗就会向天狗汇报地上的旱情，天狗则会向雷神如实禀报，雷神也就会动恻隐之心，于是天降甘霖，滋润禾苗万物，以保丰年）、主正义、主功名等。如今，虽然科学昌明，人们不会像从前那样认为石狗有如此之职能，但奉祀石狗的习俗却并没有消失，在雷州城乡这种现象仍然随处可见，尤其是地处僻远之地的乡村，不仅奉祀石狗的习俗仍然普遍存在，而且敬重和奉祀石狗的意识丝毫不见减弱。许多人家得了儿子和孙子，为了儿孙的平平安安、长大成人，甚至取名为"狗哥"、"狗子"与"狗胜"等，为的是得到石狗的保佑。由此可见，雷州石狗的社会民俗作用在当地依然得到了广泛的传承。

---

① 陈志坚：《雷州石狗文化初探》，《岭南文史》2004年第9期。

五 粤西民间信仰的多元因子

南北朝后,尤其是唐宋以后,随着广府人、客家人、潮汕人及闽南人的到来,以及俚人的逐渐汉化,广府文化、客家文化、潮汕文化以及闽南文化都逐渐对粤西产生了不同程度的影响,粤西的民间信仰因之也打上了广府、客家、潮汕以及闽南民间信仰的印记,或者说南北朝以后的粤西民间信仰增添了多元的因子。

如化州市宝圩镇境古属百越地,原为百越之族,从秦开始就不断有汉族迁入。秦始皇平百越,"置桂林、南海、象郡,以谪徙民,与越杂处"。① 其中一部分南迁汉人就来到今天的化州市宝圩镇。东汉初年,马援将军(即广府地区信奉的伏波将军②)奉命率军南下平定征氏姐妹的叛乱,③ 马援在粤西、交趾一带置县、筑路、修堤灌溉,修防海堤,雷州至今还存有《伏波井亭碑记》,记载了马援开凿跑马泉井的事迹。马援将军的部下有大量官兵由此定居广西、化州等地,宝圩境内也留下了马援部队的痕迹,至今宝圩朗山陵江河北岸仍然供奉着伏波将军马援。

宋代也有一些外地商人来到此地后安居于此。在《化州志》的一份姓氏调查表中,找到了宝圩镇五个姓氏的来源、迁入时间和地点。其中,作为宝圩镇的第一大姓,"陈"是明代时进入宝圩镇的。当地的第二大姓"钟"姓也是明代从福建进入宝圩境内的。关帝信仰亦是随着清末闽粤商人的到来而在化州一带传播开来的。

随着明清时期商品经济的发展,粤西地区业已与国内市场乃至海外市场发生了密切的联系。如吴川沿海地带每年正月之后均有大量的福建、潮州商船停泊,尤其到了清朝,随着各地商人的到来,广府、客家、潮汕以及闽南的民间信仰也开始在粤西兴盛起来。如雷州文化受到广府文化的影响。从神庙便可窥其一斑,雷州各地存

---

① (西汉)司马迁撰《史记·南越列传》,中华书局,1963,第2967页。
② 历史上奉命平定岭南的将军有二,一是西汉武帝时伏波将军路博德,一是东汉光武帝时伏波将军马援,以后者影响为大。
③ 征氏姐妹是指公元1世纪在越南北部地区武装反抗中国东汉政权的两姐妹征侧和征贰。得知征氏姊妹之事后,汉光武帝下诏令长沙、合浦、交趾郡制造车船,修筑道路、桥梁,储备军粮。建武十八年(42),派伏波将军马援率汉兵八千和交趾兵万余共两万军队和两千艘车船,水陆并进,南征交趾。次年(43)五月,马援击败二征,二征战败而死。

有大量真武（北帝）庙、龙王庙等。

粤西沿海居民不少来自福建莆田及漳泉地区，宋明以后妈祖信仰自然也逐渐进入粤西，天后庙也随之矗立起来。据清朝乾隆、道光及光绪年间分别重修天后庙的记载来看，重修的地方除了广府、顺德、潮府这些地方外，还有海口、海安、徐闻等粤西之地，这说明包括粤西地区在内的各地商人在天后信仰的认同上是基本一致的，海安众多商贾船户集资兴建天后宫，说明了清朝徐闻海上贸易之盛况及海商联合之趋势。① 据李庆新、罗燚英两位学者的考证，"位于雷州市雷城镇南亭街的天后宫，又名龙应宫。初建于南宋，明清两代重修。明代正统年间，郡人御史李璿撰《天妃庙记》载曰：雷州密迩大海，旧有行祠，创于南亭，岁月深远，风雨飘零，往来谒使，弗称瞻仰。邑侯胡公文亮见庙倾废，发心而鼎建之，更名曰'雷阳福地'，碑记卷5可见妈祖庙创始于雷城南亭街时为'妈祖行祠'，是闽人初迁雷州时随行供奉妈祖的祠宇。后此庙又迁建夏江，庙额'天后宫'。现有建筑为清道光年间重修，院落式布局，有门楼、前堂、拜亭、后殿和配殿，宫前有戏台。雷民多闽人，故门联云：'闽海恩波流粤土，雷阳德泽接莆田。'宫内有明清碑刻10余通"。②

又如在高州沿海，人们崇拜的妈祖有时与本地广受尊崇的冼夫人混为一体而难分彼此，再如湛江市南郊太平区通明村的宣封庙，始建于明万历十四年（1586）。其庙址临河，并深入遂溪、海康县内，此地是明代商贾云集的商埠和渔港，还是防范倭寇的要地。妈祖与冼夫人皆获朝廷封赠，故庙名"宣封"，人们同时祭拜两位女神。

雷州半岛过着半农半渔生活的沿海居民对妈祖的崇拜气氛也很浓郁，供奉妈祖的庙宇有妈祖、招宝和青惠合为被敬拜的"天后宫"，与此同时，也有妈祖单独享有祭拜的"天妃庙"，以及妈祖与众神合处共被祭拜的"列圣宫"，不一而足。

"据邓格伟先生的调研和不完全统计，阳江、湛江、雷州等地见诸历史记载的天后宫有88座，其中湛江市6座，徐闻县19座，

---

① 参见《徐闻县文物志》，1986年油印本。
② 李庆新、罗燚英：《广东妈祖信仰及其流变初探》，《莆田学院学报》2011年第12期。

雷州9座,遂溪6座,廉江5座,吴川8座,电白5座,阳江30座(今存13座)。粤西地区不少天后宫迄今仍香火鼎盛。"①

在粤西大部分地方,民众信奉的神祇有时与广府或客家的神祇并无大的区别,以湛江市下属的县级市吴川为例,吴川总面积848.5平方公里,总人口105.4477万人,辖5个街道、10个镇、1个经济开发区,村落众多,自然村有1577个之多,人口以汉族为主,占到全市总人口的99.5%以上。

吴川民间信仰的神祇主要分为:一是佛教俗神,吴川人将佛教俗神统称为菩萨,主要有观世音菩萨、普贤菩萨、文殊菩萨、地藏菩萨、弥勒佛、阿弥陀佛及十八罗汉等,当地少有专门的佛教寺庙,菩萨神像一般被安置在各村落的庙宇里,与其他神灵共享祭献;二是道教俗神,吴川村庙供奉的道教神祇主要有北帝、关帝(也是财神,除了祠庙供奉外,店堂、个体工商户、宅厅堂等亦遍设神堂,安放关帝神像)和妈祖(吴川人一般称其为天妃、天后娘娘等);三是地方保护神,主要是冼夫人,人们尊称她为"岭南圣母"。由此可知,除冼夫人外,吴川人所信奉的佛教与道教俗神与广府或客家地区的神祇基本一致。

从本章上述对广府民间信仰、客家民间信仰、潮汕民间信仰与粤西地区民间信仰的历史之流的简单梳理中,不难看出这四地的民间信仰中既有当地原生态的信仰元素的因子,也有因移民(从中原或福建等地)而来的外来信仰元素的因子,这四地的民间信仰是在一个较长的历史时段内由当地的原生态的信仰元素和外来信仰元素自然而然地融合而成的。

---

① 李庆新、罗燚英:《广东妈祖信仰及其流变初探》,《莆田学院学报》2011年第12期。

第二章
广东民间信仰文化的主要神祇

本章将对广府、客家与潮汕三大民系,以及粤西地区民间信仰的主要神祇作大致的梳理与介绍,以期让人们了解广东的民间信仰既具有鲜明的地域特色,以及自身特有的神祇;同时亦因为岭南和中原自古以来的千丝万缕之联系,而有着和中原共同的神祇,从而了解广东人所信仰的民间神祇的大致情况。

要说明的是,广府、客家与潮汕三大民系对于祖先神、英雄、贤人与行业神等人物神的拜祭,对日月星辰、山河湖海、风火雷电、树木石头等的自然崇拜以及佛教道教的俗神信仰是共同的,这些是民间信仰中具有共性的方面,不同的是神祇的名称、神祇的来源、祭神的仪式与表现方式及习俗等。

拿祖先神来说,学界一般把汉人的民间信仰分成鬼、神、祖先三大类。顾名思义,祖先神是由祖先演变而来的神明。祖先是中国宗法制度的产物,生动具体地体现在民间的族谱、"神主"牌、墓碑、祭祀活动以及人们的思想观念里。要成为祖先神,得具备两个先决条件。其一是本宗族的男性及其配偶,中国千百年来的宗法制度是以男性为中心的,因此,本宗族的男性在过世以后受到族人敬拜不难理解。在宗族制度高度发达的广东,祖先信仰有着非常深厚的土壤。屈大均的《广东新语》云:"岭南之著姓右族。于广州为盛……其大小宗祖祢皆有祠,代为堂构,以壮丽相高。"[①] 其二是必须有后代。因为在中国的文化传统中,"不孝有三,无后为大",这既是为了传宗接代的需要,也是为了使人死后能够得到祭祀,即"延续香火"的需求。即便本家无亲生儿子,无论如何都要设法去找一个继子,以免死后香火中断。一旦成了祖先神,也就兼有了祖

---

① (清)屈大均:《广东新语》,中华书局,1985,第464页。

先和神明两种功能，祖先神有荫庇后人的功能，子孙们则有敬拜祖先神的义务。祖先神祭拜这种情形在三大民系中皆然。

一般而言，祖先神的神牌被供奉在家里的神龛和祠堂里。当然，民间信仰中有时还将祖先和神祇混在一起，或合在一处，其所祭拜的偶像既可谓自己的先人，也可谓某个神祇。换句话说，被供奉在庙里的神祇也可以是自己的祖先神。如广府许多地区的"关帝庙"，既可被看作道教的俗神，也可被视为祖先神。如江门开平市赤坎镇石子冈村的"关帝庙"与江门开平市水口镇红花村的"龙冈古庙"，供奉着刘备、关羽、张飞、赵云，这两处庙宇是专为附近或各地刘姓、关姓、张姓、赵姓的宗亲纪念"祖上"的"三国"名将而建；江门鹤山市古劳镇的"吕氏家庙"供奉的是吕氏先祖及道教传说中的八仙之一吕纯阳；古劳镇麦水村的"力庙"，供奉着任氏十三世祖任光。在深圳的宝安区凤凰社区（即从前的岭南福永岭下村），存有文天祥信仰。据传文天祥的曾孙文应麟兵败逃到岭南福永岭下村，在凤凰山开山拓寺，迄今已有600余年的历史。据当地居民说，这里的香火一直较旺，因此不仅近处的居民，也常有远道而来的游客都喜欢来这里烧香祭拜祈福。

第一节　广府民间信仰文化的主要神祇

广府地区民间信奉的主要神祇众多，有时很难精确统计有多少位（其他地区的情形也是如此）。为了方便阐述，笔者以自身近年来曾多次在中山市做过的田野调查为基础，来阐述以珠江三角洲为核心的广府地区民间信奉的主要神祇，见表2-1。

表2-1　中山市民间信仰场所的主神及其道场数量[①]

数量区间（处）	主要神祇	场所数量（处）	比例（%）	备注
300处以上	社公	392	46.3	又称土地公
21~60处	观音	57	6.6	道教系统中被称为慈航真人

① 本表以2016年笔者对中山市民间信仰的调研统计为根据。

第二章 广东民间信仰文化的主要神祇

续表

数量区间（处）	主要神祇	场所数量（处）	比例（%）	备注
21~60	天后	43	4.9	又称妈祖
	北帝	40	4.6	即玄武大帝
	关帝	29	3.4	即关公
	先锋	23	2.7	
	诸葛亮	22	2.5	又称武侯
	佛，四面佛、地藏	21	2.4	
11~20	康公	20	2.3	
	洪圣	17	1.9	
	兄弟哥	13	1.5	
	华光大帝	12	1.4	
5~10	三山侯王	9	1	
	财帛星君、龙母、牛王、文昌等	各6	各为0.69	财帛星君又被视为财神
	龙王	5	0.58	
1~4	圣母娘娘	4	0.46	
	金花娘娘、三圣公、相公、星君、赵公明	各3	各为0.35	赵公明又被称为财神
	东岳大帝、花王太祖、华佗、屈原、三界公、三仙娘、四圣、托塔天皇、文武二帝、邹陈法师、主帅公等	各2	各为0.23	
	八仙、彩哥、陈明二哥、地藏王、二圣、飞来禅、飞燕娘娘、禾谷夫人、何仙姑、和合二仙、猴王爷、华岳圣、黄大仙、黄牛、雷神、连州三王爷、良马神、转运将军、周大将军、张王爷、袁大仙、玉皇、兴仔神、韦驮、天尊、七姐仙姑、吕洞宾、罗仙姑、鲁班等	各1	各为0.12	

由表2-1可知，土地公（又称土地神或社公）作为一方保护神，遍布于中山市（当然，也遍布于所有的广府地区）的村落街

道，与人们的生活最为接近。其品级虽低，却最具亲和力而广为民众崇拜。对土地神的崇拜形式较为简单，往往在路口、树下置一香坛，或者委身于其他民间信仰庙宇，神像或有或无。"有上盖的叫作土地庙，露天的就叫社坛。家宅中供奉土地也是必不可少的。"①

总之，一块石、一土堆或土包，或者一棵树，都可为社坛，民众往社坛上敬献几炷香以示敬拜，这种敬拜形式简单，亦较为便宜，反而有利于土地神神坛的广布。清人张渠记载："各乡具有社坛，盖村民祷赛之所。族大者自为社，或一村共之。其制，砖砌石，方可数尺。高供奉一石，朝夕追虔。亦有靠树为坛者。"②

广府地区除土地公信仰外，还有较为常见的祖先崇拜。直到今天，许多祖居在此的广府人家的客厅里会备有一已上色的木制神龛，上面供着已逝去的父母或已逝去的祖父母，即自己以上的两或三代人的祖宗画像或照片。画像或照片前不时摆有应季的水果等食品。这种客厅景观在内地，尤其内地的大城市比较少见，而在当地大门口也有土地爷（或土地公）的牌位。即使在广州城里，这种普通居民门口的土地爷牌位与客厅的祖先神龛景观也不鲜见，除土地公信仰与普遍的祖先崇奉外，广府地区主要的神祇可以大致分为如下几类。

一 水神信仰

广府地区民间素有崇拜水神的传统，水神包括江神、河神、湖神、海神等，既有男性水神，也有女性水神。早在原始先民的自然神崇拜中，水神就占有不可或缺的重要地位。"在广府地区的水神体系中，北帝、南海神、伏波神及海龙王等均为男性水神，而且香火鼎盛，信众众多。与这些男性水神相比，女性水神信仰毫不逊色，其中以海神天后与水神龙母尤为典型。"③

水神信仰如此发达，与珠江三角洲地处珠江流域，其中河网纵横，又位于南海之滨不无关系。这种自然生活环境使得广府人与水

---

① 中山市人民政府南区办事处编撰《良都风物》，南方日报出版社，2014，第200页。
② （清）张渠撰，程明校点《粤东闻见录》，广东高等教育出版社，1990，第71页。
③ 贺璋瑢、蔡彭冲：《广府民间信仰中的女神信仰探略》，《世界宗教研究》2016年第8期。

第二章　广东民间信仰文化的主要神祇

的亲密关系自不必待言，临水而居、靠海为生已成为此地百姓习以为常的生活方式。不少神祇司水治水，以水为庭，在民间流传着诸多有关水的神话逸闻，演绎出与水相关的各式崇拜与仪式活动。在广府系地区流行的主要水神如下。

其一是南海神（祝融、洪圣公）信仰。清人屈大均在《广东新语》卷六"神语·南海之帝"中写道："南海之帝实祝融。祝融，火帝也……司火而兼司水，盖天地之道。火之本在水，水足于中，而后火生于外。火非水无以为命，水非火无以为性。水与火分而不分，故祝融兼为水火之帝也。"① 这段描述是对祝融何以为水神的最具说服力的解释，其根据就是典型的中国历来关于五行相生相克的传统。"清人范端昂的《粤中见闻》记载'祝融者，南海之君也。'"②

南海神作为海神，是广府地区最受尊崇的主神之一，最迟应从隋代就流行于珠江三角洲地区。隋开皇十四年（594），隋文帝下诏在广州城东南建南海神祠，就近祭南海神，南海神庙由此得以建立，南海神庙是岭南最大的官方祭祀南海神的地方，以后历代官方祭拜南海神的活动都在此举行。唐天宝年间，唐玄宗封南海神为"广利王"，这是帝王对南海神封号之始，后历朝统治者给南海神加封了大量封号。宋仁宗将南海神敕封为"洪圣广利王"，故南海神庙又被称为洪圣庙。"唐开元起，每年立夏之时牲祭。至明代以后，更是执行春秋两祭。这种恩宠，为其他海神所不能比拟。"③ 南海神的庙宇在珠江三角洲地区分布甚广。据地方志书记载，明清时期，南海神的庙宇遍布城乡，"解放前广东的天后庙不过300多座，而洪圣庙、广利庙、南海神庙仅南海、番禺两县，就有一百多座，有的乡多至8座，佛山镇内就有4座，内陆山乡如新兴、阳山、梅县等都有，全省不下500座"。④

最著名的就是前述的广州黄埔的南海神庙（又称波罗庙），该庙营建于隋代，历史悠久，据唐朝文学家韩愈《南海神庙碑》："海于

---

① （清）屈大均：《广东新语》卷六"神语·南海之帝"，中华书局，1985，第207页。
② 沈丽华、邵一飞编《广东神源初探》，大众文艺出版社，2007，第118~119页。
③ 陈泽泓：《广府文化》，广东人民出版社，2012，第345页。
④ 叶春生：《南海海洋风俗存疑》，载广东炎黄文化研究会编《岭峤春秋：海洋文化论集》，广东人民出版社，1997，第137页。

天地间，为物最巨，自三代圣王，莫不祀事，考于传记，而南海神次最贵，在北东西三神河伯之上，号为祝融。"①农历二月初十至十三为波罗诞，珠江三角洲各地来此参拜者甚众，广府地区曾有"第一娶老婆，第二游波罗"之谚。这条谚语说明了南海神职能的演化，它不仅保佑人们的航海安全，还兼保佑嫁娶与生殖之职能。历史上，南海神受封赐日重，这与岭南地区的开发与地位提升直接相关，尤其是海上丝绸之路的发展与兴盛，使得航海安全成为一个极为重要的问题。因此，南海神成为风调雨顺、河清海晏的象征。自隋唐以后，南海神庙受到历代王朝的高度重视，被历代朝廷列入正祀，自唐宋以后，每年农历二月中旬南海神庙都有庙会举行。每年的农历二月十三日为正诞日，俗称波罗诞，至今已有一千多年的历史。每逢庙诞，这里的庙会活动总是人山人海，热闹非凡，堪称广州第一庙会。明清时期的地方志书中对波罗庙诞的盛况有较为详细的记载。

"广府波罗诞"在近些年通过政府的宣传搞得有声有色，自2004年起，南海神庙每年都举办广州民俗文化节暨黄埔"波罗诞"庙会，而且每一届的庙会都各具特色，庙会中还有"醒狮""飘色""七巧工艺"等岭南民间传统艺术展示。"波罗诞"成为每年广州城内的一大盛事。不仅在广州，南海神如今在珠江三角洲各地依然受到广泛敬拜，现在中山市仅以洪圣为主神的庙宇就有17处。沙溪镇圣狮村洪圣殿门联"盛德在水，遵海而南"，表达了洪圣司水、护佑水乡的基本职能。

其二是天后信仰，天后即妈祖，她可谓中国东南沿海地区最受欢迎的女神。天后本是福建莆田地区的海神，因海运而兴。据史料记载，自北宋起，南宋、元、明、清历朝都对妈祖多次进行褒封，封号从夫人、天妃、天后乃至天上圣母，并最终将其列入道教祭典和国家祀典。广东与福建山水相连，早在宋代时，福建与广东间的海上贸易就很兴旺，天后信仰随之传入广东等地。由于广府地区的河网密布，饱受各种水文灾害之苦，因而妈祖信仰在广府地区深深地扎下了根。在广州近郊的小谷围岛，可以见到天后庙、南海神祠

---

① 吴智文、曾俊良、黄银安：《广府平安习俗》，广东人民出版社，2013，第9~10页。

与华光庙并立面向珠江航道。南宋任职广府的刘克庄最早记载："广人事妃，无异于莆（田），盖妃之威灵远矣。"①

从北宋到清代，天后信仰在珠江三角洲一带广泛流行。据有关方志记载，广州、佛山、中山、花县、顺德、江门、开平等地都有数量不等的天后庙。凡打鱼为生的人在每次出海前都到天后庙里拜祭一番，如此心里才感到踏实。

叶春生先生在《岭南民间文化》中写道："广东有妈祖庙100多座，省内最大的妈祖庙是深圳赤湾天后庙，最著名的还有三水芦苞天后宫。"② 笔者依照自身的调研经历，认为广东的妈祖庙其实远远超过100多座，到底有多少座，也很难计算。天后信仰在发展的过程中，其所具备的功能已经不仅仅是护佑人们的海上平安及风调雨顺等，在此过程中还逐渐具有了赐福送子等功能。

以现今的中山市为例，仅以天后为主神的庙宇就多达43处，其他庙宇亦可多见天后陪祀其中。应该说天后是当地最为重要的神明之一。中山市的天后宫多临水而建。在中山市的天后庙中，多镌刻有对联，其内容颇具"海味水韵"，诸如"覃恩浩荡常流海，后德巍峨独配天""恩流寰海，德配苍穹""湄洲慈母恩波远，南国苍生利泽长"等。在天后庙的背后，人们看到的是向海而生、临河而居的芸芸大众多把对美好生活的向往及对厄运的消解寄托在天后身上。

在天后庙的信众中，有一群体与天后的关系尤为特殊，这就是那些从福建移民而来的闽南语系族群，他们自视为"妈祖子民"，对天后崇敬有加。如中山大涌镇安塘村在籍人口5000余人，其中林姓为第一大姓，占全村人口的四分之三，他们祖上从福建迁徙而来，至今仍操闽南语。2000年前后，全村合力重修了天后庙，在天后圣殿门口镌联曰："宋代老慈母，莆田大圣人。"显然，这幅联句通过诉说天后的籍贯来警醒当地人的原籍身份。其实，在整个中山市，闽南语系民众的分布相当可观，下属的大涌镇、沙溪镇、三乡镇、南朗镇及开发区等地均是闽南语系群体的聚集地，人口约占中山总人口的10%。他们成为天后信仰的最为中坚的力量。不止中

---

① （宋）刘克庄：《到任谒诸庙·谒圣妃庙》。
② 叶春生：《岭南民间文化》，大众文艺出版社，2007，第153页。

山，在广东的江门、广州的花都及佛山的顺德等地，都有从福建移民而来的闽南语系族群，他们都是天后信仰的坚定信众。诚然，天后信仰在广东各地的广泛存在与其在宋代以后最先就在广东潮汕的闽方言区传播，并随着移民向广府和客家地区的扩展不无关系。

不仅是珠江流域，广东凡有江的地方便有天后的忠实信徒。如北江流域上的清远地区就有许多天后宫。北江乃历史上沟通南北的重要水路，北接五岭古道，南通大海。历来都有大量沿海居民尤其是海上渔民移入，他们大多是妈祖信众，妈祖信仰也随之而至，同时反映了北江流域文化多元，生存环境艰险，船民与自然搏斗的艰辛与顽强。

其三为北帝信仰。北帝信仰又被称为真武、玄天上帝、玄武、北方真武玄天上帝、黑帝等，名称很多，而在广州、佛山、中山、珠海等珠江三角洲地区民间多称其为"北帝"。位于佛山禅城的北帝祖庙为广东最为著名的民间信仰庙宇之一。一般认为，北帝信仰由玄武神以及玄武神话演化而来，而玄武神又来源于古代的星宿崇拜，作为星宿崇拜的玄武，最初是代表北方的神灵，属性为水。北帝这位本是北方的神在岭南却香火鼎盛。对此，屈大均在《广东新语》中解释道："粤人祀赤帝，并祀黑帝，盖以黑帝位居北极而司命南溟，南溟之水生于北极，北极为源而南溟为委，祀赤帝者以其治水之委，祀黑帝者以其司水之源也。"①《佑圣咒》载其"太阴化生，水位之精。虚危上应，龟蛇合形。周行六合，威慑万灵"，故北帝有司水之责，主风雨。

广府的中心地区地处珠江三角洲，水文灾害历来比较严重。因而司水且主风雨的北帝在广府地区广受崇拜。据记载，"新中国成立前，仅番禺县就有近200座北帝庙。佛山地区较大村落几乎都建有北帝庙"。②"吾粤多真武宫，以南海佛山镇之祀为大，称曰祖庙。"③ 广东最早建立的北帝庙位于佛山，称为祖庙，建于宋元丰年间（1078~1085），在明永乐年间（1403~1424）该庙"就成为佛山地区供奉北帝的公庙"。④ "北帝崇拜，是明清时期珠江三角洲

---

① （清）屈大均：《广东新语》卷六"神语·真武"，中华书局，1985，第208页。
② 沈丽华、邵一飞编《广东神源初探》，大众文艺出版社，2007，第19页。
③ （清）屈大均：《广东新语》卷六"神语·真武"，中华书局，1985，第208页。
④ 沈丽华、邵一飞编《广东神源初探》，大众文艺出版社，2007，第19页。

第二章 广东民间信仰文化的主要神祇

地区最主要的民间信仰之一,不仅供奉北帝的祠庙遍及各乡,而且村民的家中也普遍供奉着北帝的神位。"①

北帝从最初的星宿崇拜、龟蛇图腾,发展成为镇墓护卫、辟邪安宅的将军,从动物化走向人格化。主要是因为"肇迹于晋,得名于唐"的佛山,本为水患频仍之地,从前人们外出的交通工具以舟船为主,货物的运输也主要是依靠舟船,水中从来就有不可预测的风险,为了保护人身及商品货物的安全,司水的北帝自然是要加以虔诚祭拜的,况且自宋朝以来,佛山渐渐成为岭南著名的冶铁中心,百姓以铸造为业的不在少数,自然也要防止火情。而水既能灭火,司水的北帝也自然就广受百姓的崇奉了。因此,佛山人自宋代元丰年间就开始建造供奉水神真武帝的祖庙,为的就是既避水患,也防火险,以保本地人畜平安。

宋元时期,北帝信仰开始从民间信俗和道教神祇发展为帝王赐封的官方祠典。明朝时,更是从国家到民间对北帝的崇奉祭祀达到登峰造极的地步。"明清以来,佛山祖庙因其'唯我独尊'的最高地位成为一个集政权、族权和神权于一体的官祀庙宇"②,历经20多次重建和扩建,现在的整个佛山祖庙建筑群占地18600平方米,其建筑具有典型的岭南建筑风格。其中的万福台是广东现存的最华丽精巧、岭南地区规模最大的古戏台,见证了粤剧的发展历史。佛山祖庙现为全国重点文物保护单位,佛山祖庙已经不仅仅是一个民间信仰活动场所,它更像是佛山市的一张历史旅游名片,极大地增强了佛山人的自我认同与凝聚力。

最隆重的北帝祭祀仪式是农历三月初三的北帝诞祭祀活动,活动的主要内容是游神、设醮、演大戏、烧大爆③等。北帝诞是以北帝为社区主神的乡村与社区居民一起参与的大规模的公共活动,这也是地方社会的成员培养认同感与凝聚力的一项重要活动。北帝崇拜和佛山祖庙不仅在珠江三角洲、广东省,而且在港澳地区乃至东南亚地区;不仅在过去,而且至现在仍然有着相当深刻与普遍的

---

① 普世社会科学研究网:《明清北帝祀典及其对民间信仰的影响》,http://www.pacilution.com。
② 申小红:《北帝崇拜的文化情结》,《中国文化报》2007年8月23日。
③ 在每年三月初三北帝诞的次日举行。所谓烧大爆,是以巨大的爆竹燃放以享神,并让众人拾抢其炮首以接福的活动。早在清初"佛山大爆"已名震粤中。

影响。

但据中山大学的刘志伟教授考证,文献资料中关于岭南地区北帝崇拜的记载,一般只提到明代以后的事实,佛山的北帝也是在明初才借助当时流传的种种关于北帝显灵的传说,并最终上升为社区主神的。在笔者对中山市民间信仰的调研中,共录得43处以北帝为主神的庙宇。开发区濠头村北帝庙楹联曰"盛德在水,降康自天";黄圃镇一北帝庙山门对联曰"北极巍峨仙境地,殿堂壮伟奉玄天",正殿楹联曰"水德山光仁知乐,剑锋旗影鬼神钦"。另外,南区竹秀园社区长溪村原为水上人家(疍民),他们亦听闻北帝是水上保护神而建庙祭拜。① 这些无不昭示着北帝司水的神职功能。

其四是龙母信仰,又俗称德庆龙母、悦城龙母、龙母温媪、护国通天惠济显德龙母娘娘等,是广东西江流域的一位女性水神。龙母信仰来自远古岭南百越族的龙(蛇)崇拜,学界有一种观点认为,龙母的原型来自以龙为图腾的"西瓯越族"的一位女首领"译吁宋"②(译吁宋是头人、君长之意)。在广东地区的民间传说中,龙母原为周秦时期广西藤县一弃婴,后被广东德庆县悦城镇温姓渔民收养,随父姓温,捕鱼为生。某日拾一巨卵,归置器中,有五龙孵化飞升。龙母死后,五龙子呼风唤雨,葬母于西江北岸,后人设庙致祭。民俗学专家叶春生认为,龙母应为"百越族团中生活在西江流域的某一支系的氏族领袖"③,她带领族人从广西藤县到广东德庆,在德庆悦城安居,并逐渐发展壮大,为当地人做了不少好事,因而受到人们的敬仰。从龙母信仰中不难看出母系氏族社会的遗风。

关于龙母的传说大概形成于汉晋时期(这比天后妈祖信仰的历史要悠久得多),汉朝敕封龙母为"程溪夫人",唐朝敕封"永安郡夫人",后封"永宁夫人",唐代刘恂的《岭表录异》被学界认为是较早详细记载了龙母事迹的文献。自唐代起,龙母得到朝廷历代敕封,明朝时龙母被封为"护国通天惠济显德龙母娘娘"。从这

---

① 中山市人民政府南区办事处编撰《良都风物》,南方日报出版社,2014,第160页。
② 参见陆发圆《岭南古越人酋长称谓语源考》,《贵州民族研究》2002年第2期。
③ 叶春生:《岭南民俗文化》,广东高等教育出版社,2011,第181页。

些封号可知，龙母不仅是女神，也是一方民众的保护神。可以说，大概从宋朝起，对龙母的祭拜逐渐流行开来，龙母信仰渐渐成为西江流域一带最主要的信仰，西江流域水系发达，水患频仍，许多地方建有龙母庙，龙母信仰也从西江流域逐渐扩散开去，成为包括整个西江流域，乃至整个珠江三角洲地区都很盛行的民间信仰。

龙母信仰在明代更是得到朝廷的推崇，从而得到很高规格的礼遇。明太祖朱元璋曾下诏："世世遣官致祭，亿万斯年，与国无疆"，就在下诏后不久，明王朝又下诏将悦城龙母庙周围的山林田地准予作为祭祀之用。由明至清，龙母日渐成为广府文化圈内的主要神祇之一，香港中文大学的游子安教授所藏《粤境酬神》（光绪十六年春月镌，沐恩康宁堂刊）记录了近代广东地区的道教神明，其中就有"龙母娘娘，五月初八圣诞"的记载，龙母娘娘与华光大帝、洪圣大王、金花夫人等神明赫然并列，可见丝毫没将其当作"外人"。①

研究龙母信仰的论文基本提到，明清时龙母庙已遍及广州府、肇庆府、高州府及韶州府等地。广州府仅南海县就有6座龙母庙。其影响除遍及两广地区外，还远及香港、澳门、福建、江西等地，"晋康郡悦城之龙母，闻于天下矣"。在许多有关前人留下来的笔记、见闻之类的记载中，如刘后麟的《南汉春秋》、李调元的《粤东笔记》、范端昂的《粤中见闻》以及屈大均的《广东新语》等均对龙母信仰的盛行不惜笔墨。据此，龙母信仰在明清时期俨然成为广东、广西讲粤语地区汉人的共同信仰之一，成为岭南广府文化的重要组成部分。龙母终于从图腾崇拜上升到女神崇拜，据地方志文献的不完全统计，明清时期广东对其的祭祀主要遍及广州府、肇庆府、高州府及韶州府等地，形成了两大祭祀带，即西江干流流域和西江支流流域。

诚然，龙母信仰的成型与发展过程也体现了信仰主体族群的变迁。"许多地方的史志文献碑刻都记载了人们祭祀龙母，其目的是祈求平安，平复波涛，治水患，降甘霖，消除疾疫，保护母婴等，上述功能多体现在龙母庙中广为流传的《龙母真经》中。"② 德庆

---

① 游子安：《清末广东道教文献探研——〈粤境酬神〉》，《香港中文大学道教文化研究中心通讯》2006年第3期。
② 贺璋瑢、蔡彭冲：《广府民间信仰中的女神信仰探略》，《世界宗教研究》2016年第8期。

县内至今仍有许多带"龙"字的地名，如龙母村、龙母田、龙角、龙目、龙凤头、龙须等，位于德庆悦城镇的龙母祖庙，现为广东省级重点文物保护单位。每逢农历的正月初一至十五、五月初一至初十（五月初八为龙母诞）和八月十四至十六（八月十五为龙母的升仙日），是悦城龙母庙最热闹的日子。这时广东各地与香港、澳门等地的游客前来拜祭，香客络绎不绝，此时龙母庙会通宵达旦开放，善男信女争先恐后来上香、摸龙床、照龙母镜、用龙母梳、喝龙母茶等，希望能以此给自己的生活带来好运。

上述天后、洪圣、北帝及龙母等神明因其水神身份而被广府地区的信众广为崇敬，建庙祭拜，在民间有着广泛的影响力。以它们为主神的庙宇，民间自行营建的数量占有较大比重，且有的庙宇规模也较大。上述神祇的神职亦有突破水神的身份，而涉入民众日常生活的方方面面，为民众的各种诉求排忧解难。

除了这些大名鼎鼎的水神外，北江流域还有一个在当地家喻户晓的水神曹主娘娘。曹主娘娘本姓虞，真名不详。是唐朝时英州（英德）麻寨虞湾村人，后嫁给麻寨寨主曹福为妻，始称虞夫人。据说她父母早亡，有一兄长，她从小受兄长的严格管教，与人为善，乐于助人，性格刚强，好打抱不平，精通十八般武艺，有大丈夫气概。

唐乾符六年（879）三月，黄巢军攻破广州，拥兵五十万人，驻兵数月，于当年闰十月自广州北上经英州、连州上桂林集结誓师北伐。黄巢军北上行经英州西部（即当时的浈洭县）时，英西贼匪趁机作乱，各处村民因而饱受匪害。麻寨村民为保护家园，便自发组织民团，抵抗贼匪。虞夫人便踊跃参与其中，并亲教村中女子练武。后来麻寨寨主曹福被重兵围困，并为乱箭所杀。虞夫人挺身而出，被众人尊称"寨将夫人"。她带领村民与其他民团官军一起攻击贼匪，将其赶出浈洭。寨将夫人后来率乡兵救西衡州时，骁勇善战，但最终身负重伤而亡，死时年仅19岁。

民间存有不少关于虞夫人的神话与传说，她逐渐演变成当地人神坛上的神，后人称其为曹主娘娘。屈大均《广东新语》卷八"女语"的第一篇就是"五女将"条，"五女将"中就包括了虞夫人："有曰虞氏者，英德之虞湾人。唐末，黄巢破西衡州，虞夫为寨将，与贼酣战而死。虞躬擐甲胄，率昆弟及乡人迎战，贼败去，虞亦死焉。其后兵徭为乱，每见虞朱衣白马率兵而来，贼辄惊溃。嘉定间敕曰：夫人生能摧黄巢之锋，殁能制殁能制峒蛮之寇蛮之寇，封为正顺夫人。立祠香垆峡中。"①《英德县续志》载："寨将夫人虞氏，邑之虞湾人。唐末黄巢破西衡州（州址在现英德浛洸），其夫为寨将，与贼战死。虞氏躬擐甲胄，率昆弟乡兵迎战，巢贼遂北，虞氏亦死。乡人徐志道等立庙祀之，号寨将夫人祠。""神生御黄巢有功，卒后复显灵杀贼，水旱祷请，辄应。乡民立祠奉祀。"另据《英德县志》载："西祠，即古寨将夫人庙。唐末徐志道建庙于麻寨冈，祀虞夫人，因号焉。"因此，民间尊她为"曹主娘娘"，赋予她平定贼寇、消灾避祸、护佑一方平安的神职。

最初"曹主娘娘"或虞夫人的信仰主要在英德一带流传，后来阳山、连州等地也多立曹主娘娘庙以作祭祀。在该信仰的流传中，"曹主娘娘"的神职也有所增加，甚至增加了其护佑水上行舟之人的职能，"英德有两座庙表明了曹主娘娘的水神身份，一是大庙，据《英德县续志》卷三六'坛庙'记载：'峡山庙，在县南六十里，面大河，谓之大庙，祀虞妃，道光辛丑年（1841）重修。'庙建在危险江段的江边，其功用与目的与水有关无疑。一是江口庙，又称曹主娘娘姑嫂庙，位于英德南二十里外的连江口镇江口咀村背后的小山岗上，东临北江，南面向连江口，西临连江，北与浈山相接。庙里供奉曹主娘娘和她嫂嫂为主的神像。据民间传说，曹主娘娘得道成仙后，为了让嫂嫂能有栖身之处，便决定为嫂嫂找一块风水宝地。一天，曹主娘娘从连江的源头磨面石顺江而下，当来到连江与北江交汇处时，认为此地可管辖英（英德）、阳（阳山）、连（连州）三县水路，保百姓过往船只平安，随即将头笏往穴位一插，确定了位置。从此，她便用一部分法力与嫂嫂一起坐镇江口，船只过往均平安无事。由于处在北江与连江的交汇处，是两江船只的必经之地。因此，过往船只为求得平安，都虔诚祭拜。而来往于连江的船只祭拜尤甚"。②

二 女神信仰

20世纪末以来，随着民间信仰研究在学界的日渐兴盛，尤其

---

① 屈大均：《广东新语》卷八"女语·五女将"，中华书局，1985，第257页。
② 参见王焰安《北江流域水神崇拜的考察》，《韶关学院学报》2009年第10期。

是国外女性主义与性别研究的理论与神话学理论及方法的引入,学界对民间信仰中女神信仰的研究日益增多,其中尤其以女性神祇众多的闽台地区的研究最为大观。其实,广东地区的女神信仰也不少,人们若是去到如今依然香火鼎盛的广州增城的何仙姑庙、广州长洲岛的金花夫人庙、广州南沙的天后宫、肇庆德庆县的(悦城)的龙母祖庙、粤西各处的冼太庙,以及梅州、潮州等地的大大小小的女神庙,都不难感受到广东女神信仰的浓郁气息。以广府地区的女神为例,根据明清时期广府地区的地方志中"祠(坛)庙""风俗""祀典""仙释"及明清时期的士人文集和笔记中有关女神的记载,笔者将其草拟成表2-2。

表2-2 明清时期广府地区女神一览[①]

祭祀神祇	盛行地区	资料来源	功能备注
观音 (慈航圣母)	广州府各地均有	广州府各地方志中"祠庙""寺观""风俗"栏多有记载	送子、保平安、发财
鲍姑	"鲍姑,靓之女也,与洪相次仙去,至唐时人尤见其行灸于南海,有崔炜者得其越井冈艾灼赘瘤尤验"(南海县)	万历《南海县志》卷十三《外志·仙释》	医药神
斗姥 (斗姆元君)	"斗姥宫:一在东门外线香街,一在城西卢狄巷口(斗姥即摩支利神明,两广总督熊文灿平海寇于空中见之,遂立庙以祀,据南海志番禺志参修)"(广州府)	光绪《广州府志》卷六十七《建置略四·坛庙》	福禄神
	"斗姥宫:在大通堡秀水南塘村外"(南海县)	同治《南海县志》卷五《建置略二·祠庙》	

[①] 此表格中神祇的"盛行地区""资料来源"主要参见广州美术出版社出版的《广东历代方志集成》中"广州府部"以及屈大均《广东新语》的内容。神祇"功能"的主要依据为:沈丽华、邵一飞编《广东神源初探》,大众文艺出版社,2007;叶春生、施爱东编《广东民俗大典》(第2版),广东高等教育出版社,2002。

第二章 广东民间信仰文化的主要神祇

续表

祭祀神祇	盛行地区	资料来源	功能备注
西王母	"广州多有祠祀西王母。左右有夫人。两送子者，两催生者，两治痘疹者，凡六位，盖西王母弟子若飞琼、董双成、萼绿华之流者也。相传西王母为人注寿注福注禄，诸弟子亦以保婴为事，故人民事之惟恐后……"	屈大均《广东新语》卷六《神语》	主婚姻、生育、平安
何仙姑	"会仙观，在万寿寺右即何仙姑故居"，"何仙姑祠，在会仙观内，祠前有井，即仙姑化身处"（增城县）	乾隆《增城县志》卷八《祠祭》	女仙，无专门职能
	"仙姑庙，在县东旧城基脚。何仙姑者乃增城县民何泰之女，唐开耀间人……"（清远县）	民国《清远县志》卷十七《胜迹下·祠宇坛庙》	
天后（天妃）	广州府各地均有	广州府各地地方志"坛庙""祀典""风俗"栏中多有记载	海神、商业保护神、生育神
龙母	广州府各地均有	广州府各地地方志"坛庙""祀典""风俗"栏中多有记载	水神，保平安
金花夫人	广州府大部分地区都有，就地方志记载来看，金花庙在南海县、顺德县、番禺县、龙门县、新宁县、香山县、新会县、清远县均有分布	同治《南海县志》卷五《建置略二·坛庙》 咸丰《顺德县志》卷十六《胜迹略·祠庙》 乾隆《番禺县志》卷二十《杂记》 道光《龙门县志》卷六《建置三·坛庙》 乾隆《新宁县志》卷一《建置》 乾隆《香山县志》卷六《建置·坛庙》 道光《新会县志》卷四《坛庙》，民国《清远县志》卷十七《胜迹下·祠宇坛庙》	生育神

续表

祭祀神祇	盛行地区	资料来源	功能备注
七娘神	广州府各地均有	广州府各地地方志中"风俗"栏	婚姻、爱情保护神
三娘	"三娘,在沙滘"(顺德县)	咸丰《顺德县志》卷十六《胜迹略·祠庙》	广州、顺德、新会等地皆有三娘庙,不过关于三娘为何神,学界并无定论,有说三娘是宋帝杨太后的,也有认为三娘是三霄娘娘的
三娘	"河南有三娘庙,妓女伤迟暮者祈之"(番禺县)	同治《番禺县志》卷五十四《杂记二》	
三娘	"三娘古庙,在迳南山麓祀元列妇陈赵氏(采访册府志邑志有传)"(新宁县)	光绪《新宁县志》卷九《建置略上·坛庙》	
月娘神	"妇女设茶酒于月下,罩以竹箕,以青帕覆之,以一箸倒插箕上,左右二人连之作书,问事吉凶,又书花样,谓之'踏月姊'"(新会县)	屈大均《广东新语》卷十二《诗语》	保佑合家团圆、家庭幸福,兼占卜之职
花婆(阿婆神、花王父母、花王)	"花王庙,一在佛山山紫铺地藏庙右,一在岳庙铺永丰社前,一在石路头铺兴隆街,一在观音堂铺涌边坊"(南海县)	宣统《南海县志》卷六《建置略》	生育与健康之神、保佑添丁与小孩平安
花婆(阿婆神、花王父母、花王)	"越人祈子,必于花王父母。有祝辞云:白花男,红花女。故婚夕亲戚皆往送花,盖取'诗华如桃李'之义。诗以桃李二物,兴男女二人,故桃夭言女也,摽梅言男也,女桃而男梅也。华山上有石养父母祠,秦人往往祈子,亦花王父母之义也"	屈大均《广东新语》卷六《神语》	

第二章 广东民间信仰文化的主要神祇

续表

祭祀神祇	盛行地区	资料来源	功能备注
禾谷夫人（禾婆）	"禾谷夫人祠"（广州府）	光绪《广州府志》卷六十七《建置略四·坛庙》	农神
	"禾婆庙，在砺溪堡横江墟"（南海县）	同治《南海县志》卷五《建置略二·祠庙》	
	"禾花，祀姜嫄，右祀金花，在三桂，凡八十有四"（顺德县）	咸丰《顺德县志》卷十六《胜迹略·祠庙》	
	"禾谷夫人庙"（新宁县）	道光《新宁县志》卷五《建置略·坛庙》	
痘母	"在佛山山紫铺社地"（南海县）	宣统《南海县志》卷六《建置略》	健康神，儿童保护神
黄道姑	"黄道姑者，新会人，女释也，生于皇祐，其父母富而无子，惟道姑承之。少慧，因有所感，遂不用纺绩，指海成田万顷，施于光孝、南华及开元、东禅、西禅、仁王、龙兴诸寺而光孝尤多。绍兴元年卒，年八十三，光孝寺僧为立祠墓在江门明冢"（新会县）	乾隆《南海县志》卷十七《人物志三·仙释》	女释，无专职
陈仁娇	"陈仁娇，南海人，其父妃寓居于琼。仁娇尝梦为逍遥游，及寤，每思旧游不可得，忽八月望丙辰，有仙数百从空招之，仁娇超然随众朝谒于帝，遂掌蓬莱紫虚洞。宋元祐中降于广州进士黄洞之家"（南海县）	崇祯《南海县志》卷十三《外志·仙释》	女仙，无专职
	"陈仁娇者，汉廷尉临之后也。父妃，母邓氏。自幼灵敏，父母名之曰安。乃自以仁娇为字，家人叹异之。尝梦为逍遥游，餐丹霞，饮玉液，及寤不瞑。……"（香山县）	嘉靖《香山县志》卷八《杂志·仙释》	

续表

祭祀神祇	盛行地区	资料来源	功能备注
卢眉娘	"卢眉娘生而眉绿,人称为眉娘。顺宗朝南海贡之京师,称北祖帝师之裔,幼聪慧,能于尺绢上绣法华经,字如粟……后数年不食,尸解,香气满室。将葬,举棺轻,及撤其盖,惟存旧履而已,其后有见眉娘乘紫云于海上"(南海县)	崇祯《南海县志》卷十三《外志·仙释》	绣工神
涌铁夫人	"相传有林氏妇,以共夫逋欠官铁,于是投身炉中,以出多铁。今开炉必祠祀,称为涌铁夫人。其事怪甚"(佛山)	屈大均《广东新语》卷十五《货语·铁》	铁匠神
陈日娘	"顺德俗,每于岁之八月二十五,妇女群为日娘称祝,识者笑其不典;盖'日'而又'娘'之故也。然据故老相传,则别有故实。先是县东门外,有某妇名日娘者,素工刺绣,小女子从学者多,既死无子,其徒弟相率于其生日致祭。八月二十五即其生日,故他县皆无之。因其为女红师,故其祀事遍一邑也"(顺德县)	光绪《广州府志》卷十五《舆地略七》	绣工神
紫姑(三姑、三姑仔)	"请紫姑仙于厕以咮吉凶"(香山县)	嘉靖《香山县志》卷一《风土志》	厕神、冥神,占卜
	"相传紫姑以是夜为大妇所逐死,故俗悯而祀之,亦相戒以不妒也"(东莞县)	民国《东莞县志》卷九《舆地略八·风俗》	
红娘	"又广州男子未娶,亦多有犯红娘以死。谚曰:'女忌绿郎,男忌红娘',皆谓命带绿郎红娘者可治,出门而与绿郎红娘遇者不可治。此甚妄也"	屈大均《广东新语》卷六《神语》	冥神、煞神,主男婚姻及命相,与绿郎相对

第二章 广东民间信仰文化的主要神祇

续表

祭祀神祇	盛行地区	资料来源	功能备注
曹主娘娘（虞夫人）	"英德虞夫人祠。在恩洲堡缀步。志称其生能挫黄巢之锋，死能制峒寇之暴，今为盐船香火，俗称曹主娘娘，道光中叶创建，颇具园林花木之盛"（南海县）	同治《南海县志》卷五《建置略二·祠庙》	水神、祖先神、平安神
	"曹主庙，在下廓石狮巷。神为唐时英德县麻寨乡裨将曹某妻，称为曹主娘娘虞夫人，宋嘉定敕封诏书云：'生能抗黄巢之锋，死能据峒寇之虐'，多显灵应，故邑人祀之"（清远县）	民国《清远县志》卷十七《胜迹下·祠宇坛庙》	
杨太后	"杨太后庙：在山南堡石浦村东，庙左右古松数百株……"（南海县）	同治《南海县志》卷五《建置略二·祠庙》	职能不详
	"全节庙，即宋慈元殿，在崖山西向以祀杨太后，明弘治四年布政使刘大夏建"（新会县）	康熙《新会县志》卷四《祀典》	
吴妙静	"贞女祠，在龙江，祀宋贞女吴妙静"（顺德县）	乾隆《广州府志》卷十七《祠坛》	贞节妇女，无专门职能
南海夫人（明顺夫人、沈氏夫人）	"明顺者，王之夫人，皇祐所封号也"	屈大均《广东新语》卷六《神语》	配偶神，保护孩童

表2-2中所列的女神数量虽多，若暂且不论学界论说最多的天后、观音等从广府地区以外来的女神，广府当地"出产"的著名女神除了前面提到的西江流域的"龙母"及英德的曹主娘娘外，还有如下几位。

一是中国医学史上第一位女针灸学家鲍姑（约309~363）。鲍姑生于一个官宦兼道士之家，其父鲍靓是广东南海太守。其丈夫是晋代最为著名的道士和医家葛洪。鲍姑也是一代有名医家，以专治赘瘤和赘疣而闻名，她以艾线灸人身之赘瘤，令人称奇的是，每每她一灼即消，其疗效总是为人称道。她有"中国医学史上第一女针灸家"之称。鲍姑行医、采药，医术精湛。往往药到病除，足迹所

到之处，皆有县志、府志及通史记载。人们视她为女仙，或亲切地称之为鲍仙姑，其所制作的艾也被称为"神艾"。葛洪逝世后，鲍姑率其弟子来到广州越岗院，继续在修道的同时为百姓治病。鲍姑仙逝后人们为纪念她而凿井修祠，鲍姑井和鲍姑祠都在今广州位于中山纪念堂后面应元路北侧的三元宫内，这是广州亦是岭南地区最古老的道教场所。有人说，鲍姑在广州的名气要比其夫葛洪响亮得多，三元宫内至今还有颂扬她治病救人的功德之对联，其一云：妙手回春，虬隐山房传医术；就地取材，红艾古井处奇方。

二是广州增城的何仙姑，众所周知，何仙姑是道教八仙中唯一的女性，有关何仙姑出身籍贯的说法众说纷纭，其中以广东的增城说和湖南的永州说最为有名。明人吴元泰的《八仙出处东游记》将增城的何仙姑列为正宗，从此确定了现在我们熟知的八仙队伍。[①]增城的何仙姑庙及何仙姑井至今犹存。

元代赵道一的《历世真仙体道通鉴后集》中所描述的增城何仙姑的形象比较具体，按其记载，"何仙姑，广州增城县何泰之女也。唐天后时住云母溪，年十四五。一夕梦神人教食云母粉可得轻身不死，因饵之，誓不嫁。常往来山顶，其行如飞，每朝去，暮则持山果归，遗其母。后遂辟谷，语言异常。天后遣使召赴阙中，路失之。广州《会仙观记》云：何仙姑居此食云母，唐中宗景龙中白日升仙，至玄宗天宝九载，虚观会乡人斋，有五色云起于麻姑坛，众皆见之，有仙于缥缈而出。道士蔡天一识其为何仙姑也"。[②] 上述记载凸显了何仙姑的贞洁和孝行。何仙姑"升仙"之后，还不断有期显灵的记载，也有许多关于她为人占卜"洞知人事休咎""逆知祸福"的传说。明朝万历年间两广总督刘继文撰立的《重修何仙姑庙碑记》还记载有何仙姑卜卦助战的事迹，可见她由抗婚飞升的道

---

① 有关八仙的传说，说法各异。宋元时期，一般以张果老、汉钟离、曹国舅、铁拐李、吕洞宾、韩湘子、蓝采和及徐仙翁为八仙，称"宋元八仙"，元代陶宗仪《南村辍耕录》等典籍有所记载。明代，吴元泰的《八仙出处东游记》将徐仙翁剔出八仙队伍，代之以何仙姑，称"明八仙"。现在民间流行的八仙信仰多为明八仙。

② （元）赵道一：《历世真仙体道通鉴后集》卷五，《续修四库全书》第1295册，上海古籍出版社，2002，第167页。

仙又变成了保土安民的地方保护神。由此推测，增城的何仙姑之所以能取代湖南永州何仙姑的地位，成为八仙之一，或许与地方士绅的支持和改造不无关系。

三是广州的金花夫人（亦称金华夫人）。亦称金花娘娘、惠福夫人、金花圣母、送子娘娘等，她是广府神话传说中的生育女神，金花夫人的传说有别于我国包括广东在内的许多地方传统公认的"送子观音"，堪称广州以至广东特有的"送子娘娘"。

屈大均的《广东新语》对该女神也有记载，"广州多有金华夫人祠，夫人字金华。少为女巫不嫁，善能调媚鬼神，其后溺死湖中，数日不坏，有异香。即有一黄沉女像容貌绝类夫人者浮出，人以为水仙，取祠之，因名其地曰仙湖，祈子往往有验。妇女有谣云，祈子金华，多得白花，三年两朵，离离成果"。①

清光绪时的《广州府志》对金花夫人的文献记载有相对完整的梳理，特录于此处："广郡金花夫人遗迹各传其说，兹并录之，以俟稽考。笔记谓金花者神之讳也，本巫女。五月观竞渡溺于湖，尸旁有香木偶宛肖神像，因祀之月泉侧，名其地曰惠福，湖曰仙湖云。或曰神本处女，有巡按夫人方娩，数日不下，几殆，梦神告曰：请金花女至则产矣。密访得知，甫至署，夫人果诞子。由此无敢婚神者，神羞之，遂投湖死。粤人肖像以祀。神姓金名花，当时人呼为金花小娘，以其能佑人生子，不当在处女之列，故称夫人云。庙碑载，神生于明代洪武七年（1374年）四月十七日子时……至洪武二十二年三月初七午时夫人卒。"②

由此记载可见，金花夫人享年（阳寿）仅为15岁，其故事主要缘起于广府地区，今广州北京路文化核心区内的惠福巷、惠福路以及仙湖街的得名与金花夫人的传说不无关系。金花夫人的信仰起于何时虽至今尚无定论，但据学者考证，"元大德《南海志》编修之前，金花夫人信仰已在民间流行，并引起士人注意。因为民间信仰只有达到一定规模及影响，才会引起士人不惜笔墨予以记录。因

---

① （清）屈大均：《广东新语》卷六"神语·金华夫人"，中华书局，1985，第215页。
② （清）光绪《广州府志》卷一百六十《杂录四》，岭南美术出版社，2007，第2569页。

此，宋元广州已出现金花信仰应毋庸置疑"。① 但能肯定的是，最晚年代应在明成化年间，其主要是因为地方大员的推动，特别是广东的巡抚都御史陈濂不仅重建了金花庙，还将金花正式定名为"金花普主惠福夫人"，从而将金花夫人的民间信仰推向了高潮，也为金花夫人信仰披上了一层官方色彩，使得其信仰的合法性最终得以确认。明嘉靖年间提学魏校清除淫祀，将金花庙焚像毁祠，但是广州人仍笃信金花，又成立金花会，在别地又重建金花庙，香火依然旺盛。

明清时代，金花夫人信仰遍及广府各地，以珠江三角洲一带为最。在文人们的诗文传颂下，金花娘娘成为广为人知的女神。到清代时金花娘娘庙就已遍及广东各地，清代梁绍壬《两般秋雨庵随笔》记载："广东金花夫人庙最多。"② 金花夫人诞为农历四月十七，从前每逢金花夫人的诞会，四乡信徒，必到庙中祭拜。从清晨开始，各乡狮子队接踵而来，争先恐后涌入庙中，善男信女，轮流跪拜。要求生男育女者，祈求生育平安者，最为虔诚。庙堂中挂个大灯笼，四周悬挂着红白两色彩带或花朵，供求子者采摘。求男摘白花，求女摘红花。人们一边参拜，一边祈祷，口中念念有词。晚上则多演粤剧酬神。另外，人们在平时如遇小孩有病、家宅不宁等烦心事，亦常到金花庙烧香。

据史料记载，旧时广州城以"河南"（粤语方言，即现今广州海珠区一带）金花庙规模最大，内供有金花夫人（见图2-1）及十二奶娘像，气势宏大，香火旺盛。在金花夫人庙中，常以十二奶娘像作为陪祀，"十二奶娘是指十二位专司生育等职的女神，分工细致，从投胎、怀胎、定男女、保胎，直到分娩、养育，乃至吃、喝、梳洗、行走、去病等无所不包"。③ 其最鼎盛时曾供奉着80多尊神和12位奶娘，现已不可寻踪。

此外，珠江三角洲很多地方也都建有金花娘娘庙，中山、江门、东莞、佛山等地现在仍有许多供有金花夫人与十二奶娘的庙。现今广州黄埔区长洲岛还保存有金花古庙，该庙的大门由花岗石砌

---

① 顾书娟：《明清广东民间信仰研究——以地方志为中心》，南方日报出版社，2015，第169页。
② （清）梁绍壬：《两般秋雨庵随笔》，新疆人民出版社，1995，第214页。
③ 贺璋瑢、蔡彭冲：《广府民间信仰中的女神信仰探略》，《世界宗教研究》2016年第8期。

图 2-1 金花娘娘

筑而成,上刻"金花古庙"四字。其落款处标明它建于清代中期。这是广州现今唯一保存完整的金花庙(见图 2-2)。庙内仍保留着四块碑,最早的一块出自 1829 年(即清道光九年),最晚的一块出自 1876 年(即清光绪二年)。2002 年,长洲金花古庙被认定为广州市登记文物保护单位。2007 年初,村民集资重修金花古庙,次年古庙开光,被定为广州市文物保护单位。2009 年 6 月,"金花娘娘的传说"被列为广州市第二批非物质文化遗产名录。

图 2-2 位于广州黄埔长洲岛的金花古庙

2009年5月12日,随着祭祀的声音响起,广州中断上百年的"金花诞"在黄埔区长洲岛百年金花古庙得以重现。"粤民圣母,金花娘娘,端坐长洲下庄……"此外,每逢初一及十五,长洲岛上的妇女都会到金花庙祭拜,祈求母子平安、儿女孝顺,特别是在生产前后更要金花古庙"请金花",以保佑生产顺利。

基于上述对广府女性神祇的梳理不难看出,广府地区女神有如下职能与作用。①降雨除旱、保驾护航。与男性海神、水神的同行们相比,女性的海神、水神表现毫不逊色,其中以海神天后与水神龙母尤为典型。②婚姻生育的护佑。大部分女神,无论是龙母、金花夫人,还是天后(天后在广府地区常被称为娘妈,并因其求子有应而广受供奉)、观音等,同时也是生育保佑神。她们都具有送子、助产和护幼的功能。即便是作为行业神——蚕神的沈氏夫人①,同样也具有保护幼童的职能,并被信众们亲切地称为"姑婆"。广府地区还有在七夕节前后祭拜织女的风俗,即"七娘会"(在民间也被称为"拜七姐②")。奉祀七仙女者多为祈求婚姻爱情美满幸福,也有祈求其保佑心灵手巧。③作为行业女神并行使经济职能。广府地区较为著名的女性行业神有绣工神卢眉娘③和陈日娘④(同为"粤绣"的祖师),以及冶炼业祭祀的女神涌铁夫人⑤等。至于冶铁之神缘何为女性,依据清人屈大均的解释是:"铁于五金属水,名曰

---

① 民间传说,某年春天,广东顺德养蚕女沈氏到南海神庙为民求雨,许诺编织绸缎为神庙后殿作"铺尘",因"铺尘"被南海神误听为"夫人",次年还愿时沈氏被立化为神,后人于南海神庙后殿立"沈氏夫人"雕像,一并供奉于庙。
② 七娘即七仙女,亦称七姐、七女及织女,是爱神、绣工神。
③ 唐代的卢眉娘被奉为神仙,有关她的事迹见诸道教经典、地方志书、士人文集中,但在民间似乎少有祭祀。屈大均的《广东新语》中提及卢眉娘"巧于刺绣",后被地方官员献于宫廷,因其不喜欢宫廷生活,"遂皆为女道士,放归南海,仍赐号逍遥大师"。
④ 陈日娘是明清时期广东顺德一带有名的绣工大师,刺绣技艺高超,许多女子都拜其为师。因日娘终生未嫁,并无子嗣,她死后众弟子每逢其生日都会举行仪式,备果品香烛以拜祭追念,年复一年,逐渐被神化,成为顺德一邑刺绣行业崇拜的神祇。对于陈日娘的身份,更有学者猜测她极有可能是自梳女。
⑤ 涌铁夫人是铁匠神,据说姓林,相传为了帮丈夫出更多的铁而毅然投身炉中。涌铁夫人作为佛山冶铁业的祖师,受到铁匠们虔诚的祭祀,"大凡开炉之日,一定向她祭拜,以求铁流滚滚,多获得成品"。详见佛山市地方志编纂委员会办公室《佛山史话》,中山大学出版社,1990,第89页。

黑金，乃太阴之精所成，其神女子。"① 中华铁冶自古深受"阴阳五行说"的影响，奉女性为冶神，其缘由或许是"水"克"火"、"火"克"金"之故，所以才奉祀"五行"属"水"的女性冶神。②

三　佛教和道教的俗神信仰

广府地区供奉的佛教俗神有如来佛、弥勒佛、阿弥陀佛、观音菩萨、释迦牟尼、弥勒佛、十八罗汉、四大金刚等。广府民间信仰中佛教俗神被供奉最多的是观音，她可谓佛教中国化的过程中被改造最多，亦最为中国民间广泛接受的神祇。观音庙在广府乃至全国都可能是数量最为庞大的民间信仰场所。观音信仰是佛教俗神化、民间化的典型代表神。在广府地区，民间对于观音的崇拜已经渗透到各家各户。普通广府人家中供奉的神龛上，除本家的祖先外，有的还会有观音菩萨的塑像。要是家中因为各种原因不能继续供奉，人们就会把观音塑像请到附近的庙宇或者民间信仰场所去继续供奉。观音"也是1949年前广州人神龛中供奉于首位的大神，据学者考证，广州番禺有观音庙77座，佛山有16座，中山小榄镇有21座"。③

根据笔者的田野调研所得，在现在珠海市11座比较有影响力的民间信仰场所中，观音庙占了7座，比例为63.6%，可见民间信仰诸神中观音在人们心目中的重要地位。民间相信观音具有祛病除灾、招财送子及招正驱邪的能力，是一个万能的神明。观音原为男相，后来发展成为女相，女相的观音在广府比任何佛教中的男相神灵更受欢迎，在粤语中亦常用"观音"来形容女子长得漂亮和心地善良。

近三十多年来，观音信仰在广东再度兴起，各地的观音庙宇重获修缮，一些风景区更是大造观音塑像以吸引游客，尤以佛山市南海区西樵山风景区的南海观音像最具代表性，西樵山景区有一尊高达61.9米的、号称世界第一的观音座像，耸立在西樵山的第二高峰——大仙峰上，观音苑景区一直是西樵山最热闹的地方。这里每年都会举办观音文化节，其间的"樵韵梵音"音乐会、千僧祈福盛典、佛化婚礼、千叟宴、万人斋宴等文化活动无一不掀起文化旅游

---

① 佛山市地方志编纂委员会办公室：《佛山史话》，中山大学出版社，1990，第89页。
② 详见姜茂发、车传仁《中华铁冶志》，东北大学出版社，2005，第154页。
③ 沈丽华、邵一飞编《广东神源初探》，大众文艺出版社，2007，第77页。

的热浪，对于佛学和观音文化的传播弘扬发挥了重要作用，已成为西樵镇的品牌节庆活动。

尤其值得一提的是，观音信仰在广府民俗文化上的具体体现是"生菜会"和"观音开库"两大民俗活动。生菜会，起源于明末清初，生菜会寓意"生财"，距今已有三百多年的历史。"生"在粤语中的意思为"生育"、"生发"及"生猛"等。而"菜"则在粤语中与"财"谐音，意味着"钱财""财运""财势"等。生菜会吃生菜，起初是为了"迎生气"。据《广州府志》记载，"迎春日……啖生菜、春饼，以迎生气"。随着时间的推移，生菜会演变成求财求子的盛会。另外，农历正月二十六日，则是一年一度的"观音开库"之日。传说观音大士修道期间，五百护法罗汉化身和尚，下凡为考验观音之修行，到观音庙化缘讨饭，观音于是在农历正月二十六大开仓库，给和尚们享用各种精美斋菜，其余食物留给到访参拜的善信享用。由此民间传说变为约定俗成，简化为善信按是日到观音庙酬神、借库之宗教活动，同时也会举行生菜会。而后，每年的这一天，千千万万的信徒都会涌到观音庙祈福及借库，希望借库后财运亨通。后来，生菜会与观音信仰联系在一起，活动举行的时间一般是在观音诞（有一点小小的区别，即有的地方是农历正月二十五，有的地方是农历正月二十六），有时也分开进行，但举办地点当仍是在观音庙附近，活动的内容听戏曲自然是少不了的，当然最重要的就是朝拜观音了，以及摸螺求子等，而大家坐在一起吃生菜包也是必不可少的活动之一。

所谓"生菜包"是用洗干净的生菜叶包裹着已经炒熟的蚬肉、粉丝、虾米、咸酸菜和白饭等馅料，加上辣椒酱等调味料，就成了独特的生菜包。生菜包里面的每一样材料都含有寓意，"如生菜寓生财，粉丝象征长寿，酸菜表示子孙，蚬肉表示显贵发达，韭菜表示长长久久。吃过生菜包则寓意人财两旺，长寿幸福。尤其清末民初时，生菜会曾盛极一时"。①

有谚云："正月生菜会，五月龙母诞。"生菜会成了当时广州及南海一带一个盛况空前的民间节日，而且是以吃生菜包为主。1949年后，生菜会逐渐式微。20世纪80年代以来，生菜会与观音开库日的活动在珠江三角洲一带又逐渐兴盛起来。

---

① 《生菜、生菜包、生菜会》，http://www.xueshu.baidu.com。

第二章 广东民间信仰文化的主要神祇

以佛山南海大沥北村的生菜会为例,北村生菜会已有两百多年历史,源于明朝,盛于清朝和民国。据当地人说,生菜会在"文化大革命"期间停办了一段时间。1980年前后,在港澳华侨们的带领下,北村的生菜会得以恢复,并在2012年入选南海区第四批非物质文化遗产项目。每年农历正月二十六观音开库日自发举行,成为大沥当地在春节期间的一项标志性活动。在举行活动前,村民们要准备6000条"胜意蔗"、6000棵生菜、6000颗红鸡蛋。在人头涌动的观音庙,村民们要点燃过百米长炮仗……由此可见当天热闹浓烈的气氛。"胜意饭""胜意蔗"是北村特有的传统,当然少不了"生财生菜"之义,来此捐款者或带狮团参演者均会获赠一份。经常有远在港澳、美国、澳大利亚的侨胞都会回来参加盛会。

生菜会当天,现场还会有民间艺术表演。庙前的广场上搭起十个表演台,各村的精彩节目轮番上阵献艺,彩龙飞舞,百狮争雄。村民们穿着节日艳装赶到镇上观看表演。镇政府及各部门邀请海外侨胞及港澳同胞回乡共叙乡情,品尝别有风味的生菜包,并借此机会交流经贸信息,洽谈合作项目。如今的生菜盛会已成为融经济、文化娱乐于一体的新型民间文化娱乐盛会。自1986年以来每年举办一届盛会,形成了该地全新的民间风俗。

此外,广府地区供奉的道教俗神有四类,第一类为自然神,如风神、雨神、雷神、电母、山神、水神、树神、花神等;第二类为明显带有人间特征的文化神或英雄神,如文昌、葛洪、鲍姑、何仙姑、吕洞宾、关帝、黄大仙等;第三类为守护神,如门神、灶神、城隍、土地公等;第四类为具有特定职能的行业神和功能神,如华佗、鲍姑、财神、华光大帝、药王等。在上述道教俗神中,最为广府人所信奉的主要有关帝、文昌、土地公、药王[①]、财神等。以关帝为例,他既是道教的"关圣帝君"及"关公",同时亦是佛教中

---

① 中国古代或传说中的名医,后演化为神。药王有如下几位。一是神农,首尝百草,首创医药,后世药王也。二是战国时人扁鹊,洞晓医源,深明脉理,相传倡脉学,能内见五脏,知症结所在,擅长妇科五官和小儿科等。道教尊扁鹊为"灵应药王真君",《正统道藏》载有《药王八十一难真经》。三为唐代道士、著名医学家孙思邈。人尊其隐居之故里五台山为药王山,并立庙塑像,奉祀不辍。明末清初流行《药王救苦忠孝宝卷》,叙述孙思邈因救白蛇,得成药王的故事。旧时药坊多奉祀孙思邈,常于农历四月二十八日举行药王会,以示崇敬。

的伽蓝神，民间称其为"关二哥"、"关老爷"、武财神。"关帝"本来是三国时期蜀国的名将关羽，因其忠义、仁厚、勇猛而受后人崇拜，最终神化，成为现在广府地区（也是全国范围内）最受人们喜爱的神祇之一。因此，历代帝王对关帝都有加封。民间认为拜关帝可以招财进宝、消灾治病、祛除邪魅等。广府地区祭拜关帝首先是出于其忠义勇猛的品格，其次就是他作为财神，能够给人带来财运。广府地区自古就是商业贸易的兴盛之地，广府人重商重财也是闻名的。现在广府地区的大小商家，无不喜欢在商铺内供奉上红脸的关公，一为招财，二为镇宅辟邪。

提及财神，财神有文武之分，文财神是"增福财帛星君"，有人说这位文财神原是商纣王手下善于理财的大臣比干，他在《封神演义》中被封为北斗七星之一，降临人间即为文财神，观音菩萨也是广府民间的一位大财神，所以才有前述"观音开库"与"生菜会"等民俗活动，而武财神或指关圣帝，或指赵公明，广府人心中的武财神多指关圣帝，这其中的缘由多是因为关公忠勇讲义气，可以当商人的保镖，加之红脸的关公对商人而言也是吉利，商家以"红"为"红利"的好兆头。在广府文化圈，关帝庙为仅次于天后、龙母的三大庙堂之一，每年农历五月十三民间祭祀关帝的诞期，在广府的一些地方，"关帝出游"就成为重大的民俗活动。

四　行业神信仰

行业神主要是指某个专门行业或领域的高手或能人被尊奉为神祇的，如前面提到的药学家和女针灸家鲍姑，生育女神金花夫人，蚕神沈氏夫人，"粤绣"的祖师、绣工神卢眉娘及陈日娘，冶炼业祭祀的女神涌铁夫人，还有鲁班是木匠神，孙思邈是药王神，华佗、谭公[①]是

---

① 据民间传说，他原是元朝时广东惠东地区的牧童。他自幼天生异禀，十二岁得道，成年之后在惠州九龙山修行，死后多次显灵都化身为小童，帮助渔家治病和预测天气，故被奉为渔家的保护神和医神。《惠州府志》卷四十四《人物篇·仙释》有关于他的记载。每年四月八日（农历）为纪念他的节日。传说谭公炼成了"长生不老之术"，所以即便到了七八十岁，外貌仍然像个孩子。因此，人们设庙供奉他时，仍将他的样貌雕塑成小孩。但在道教里，谭公被称为"紫霄真人"，因而谭公神像是道长打扮。因为道教尊称得道者为"真人"，故把谭公的神像作"真人"打扮，与一般谭公庙的谭公不同。在今天的惠州、东莞、佛山、香港与澳门等地都还有谭公庙。

医灵神,华光大帝是粤剧的戏班神,等等。

在广府地区,常见的医灵神主要是指东汉末的医学家华佗(约145~208),华佗被后人奉为"神医",是医师的祖师爷。人们建庙奉祀,求的是保佑身体健康与病体痊愈。中山、顺德一带许多民间信仰的庙宇里就有医灵神华佗的画像,他主要是作为北帝及康公的陪祀神,但在一些地方,如顺德龙江镇麦朗村的医灵庙,主神即是华佗。每年的农历四月十八(也有说是三月十五)是医灵大帝的诞辰。当地每逢此日都要举行贺诞活动,这种风俗距今已经有两百多年的历史了,参与此贺诞活动的有四个村。

在惠州、东莞、佛山、深圳与香港等地,有谭公信仰。谭公也被称为谭仙,也是医灵神。笔者曾调研过佛山市禅城区的大富村,大富村有座谭仙观。据说该观始建于道光二十八年(1849),可见其历史悠久。1949年前该村有多间庙宇,以谭仙观最大、香火最兴旺,这是该村的宗教圣地,亦为导人向善、凝聚民心的教化之地。如今重修后的谭仙观是村民为自身祈福、消除烦恼的宗教场所,也是村民们日常休闲的好去处。每逢节诞,尤其是农历的六月二十六谭公诞,这里更是祈福者众,香火鼎盛,并且每年此时村里一般要请戏班子来唱粤剧。

深圳市的龙岗、横岗、葵涌及大鹏等地也盛行谭公信仰。相传谭公修仙后曾经由惠阳取道龙岗前往香港悬壶济世,因此,这些地方都有谭公庙。这些庙虽少有举办大型祭拜活动,但逢初一、十五仍有大量妇女与老年人来此烧香参拜。

华光大帝是道教的护法神之一,又被称为马灵官、马天君、五显大帝、五显华光大帝、华光王爷、华光元帅、华光天王、华光师傅等。华光神本是南方的火神,每年华光诞,民间人士皆隆重祭祀他,为的是规避火险。

粤剧剧团奉祀华光大帝,称其为马老师傅、华光师傅。据说初时广东人作戏不避忌讳,得罪上天,天神就命马天君在一夜之间把所有戏台烧毁。马天君不舍,于是托梦教导广东各戏班,如何祭祀,不要触怒神灵,由此保得梨园各班平安。于是许多粤剧团尊马天君为戏神或祖师。另外,还有一说是因为从前粤剧戏班演习大多是在竹棚或木棚里进行,演戏的道具又是易燃物品,一旦发生火

灾，戏班的损失就大了。因此，戏班们特别忌讳火，每到一地演出前或新戏台落成，先祭拜火神华光大帝，久而久之，华光神便成了粤剧的行业神。

佛山被广东人视为粤剧的发源地，拜华光祈福之习俗自然在这里最为盛行。一般认为农历九月二十八日是华光帝的诞辰，从2003年起佛山恢复了"华光诞"的庆祝活动，此后每逢庆祝活动期间，佛山都会邀请部分粤剧名家前来助兴，自然这就会引来大量国内外喜好粤剧的票友们齐聚佛山，共同朝拜粤剧的行业神，齐饱耳福，齐享一次粤剧的盛宴。如2008年起，佛山禅城在"华光诞"当天还恢复了其系列民俗活动，"华光诞"系列民俗活动如今已成为佛山禅城的品牌，在海内外产生了一定影响力。现在该活动已堪称全球粤剧艺人寻根问祖的文化盛会。

第二节 客家民间信仰文化的主要神祇

客家人的民间信仰，充分表现出多神崇拜及偶像崇拜的色彩，且极具地方神与乡土神的特色。除三山国王、妈祖的信仰覆盖面较广外，大多数的神灵"管辖"或传播范围都十分有限，小的仅限于某个村庄，大的也不过方圆数十里而已。大致而言，梅州地区客家人的民间信仰的主要神祇大致分为以下几类。

一 山丘神明信仰

客家地区尽管基本处于广东省的内陆山区，但也同样受南太平洋的季风气候影响。因而民众对自然界的万物特别是天地山川敬畏有加，形成了客家地区比较独特的以三山国王、"伯公"为代表的自然神崇拜。

三山国王本是指现广东揭阳市揭西县河婆镇北面的三座山——独山、明山、巾山之山神，这是粤东土著民族创造出来的一种"山神"神祇，据说这种信仰起源于隋代，而"汉人之移植粤东，唐宋以来始盛。自唐以前，俚为粤东之主人"。从三山神信仰最初具有山神崇拜和石崇拜（最初俚人认为三山神托灵于玉峰之界石）的特点来看，有学者认为三山神信仰最初是隋代以俚族为主的粤东原住

第二章 广东民间信仰文化的主要神祇

民的信仰。三山神"肇迹于隋、显灵于唐、受封于宋",尤其在宋代,这"三山神"协助宋太宗打天下,使得宋师太原大捷①,受到太宗赵光义的褒封,封巾山"清化威德报国王",封明山"助政明肃宁国王",封独山"惠威弘应丰国王",并赐庙名曰"明贶"。至宋仁宗明道年间,"复加封广灵二字"。至此,"三山国王"经皇封,遂由单纯的自然神提升为自然崇拜与英雄崇拜相结合的国家神——三山国王神,成为为国家皇权服务的神灵象征。正因为三山神"屡屡显灵,护国庇民。隋、唐、宋、元、明、清历代朝廷迭有赐封",②为粤东客家和潮汕人所广为信奉。三山国王信仰最初起源于揭西县的河婆镇,而河婆镇在历史上隶属于潮州府揭阳县霖田都,故三山祖庙又称"霖田祖庙"。三山国王信仰逐渐传播并扩大至周邻的客家地区,可能因客家人是"逢山必住客"的山民族群,他们自然更崇拜山神。与潮州比邻的客家人普遍接受了"三山国王"信仰。在明代,三山国王庙宇已在粤东地区相当普遍的存在。在三山国王信仰的传布过程中,其神佑之职也在不断扩大,凡有水旱疾疫等灾难求解者,无不应验,并从最初意义上的山神、乡土地域神,逐渐扩展成世俗神和族群神,并成为粤东客家地区管辖范围最广、权力最大的公王与福神。

老一辈海内外客民嘴边经常念叨的一句话,即"泮坑公王保外乡"。"泮坑公王",就是梅县泮坑"公王庙"里供奉的"三山国王"。据说泮坑公王对漂泊在异乡的客民格外加以保护,所以它被离乡背井的客家游子视为守护神,"保外乡"的说法使之富有侨乡的独特色彩。因此,梅县一带的侨眷思念亲人的一种表达方式,就是给三山国王上香,以求公王保佑海外亲人平安、发财。而有幸得以还乡探亲或在乡终老的华侨,也要上庙还愿酬谢公王,答谢神恩。应该说,"泮坑公王"信仰是海外客籍侨胞与国内侨眷之间无尽相思的一种感情寄托。另外,三山国王信仰也随着客家人群体的迁徙流传到了广西、福建的部分地区,中国台湾(台湾的三山国王

---

① 据说宋太祖征太原时,有金甲神人驰马操戈助战,于是大捷,并于凯旋夜时在城中见云中有字曰"潮州三山神"。
② 《论客家民间多神信仰及其文化源头》,中国民俗学网站,China Folklore Network。

信仰是仅次于妈祖的民间信仰）和马来西亚、泰国、越南、新加坡等东南亚诸国。

二 地方神明信仰

三山国王信仰本身就是一种地方神明信仰，但有所不同的是，三山国王"管辖"的范围较广，而大多数的神灵"管辖"范围有限。大部分客地村落中供奉着乡土神，其中不少神灵后人已说不出其来历，只是依时上香，求其神恩浩荡。比较大的地方神明有以下几种。

1. 公王（伯公）

在粤东梅州，除对祖宗的崇拜和祭祀外，比较普遍的当属"公王"或"伯公"信仰。客家"公王"（伯公）亦是社公、土地公的客家化神祇。"公王"与"伯公"、"社公"在民间也俗称"福主"或"福主公王"。福主即主一方福祉之意。"公王"、"伯公"与"社公"这三个概念在梅州地区似乎仍未清楚地区分，因而常被混用或换用。若要作大致界分的话，从职掌范围来看，伯公最小，一般是某个田段或某片山林，又或是某个水塘、伯公多根据神位安放地点命名，既有镇宅的屋内伯公，也有安室外的。屋内伯公有土地神伯公、灶头伯公及床头伯公等，室外伯公则有田头伯公、桥头伯公、路口伯公、石头伯公、大树伯公、塘头伯公、水口伯公等。社公的职掌范围则比伯公大，但也很少超出村界。公王的职掌范围弹性较大，既可以是一个村落或村落的一角，也可为一个村落群。

"伯公"一般没有高大的庙宇和神像，常见的只有一个矮小的神龛，或立一块石碑或竖一块木牌，有的甚或简易到只贴一张红纸或摆放一块石头来代表伯公神位。如在梅州蕉岭的田间地头、山边河旁、树下石前、桥头桥尾常见到被称为"伯公伯婆"的小神坛或是简易小庙。其也就1米到2.5米高，用料无非是水泥加砖头，外面用白灰用红粉刷一遍。

有的甚至就在一些树下立一块大石头作为伯公祭拜。而公王如三山国王则有恢弘且高大的庙宇，有学者认为，"公王"乃北方中原的土地神崇拜与粤东、闽西地区土著的山神崇拜的结合，因为客家公王既有保境安民的土地神职能，又有管理山间林木和狩猎资源的职能。公王原型,出处不一。有说是祖宗神①,有说是土地神、山神、社区神等,也有说是地方官宦、朝廷重臣,他们或德高望重,或功勋显赫,或清正廉明,或为民除害而遭受奸臣陷害,因此深受子民百姓的缅怀而被尊为神。"公王"常被冠以当地地名,以区别于其他地方的"公王"。如梅县松源镇的梅溪公王、五显公王、龙源公王、山口村公王等,不胜枚举。

三山国王实际上是客家地区最大的公王。除三山国王外,比较著名的公王还有梅溪公王②、五显公王等。梅溪公王又被称为梅溪圣王,在梅州地区的文献记载和民间传说中均有大量关于"公王显灵降雨"和"扛公王出巡"、"接公王"的传说。旧时如遇久旱无雨,人们便把梅溪公王从庙里抬出去,设坛作法。在梅溪公王面前烧香跪拜,祈求公王显灵降雨。梅溪公王在梅州客家人心目中的地位很高,以往奉祀梅溪公王在梅州是很普遍的现象,梅溪公王信仰可谓梅州客家人广为流传的信仰。

五显公王又称五显大帝、五圣大帝、五通大帝、五显华光大帝、灵官大帝等,五显公王信仰始自唐代,发源于古徽州婺源(今属江西上饶),以其灵验而流布江南地区,并逐渐发展到广西、福建、广东等地,五显大帝于元、明之时,被纳入道教神仙信仰③行列,同时得到官方承认和册封的正祠。据说凡向该神求男生男,求女得女,经商者外出获利,读书者金榜题名,农耕者五谷丰登,等等。客家民间流传着其许多有求必应的灵验故事,因此五显公王的祠庙与祭祀在客家地区较常见。农历九月二十八日为其神诞日,许多五显庙在此期间都要举行庙会。农历四月十六至五月初四为五显公王的出巡日,俗称接公王。

"公王"崇拜(或伯公崇拜)及祭拜仪式是梅州客家地区最普

---

① 如梅县松源《钟氏族谱》载,龙源宫所奉的公王其原型是钟姓的祖宗神钟友文、钟友武、钟友勇三兄弟,因阴灵助国,被封为助国尊王,并慢慢演变为社区神"龙源公王"。供奉龙源公王偶像的祖庙为"龙源宫",该宫坐落在松源的园山。每年春秋两季,当地民众要抬龙源、公王木雕像巡游社区内各村落。

② 乾隆《嘉应州志·杂记部·寺庙》:"安济侯庙,梅溪岸上,俗名梅溪公,祀梅水之神。"房学嘉先生认为,梅溪公王的角色会根据民众的需要而变,就传统梅州来说,公王是具有特色的地方水神或曰山神。

③ 有人认为五显与佛教的华光如来、五显灵官大帝相关,五显公王的姓氏也有不同说法,有人说姓萧(肖),有人说姓柴,还有人说姓顾,不一而足。

及、最有影响力和最普遍的民间信仰和祭祀活动。在梅州城乡,只要是有人居住的地方,几乎都设有公王庙或公王坛(或称社坛),有些地方多达几个甚至数十个(包括河唇伯公、塘唇伯公、井头伯公、陂头伯公、桥伯公、路伯公、土地伯公、树伯公等),人们于岁时佳节都要去这些地方祭拜和迎送"公王",这种情况在其他地方并不普及甚至罕见。较为有名的公王则有梅溪公王与龙溪公王,仅梅溪松源镇就有32座梅溪公王坛。"公王"崇拜随着粤东客家人的播迁陆续在中国港澳台等地及马来西亚、印度尼西亚、泰国等东南亚国家华人中流传。

另外,石古大王(或称石固公王)亦是客家地区民间崇信的神祇,各地多有庙奉祀,石古大王也被称为石固大王、石猛助威、石猛大王。据南宋王象之《舆地纪胜》所载:"神光西循蹬而入,石洞陡绝,各溪一山作渴骥奔泉之势,县人以此筑祀石谷神……九月九日赛会者万计。"过去,兴宁城的每年九月初九都会举行石古大王出游仪式,每十年还举行一次醮仪。王象之的记载便描绘了当时石古大王出巡的盛况。有关石古大王的传说至今仍是众说纷纭,一说他是护国义元帅,相传北宋末,时有姓石、姓古的二人,为收复河山,组织义军,抗击入侵中原的金人,他俩后来不幸在战斗中牺牲,人们为纪念这两位英雄,在神观山设牌位供奉。明太祖朱元璋曾封他们为"敕封护国义大元帅"。另一说则是来自远古时代一个名叫石护国[①]的孩子。还有一说是,有一姓李的商人在广东紫金县经商时,得知当地设有石古大王神位,且石大爷原系抗击外来侵略的英雄,内心甚为崇敬,于是常去烧香,请求赐福。巧的是就在当年李姓商人果然赚了大钱,成为富商,于是当其衣锦回乡时便把石古大王之神恭请回兴宁,并在现神坛所在地安位、奉香;另有宋修《临汀志》记载,说他是由厉鬼升格的神明。[②]

---

① 据说远古时候,兴宁神光山周围全是荒山野岭,山里有狼、老虎之类的野兽经常到山脚的村里觅食,扰得村民不得安宁。村里的一个名为石护国的孩子,从小练出一手掷石子的武艺,主动为乡民除害。后来,人们为了纪念这位少年英雄,就在神光山上设坛奉祀,称他为石古大王。南越王赵佗为了表彰他的功绩,特封他为护国石古大王。

② 参见沈丽华、邵一飞主编《广东神源初探》,大众文艺出版社,2007,第146~148页。

第二章 广东民间信仰文化的主要神祇

石古大王在梅州地区有不少坛庙，如梅县水车镇小桑村石古大王，丙村镇黄坑村石硖公王庙供奉的石古大王。最为有名的当然就是现兴宁县神光山的石古大王庙。因为石古大王一般没有神像，常摆放着一块石头或石碑，因而也有学者认为其当属民间灵石崇拜的一种。"灵石崇拜"是一种在全国乃至全世界都很普遍的文化现象。兴宁神光山的"石古大王"亦有"保外乡人"的说法，至今侨居东南亚等地的华人回到家乡时，都会到石古大王坛前敬奉、求福及还福。

2. 行业神

以医药行业神为例，粤东的医神主要有两种来源，一是中原传入的医神，如华佗；二是客家人从福建输入的医神，如保生大帝。华佗是汉代末年的大医学家，其医术经由《三国演义》的渲染，更为世世代代国人所知晓。民间立庙纪念华佗的例子比比皆是。广东地区无论哪个民系都有拜华佗的。华佗在民间常被称为"先师"，所以其庙宇被称为"先师庙"。如五华县华城镇的城北就有著名的华佗先师庙，庙里有两尊华佗神像，大的为坐像，小的为行像，像前还有神位牌，上书"华陀先师尊神位"。此庙与其他华佗庙的不同之处在于此庙为纯求医问药的神庙，庙内常设"神签"，驻有庙祝，祈求者可通过焚香、祈祷、摇签，就会得到一张相应的药方。庙里还设有药房和抓药人员。每年农历四月十八日是华佗神的出巡日。[①]

保生大帝本为北宋时福建泉州府同安县白礁人，本名吴夲（979~1036），其生前学医并杂以巫术，著有《吴夲本草》一书。据说，其医术高明，医德高尚，死后百姓感其恩德，纷纷奉祀他，并奉之为医神，乡民建庙奉祀尊为医神。南宋时，吴夲的名声与影响迅速扩大。而历代朝廷对其普济众生之感人事迹，亦深为嘉许，相继御赐"大道公""普济真人"等二十多个封号。至1425年，明仁宗赐封其为"昊天御史医灵真君万寿无极保生大帝"，赐龙袍建宫殿。自此，保生大帝法号越发家喻户晓，吴夲原名却变得鲜为人知。

保生大帝亦是闽南（泉州、漳州、厦门）地区及中国台湾、东

---

① 张泉清：《粤东五华县华城镇庙会大观》，载〔法〕劳格文主编《客家传统社会（上编）》，中华书局，2005，第245页。

南亚华人所普遍信奉的医神,俗称"大道公""吴真人""花桥公"。供奉保生大帝的祖庙位于福建漳州白礁慈济宫,据不完全统计,现今大陆和中国港澳台地区以及东南亚有两千多座供奉保生大帝的庙宇,信众达上亿人,可以说,保生大帝已成为广东潮汕地区、福建南部,及中国香港、中国澳门、中国台湾、东南亚以及中国十大姓氏之一的吴氏后代所共同信奉的道教神祇。

明清以后,保生大帝来到了粤东之地。笔者曾去过的梅州大埔县湖寮镇黎家坪村广福宫就祀奉着保生大帝,据说是清嘉庆元年(1796)时有村民把保生大帝神像从福建省同安白礁山祖地恭请回来,建庙祭祀。"迄今两百余年,广大善信对保生大帝无限敬仰,影响深远。每年正月祈福,三月半大帝诞辰,九月半作大福,都异常热闹。"① 保生大帝本为医药行业神,后来又增加了逢大旱降雨、平息水灾、击毙瘟魔、御寇退贼等功能,最终成为无所不能的地方保护神祇。民间亦有所谓的"保生三真人"信仰,认为孙思邈、吴夲、许逊三位在成神后结拜为义兄弟,而都被称为保生大帝或大道公。

3. 地方水神

梅州境内,水路纵横,河运发达,因而地方水神崇拜很是普遍,前文所提及的梅溪公王、五显公王、龙源公王等都是水神,还有天后信仰、仙人叔婆②、水打伯公(船头伯公)等。

首先是天后(即妈祖),她是航海神、保护神,具有"主航海安全"的功能。天后信仰于明清时传入梅州,天后信仰主要分布于梅江流域及其支流的沿江两岸以及在南北商贸集散的主要墟市码头,天后的职能也在不断扩大。客家人相信天后不仅能护佑城池、驱邪治病,还能守护妇女儿童。因此,无论家里的大小事情,诸如升学求职、婚丧嫁娶等,都要求天后护佑。天后俨然成为人们全方位的保护神明。每年梅州古城农历三月二十三的天后圣母诞庙会和五月节的端阳天后宫庙会、兴宁的天后圣母宫庙会以及五华县华城镇的"三月三天妃庙会"等规模都比较大,仪轨也相当组织化。不

---

① 参见"广福宫保生大帝简介"宣传单张。
② 有学者认为,仙人叔婆神灵的原型是蛇。仙人叔婆信仰是南方原始图腾龙、青龙信仰的遗俗。仙人叔婆的信众初为渔民船家,功能主要是庇护渔民与航运的安全,后来信众逐渐扩大到附近村民。仙人叔婆的神诞日是农历七月十三,是日当地民众都要举行祭拜仪式。

过梅州客家地区的天后庙并不像在潮汕地区那样兴盛。

其次是仙人叔婆，客家人船家敬奉的行业神就是"仙人叔婆"。"仙人叔婆"的神坛被建在各条河口的岸边，每年农历七月十五日，凡行驶在这条河的船家，都要集中祭拜"仙人叔婆"。五华、兴宁、平原等地以及梅县的松口镇、蕉岭县新埔镇一带都有对仙人叔婆的信仰。如蕉岭县的新埔镇，"郭仙宫"便是奉祀"仙人叔婆"的地方。在当地民众的心中，是"仙人叔婆"保护了新埔的安全和兴旺。后来仙人叔婆又增加了财神的功能。尔后，仙人叔婆的信仰圈进一步扩大变为社区神。从明末至今，仙人叔婆一直受到民众的虔诚崇祀，常年香火鼎盛。

最后是水口伯公，水口伯公坛一般位于村口。有的因位于江河溪流岸边，故行船的人特别重视。如丰顺县留隍镇溪北村的村民，当新船下水时，一定要拜水口伯公，祈求保佑行船安全无事。其祭拜步骤大致是：先到船头焚香拜"船头爷"（或称船头伯公），摆上鸡、鱼、猪头三牲祭品，然后再上岸拜水口伯公，仪式与船头相同，等焚香烧纸、放了鞭炮之后开船。行船的人认为拜了水口伯公，放排就会顺利平安。

4. 道教与佛教的俗神

大概在明代，城隍信仰与崇拜仪式逐渐在客家地区普及开来。明朝开国皇帝朱元璋特别重视城隍的作用，他把城隍祭典列入国家祀典，城隍的监察职能也大大强化。城隍作为冥冥之中的一方神灵，有着固定的管理区域，掌管着监察地方官吏和百姓命运的大权。城隍神除捍卫城隍、保护黎民外，还有防涝布雨、卫道护善、管领冥籍、司掌功名、镇邪驱魔、惩治凶顽、荐福消灾等职能。

关帝即"关圣帝君"，五月十三日是关圣帝君的诞辰日。客家地区修建关帝庙的现象较为普遍。有的村落还有将成长不顺、体弱多病的男孩契给关帝为子的习俗，将男孩带到关帝庙，向关帝许愿，将小孩卖与关帝为子，祈求关帝保佑孩子平安成长，并给孩子取名为"关某某"，日后再来酬谢关帝的保佑之恩。[①]

[①] 参见宋德剑《梅县桃尧镇大美村宗族社会与神明崇拜》，载谭伟伦主编《粤东三洲的地方与社会之宗族、民间信仰与民俗》（下），国际客家学会、海外华人资料研究中心、法国远东学院，2002，第341页。

"文昌帝君"，本为星名，又名"文曲星"。古代对魁星之上六星的总称，魁星又名奎星。最早见于汉代纬书《孝经援神契》，有"奎主文章"之载。其后被道教尊为主宰功名禄位之神。因传该神掌管文章兴衰，故旧时读书人多往文昌宫、庙、祠拜祀，以求文运亨通。客家地区历来有"文化之乡"之美誉，故文昌帝君信仰在此地极为兴盛。如乾隆《嘉应州志·建置部》卷二载："乾隆十一年建奎文阁，塑文昌、魁星神像祀阁上。春秋二仲，儒学收铺租致祭。"这便是著名的大埔湖寮魁星阁的由来，其阁高约三层，于乾隆四十二年（1777）建，现为当地的名胜古迹。

值得说明的是，文昌帝君虽是广东民间的普遍信仰，但对客家人来说，意义尤其重大。客家人历来重视耕读，不管出身何种家庭，通过读书来出人头地、光宗耀祖乃是第一要务。哪怕穷苦之家，为了能供出一个读书人，节衣缩食、砸锅卖铁及倾全家之力也心甘情愿。所以，在客家人居住地区，普遍建有文昌庙。

财神信仰形成较迟，其原因是中国官方向来推行"重农抑商"政策。大抵宋元以后，随着商品经济的发展，人们经商致富的意识逐渐浓厚起来，才出现了被世人所崇拜的财神爷。随着中原汉人的不断迁移，财神信仰也进入福建、粤东等地。粤东地区客家人多数以春秋末年的范蠡为文财神（前面提及广府人多以比干为文财神），以赵公明或关帝为武财神，有时五显公王也被视为财神。客家人祭财神的传统不仅在年初四半夜或年初五凌晨，更早在新年来临之际"出行"与祭祀中便有开门迎接喜神、财神的仪式。如兴宁客家在年初一零时即齐备三牲、果饼、香烛敬"赵公元帅"，大放鞭炮接"财神"。从年初一到年初五，每天早晨的"敬神"仪式，都要特别地祭拜财神。

三官大帝（即天官、地官和水官之合称，又称"三元大帝"）信仰源于中国古代汉族先民对天地水的自然崇拜，属于早期道教尊奉的三位天神。一说是尧舜禹，指天官、地官和水官。天官为唐尧，地官为虞舜，水官为大禹。天地水三官以正月十五日（上元节）、七月十五日（中元节）和十月十五日（下元节）为神诞之日，三官的诞辰日即为三元日。因而自唐宋以来，三元节都是道教的重大日子。客家人聚居的地区尤为崇拜三官，乡村小庙也多见三官神像，香火较旺。民宅门墙上常贴有"天官赐福、地官赦罪、水官解厄"的祝语,客家人也常把天官、地官和水官作为门神祭拜。逢上元节、中元节和下元节这三日,人们都要进庙烧香奉祀以祈福消灾。

在神佛世界中,影响最广、信众最多的当推观音菩萨了。隋唐以后,观音信仰在全国广泛流传,观音渐渐由男相转变成女相,并在民间发展出了一种不同于正统佛教的新的信仰形态。[①] 观音被纳入了民间俗神的系统,并渐渐具有了送子和救难等功能。明清时期,观音信仰也深入客家地区的千家万户,以供奉观音为主的寺、庙、庵、堂等,不可胜数。据同治《石窟一征》记载,粤东的梅州地区,"妇女以正月初八日赴观音庵结大人缘。按《白衣经》,是日,南无华严正义甘露苦王观世音菩萨示现,故妇女皆相约赴会"。"梅州观音信仰区别其他地方的最大特点是在专奉血缘性祖宗神灵的神圣空间的民宅宗祠内,同时专门建有观音坛或庙用以祭祀观音菩萨。有的人家还在自己住屋正堂安设观音神位,以方便自身经常叩拜。"[②]

在粤东北凤凰山居住的畲民信仰佛教的人数不多,他们不太相信因果报应,不建佛寺,不出家,畲民家里或厅堂供奉观音像的很少,但在村里的祠堂中或畲族人居住村庄的宫庙里供奉着观音菩萨,不时可见到观音像。当然,他们也只是单纯地认为观世音是有慈悲心肠的大菩萨,他们也祈望观音菩萨保佑自己与家人总是平平顺顺、安安康康,他们对观世音大菩萨与供奉在厅堂或者村里宫庙中里的其他神祇或道教神祇均同等看待,只在初一、十五这两日烧香敬拜,逢年过节时则与其他神祇一并设筵拜祭恭请。

佛教的俗神信仰主要有伏虎佛和定光佛。早在唐宋时期,梅州就有了伏虎佛和定光佛的信仰。他们据说本为闽西的名僧惠宽和定光二人。后来成为闽、粤、赣边区客家人共同的神祇。客家民间还流传有伏虎佛和定光佛"法力无边"的其他种种传说。惠宽佛被当地客家人称为"伏虎禅师",并被奉为祈雨之神。定光佛的主要事迹有驯兽、祷雨、活泉(即让已经干涸了的泉池重新清水流溢)、治水、护航、送子、佑民等。定光佛与客家人的关系尤为深厚,成

[①] 参见李利安《观音信仰的渊源与传播》,宗教文化出版社,2008,第380页。
[②] 房学嘉、肖文评、钟晋兰:《客家梅州》,华南理工大学出版社,2009,第144页。

了客家人无所不能、保一方平安的神明。有学者说:"定光古佛是客家人为适应山区农耕社会之种种需求(风调雨顺、水源充沛、劳力充足、无灾无祸)而创造出来的不僧不俗、亦僧亦俗、不佛不神、亦佛亦神的崇拜对象,所以定光古佛崇拜盛行于山区,尤其是客家山区。"①

三 女神信仰

粤东客家地区的女神信仰除普罗大众所熟知的天后(客家称天妃娘娘、天后娘娘)、仙人叔婆、观音外,还有临水夫人、三奶夫人、九子圣母、七仙姑、痘母神(保佑小孩出痘平安)、天花神(保佑小孩出天花、麻疹平安)、灶君老母(灶神太太)等。

其一是临水夫人。她又被称为陈夫人、大奶夫人及顺懿夫人等。据传,临水夫人本名陈靖姑,一说是福建宁德古田人,另一说则是福建福州下渡人,其记载多有分歧。相传唐贞元六年(790),福州大旱,陈靖姑祈雨,不幸身亡,终年24岁。临终前曾发誓死后要做保产之神,以"扶胎救产"。据说她能降妖伏魔,扶危济难,且扶胎救产,是妇幼保护神,也被称为"救产护胎佑民女神"。宋代时朝廷赐匾"顺懿",敕封"崇福昭惠慈济夫人"。元、明、清三代也对她多有敕封。自宋代受封后,临水夫人的影响日渐扩大,传说她还与林九娘、李三娘义结金兰,并一起赴闾山学法,师承许旌阳真人。三姊妹得道后,合称三奶夫人,三奶夫人为助产保赤的妇婴保护神。梅州客家地区的三奶娘庵就是祭拜她们的。在粤东河源客家地区,人们把临水夫人称作"奶娘",供奉她的宫观一般在天后宫。但在河源的紫金、龙川、和平、东源等地的"三奶娘"的组成与上述略有不同,当地许多天后宫的主神龛都是妈祖居中,左边为李三娘,右边为陈靖姑,合称为"三奶娘"。此外,河源、龙川等地也有一些"天后宫",则主要是祭拜陈靖姑、李三娘而不是妈祖。但在惠东的一些地方,三奶夫人又被供在"阿婆庙"而不是天后宫,由此可见,临水夫人、三奶夫人与妈祖信仰传到当地后不像在原产地福建那样区分得比较清楚,或可见其所发生变化的一些端倪。

---

① 汪毅夫:《客家民间信仰》,福建教育出版社,1995,第162页。

其二是九子圣母。客家人总是希望多子多福，所以拥有九子的女神就受到客家人的青睐和崇拜，人们通过建造九子圣母庙来表达崇敬之情。时至今日，九子圣母庙还是梅州兴宁颇多信众光顾的地方。为求子求福、多子安康，信众隔三差五总是忘不了在此烧香祈福，以获得圣母庇佑。兴宁县宁中镇宁江河堤旁的九子圣母庙则颇具规模，庙中除九子圣母主神像外，还供奉着财神、花公花母、玉皇、观音等神像。每年农历二月初六为"作福日"，十一月初八为"拜满圆"，逢这两日，当地及周边的信众会携带香烛、贡品来此进行祭祀，以求得圣母保佑。

其三是七仙信仰。在客家地区，以"七"打头的女神祠庙颇多，如"七仙庙""七姑庙""七圣仙娘庙""七姑婆太庙"等，似可统称为"七仙信仰"。有的地方并未建庙，但设有七仙信仰神坛。如丰顺县径门乡的一些自然村落，就设有"七圣仙娘神坛"，祀奉七圣仙娘。她们专司护佑妇女儿童之职。

需要指出的是，观音是客家女性最普遍信仰的神明，观音寺庙在客家地区随处可见。客家女子祭拜观音多为祈求赐子或保佑儿女健康成长，老年女性空闲时更是三五成群地聚在家中念观音经。敬拜观音在广东本是普遍现象，但在民宅宗祠内专建观音庙祀观音菩萨，则是梅州客家有别于其他地方的最大特点。如在梅州松口镇，民众"不但将观音菩萨请进祠堂而且还为之建立一个比祖宗神堂更大的观音堂。祖宗神供于围龙屋之中央，表示以祖宗为中心，增强宗族的凝聚力。从级别上看，观音的地位在祖宗神之上。族人认为，祖宗神应与天上的大神分开，将观音供奉在祖堂委屈了她，应给观音另辟一个比祖堂更大的厅堂才对，于是在整座屋的最高处，专设一个观音庙，因庙多设在楼上，故民俗称专供观音等神明的阁楼为观音棚……民间的观音棚在'文化大革命'年代破坏严重，20世纪80年代后期，松口地区的梁姓、李姓等有些大族的观音棚又由俗民集资重修，但棚内所供并不单纯是观音菩萨"。① 除了在祖堂或在观音堂（或观音棚）供奉观音外，客家人许多家庭也多安放开过光的观音神像，神像前早晚添茶，供上新鲜果品，初一、十五

---

① 房学嘉、宋德剑、钟晋兰、夏远鸣、冷剑波：《客家妇女社会与文化》，华南理工大学出版社，2012，第86页。

上香，更是方便了祭拜。

四　巫觋信仰

巫术观念与巫术活动在客家人中尤显普遍和活跃，人们很重视巫术中的吉凶祸福。在客家地区，请巫师治病是常有之事。巫觋是指专门为人祝祷以求神明保佑的人。女的为巫，俗称"仙婆"；男的为觋，俗称"觋公"或法师。巫觋被认为是民间能呼风唤雨、预卜吉凶、符咒治病、召神附身、无所不能的介于人与神鬼之间的人。客家民间一般在做屋、修祖坟、打醮、求雨、医病、祈福时，请巫觋来"做觋"。

觋公"善符录祈禳驱邪压煞之求，当被主人请去作法（做觋）时，身披碧套、头裹红巾、摇旗挥刀、鸣锣敲鼓、吹角念咒，然后以符为主家请神明、驱魔压邪、安居治病、消灾息难，其符咒有止血符、和合符、离散符、蚊符等，主人家想祷祝什么，法师就能提供相应的符咒……客家女巫（仙婆），其法术有请神、问鬼、解厄、导游阴府等。仙婆作法，大多在主人家厅堂中央设一桌，上放香炉烛台及敬祈物品，焚香烧纸后，即请鬼神降临。当鬼神附体后，仙婆浑身抖动，这时请神问鬼者可与之对话，询问吉凶"。[①] 因为觋公仙婆作法时故弄玄虚、真真假假，对生活在山地的客家乡民而言，巫觋活动颇有影响。尤其在从前那个缺医少药的年代，对住在山地的客家人而言，更是如此。

客家地区常见的巫术还有：请神、招魂、问仙、扶乩、喊惊、认契娘（契娘为夫妇双全、儿女众多且身体健康的女性，或是枝繁叶茂的大树等）、卜卦、测字、看相、算命、求签、画符等。有学者认为，客家人的巫术文化与北方的萨满巫术非常相似。巫术之所以能顽强地生存于客家聚居地，可能因为古时山高水险的恶劣的自然环境，以及求生存、求发展的强烈愿望和当地原住民本崇尚巫鬼的习俗间的相互影响及交融所致。

梅州还流行着一种"打小人"的民间巫术仪式（此法也流行于广州及香港等地）。该仪式是用来驱逐、报复所谓的"小人"。就"打小人"的时间而言，各地庙宇有所不同，最通行的日子是

[①] 巫秋玉、黄静：《客家史话》，中国华侨出版社，1997，第143页。

"惊蛰"日,其他则有农历每月初六、十六、廿六或历书所记之"除日"(显然,初六、十六、廿六中都有个"六"字,在民间的观念中,某些特定时间与场合中的数字是带有神秘性的,而"六"日与"除"日在传统中国的宇宙观里属于阴数、阴日,故亦在此日进行解除小人之日①)。"惊蛰"依民间的说法是蛰伏中的万物被春雷惊醒之日,此时害虫、益虫都出来了(从前古人们会手持清香、艾草,熏家中四角,以香味驱赶蛇、虫、蚊、鼠和霉味,也借此驱赶霉运),寓意在身边的小人在此时会蠢蠢欲动,而且会在惊蛰那天口不择言地出口伤人。因此,按照习俗,这天便要去祭白虎和"打小人",也即通过白虎来镇压或镇住小人,希望新一年小人可以离自己远点,以此祈望不说有好运气吧,至少让霉运离自己远点(以前一般在三岔路口、桥底、路旁、山边等阴暗的地方进行,用木拖鞋拍打纸公仔,一边口中念着"打小人"的咒语)。此为"打小人"的由来。打小人是客家人期望在新的一年里平平顺顺,不犯小人。

"打小人就其目的而言,可分为事前预防的消极性巫术与针对特定人士的积极性巫术,就其仪式则为模拟巫术与接触巫术之混合。"② 据说"打小人"时,"神婆"口中常会念念有词地念一些咒语,如"打你个小人头,打到你有气无得透;打你只小人手,打到你有眼都唔识偷"等;又如"打过小人行好运、打过小人升官发财"等,不过,这些咒语并不是针对某个对象的恶毒诅咒,多还是表达了远离小人、祈望自己有好运的意思。由此可见"打小人"主要是通过一种具体的行为表达了某种心理的慰藉而已,并无其他含义。笔者曾在梅州市区的一家小庙中见识过"打小人"的有趣场景:一位上了年纪的妇人一边用木拖鞋拍打纸公仔,一边口中振振有词地念叨"打小人"的咒语。其实,"打小人"或许就是人们借此来驱赶霉运的习惯和仪式而已。

香花信仰亦为梅州巫觋信仰的一种典型表现。而香花及其科仪是明清以后客家丧葬、祈福及消灾仪式中的重要组成部分。"无香花不成礼",而葬礼是民间最普遍同时又是人生最重要的礼仪之一,

---

① 参见《24节气民俗:惊蛰之日"打小人"驱晦气》,http://www.sina.com.cn。
② 参见《24节气民俗:惊蛰之日"打小人"驱晦气》,http://www.sina.com.cn。

历来为客家人分外看重。通俗地说,香花科仪就是客家人为超度亡魂所做的法事,客家人的丧葬程序依次被分为报丧、安灵、家祭、出柩、改葬(不是必需环节)等几个环节。

香花主要体现在其中的超度仪式中,此仪式的目的是超度逝者的亡魂。"香花僧尼"们在仪式中主要是起中介或桥梁的作用,即作为人与神之间的中介,他们通过一系列有程序的仪式活动,恳请一些佛教道教的俗神来到现场,并通过经文演唱和各种表演,甚或是一些刺激或惊险的表演来取悦这些神祇,期望他们将逝者的灵魂送到西天极乐世界。

关于香花科仪的起源,学界已有不少研究,但尚无定论性研究成果。一般认为,香花科仪产生于明代的万历年间,由兴宁县石马的一个名为何南凤[①](1588~1651)的人所创立。他亲自用客家语言撰写了香花经文,设立了客家香花的各样仪式活动,所以后人尊其为"客家香花鼻祖"。从事此类行为或活动的人也被称为"香花僧尼"。

事实上,香花信仰中蕴含着大量地方色彩与非佛教形态。其地方色彩体现在:一是其所用的经文,除佛教仪式中所必需的佛教用语或经文外,在法事仪式中所用的经文,多是用梅州地道的客家话编写的,这些语言与客家流行的民歌、五句板、小调类似;二是其乐曲也多是用客家民间流行的小调、山歌、汉乐等并以笛子、唢呐等伴唱。香花佛事与其说是祭吊亡灵的宗教形式,毋宁说是一场丰富多彩、热热闹闹的民间艺术表演活动,在仪式中"唱念做打"无所不用,以求呈现一种与阴郁哀伤的气氛格格不入的热闹气氛,而在场的人也无不被这种热闹气氛所感染。据传这样的气氛有助于亡者往生。

另外,其非佛教形态则是:一方面其仪式杂糅了梅州当地民间巫术、儒家孝道及部分道教仪轨;另一方面是从事这一类法事的人,虽也被称为"僧尼",但与佛教正规出家的和尚、尼姑不同,他们大多不用出家,也不独身。他们和普通人一样结婚生子,也不

---

① 传说当年何南凤在入京会试途中,路遇普门安静禅师,交谈相契,即请求剃度。何南凤法名牧原和尚,民间传其创立"横山堂"教义,传播亦佛亦儒、亦僧亦俗的香花佛事。何南凤所创立的"横山堂",在闽、粤、赣以及东南亚一带都有门徒。

用整天吃斋念佛，而是食用荤腥，也不戒烟酒等。这些内容与正统佛教大相径庭。笔者认为，香花科仪很有可能是佛教思想或教义中的某些内容（如目连救母，历尽千辛万苦的故事）与客家地区的民间信仰（即与当地传统的巫觋文化）相互交融的产物。换言之，香花科仪是具有地方特色的佛教化的民间信仰。

另外，据《乾隆嘉应州志·舆地部》载：而还丧始死，子往河浒，焚纸钱，取水浴尸，谓之"买水"。日不吉，不敢哭，不敢闭棺。盖棺，夜即作佛事，谓之"救苦"。择日成服，鼓乐宴客，然后又大作佛事。[①] 可见，香花科仪的举行一般是在夜里，"鼓乐宴客"说明了做此法事死者的家里并没有弥漫着悲伤难受的气氛，而是有说笑逗唱的表演，热闹非凡。表演者的唱词中常使用双关语，在劝人向善的道德说教的同时又不时夹杂有令人不禁发笑的诙谐语言，经文多是亦正亦邪，唱腔也多半是字正腔圆、抑扬顿挫，韵味十足，其表演的一个最大目标便是要让观看的人们笑出声来（如"孝婿姑爷陕上开，孝女大婆有私该，手拿纸巾来赎牒，归去积极做转来"。此处的"陕上"及"私该"为客家方言，前者为"躲避"之意，后者为"私房"之意——笔者注）。此外，还有类似杂耍、杂技之类的高难度表演，这种既有音乐、舞蹈、杂耍之表演，又有文学和宗教的超度仪式之内涵的"香花"科仪，有祈福逝者和劝慰生者的双重功能。

目前，客家香花科仪中的"席狮舞"[②]、"饶钹花"等表演形式已分别被列入国家非物质遗产项目和广东省级非物质文化遗产项目进行保护，"打莲池""鲤鱼穿花"被列入梅州市非物质文化遗产项目。房学嘉认为，"'香花'仪式完成了一个亡者在形体消逝后进入后代追忆行列的进程，同时也成为人们开始正常生活的微妙表达，它已经不是纯粹的'阴事'，而真正成了旧人仙逝之后一代新人与屋外的世界进行关系调整、人际交往的开始"，[③] 所言极是。

[①] 王之正编纂、程志远等整理《乾隆嘉应州志》卷1，广东省中山图书馆古籍部，1991，第45页。

[②] "席狮舞"源于梁朝，是民间用来驱魔降妖的仪式，据说其有降妖除魔的作用。"席狮舞"已被列入第二批国家级非物质文化遗产保护名录。

[③] 房学嘉：《客家民俗》，华南理工大学出版社，2006，第65页。

五 "风水"信仰

风水信仰在客家地区广泛流行，浓郁的风水信仰可谓客家文化的一大特点。相较于其他民系，客家民系对风水的信仰尤其盛行。笔者在五华县进行调研时，曾听到当地人说，这里近乎每村每姓都有其可述说的风水故事。这种信仰影响到客家人的阴宅与阳宅建筑及衣食住行生活的各层面，客家人对"建阴宅"（筑新墓）、"建阳宅"（建新屋）起屋的基址很是重视。他们认为坟场、宅基地的位置选择得好与坏，与自己及后代的开运、兴旺、发达直接相关。因此，大部分客家人很舍得出大价钱请风水先生，以丰美酒食款待，请其郑重其事地勘测一番，选个"风水宝地"，慎择吉日，方可动土开工。挖墓穴时，风水先生还会交代主家各样讲究，不得有所犯忌。

在五华县，查访墓地叫"踏山"，查访屋地叫"选屋场"，场地查访好了，然后举行"点穴"仪式。此外，为家中逝者选取一块风水宝地，即"建阴宅"风水比"建阳宅"风水更为重要，这一是关乎已故先人能否"入土为安"，二是关乎能否保佑后代，关系着整个家族的兴衰。因为"神灵安，则子孙盛"，"神既安，则人亦安"，可见，有关坟墓的风水信仰是客家人慎终追远及尊祖敬宗的重要表现形式。

在笔者所调研之处，人们总喜欢津津有味地向笔者讲述某家阴宅选地如何好，后辈因而如何兴旺发达之类的故事。因此，专门为人们相地吉凶祸福的堪舆先生，在此地很是受欢迎。可见，风水信仰中无论是对坟墓选址还是房屋建筑选址（即对"阴宅"和"阳宅"的高度重视），无不体现着人们的世俗期望。大多数时候人们会把此生的婚姻美满、人丁兴旺、官运亨通、财运连连与大富大贵等与坐拥"风水宝地"联系在一起，这种观念已根深蒂固地扎根在人们的心中，从古至今，皆是如此。还需要指出的是，"风水"的好坏与当事者的社会行为也有直接关联。如即使有好风水的屋场、祖坟，倘若有人做出了伤风败俗、为人所不齿的事情，就会破坏其家族的"风水"；反之，即那种"风水不好或不太好"的屋场、祖坟等，但只要人努力在日常行为中积善积德，做各种公益与慈善之事，如修桥、捐资或资助生活困苦的人，其家族的"风水"也有转好之可能。

第二章 广东民间信仰文化的主要神祇

为求得好风水,客家人还会不惜本钱对逝去的亲人举行"二次葬"。所谓二次葬,即"二次捡骨葬",又被称为"洗骨葬"或"捡骨葬"。即当死者入土安葬或三年或五年后,甚或是更久之后,要将死者遗骸之残骨从安葬之处取出来后将其贮放进骨坛后,并请风水先生另行选择阴宅地点和吉日,再重新安葬一次。这是客家人最普遍采用的葬俗,其目的亦在于福荫后人。乾隆《嘉应州志》中有"屡经起迁,遗骸残烛,仅余数片,仍转徙不已"的记载。但有学者说这种习俗是源于客家先人背负先人遗骸辗转千里万里来到新地,乃求先人荫庇的愿望。

但如今因为土地资源有限,按照政府的相关规定,人们不能再建传统的坟墓了,骨灰应被安葬在公共陵园里。因此,当地人能看坟墓风水的活动主要有两种,一种是重修的传统坟墓,一种则是公共陵墓。与西方人对陵墓的选择注重整体环境的"美"有所不同,在注重风水的客家人(这不仅是客家人)眼里,好的"风水"一定会让人感到一种"舒服",这种舒服既能让已故的人感受到,也能泽被后人。有山有水有树木,山有倚,水有财,树有荫,客家人认为这样的地方就是风水宝地。

客家人还认为看风水时,祭拜土地伯公是最重要的。因为土地出产万物,且总是与生命相关。在客家人的围龙屋里,大都有在土地伯公上面放一个神龛的习俗,神龛里面是祖先的牌位。因为土地伯公代表"地",祖先的牌位代表"人",而并列在土地伯公和祖先牌位前面的天井则代表"天"。这种天、地、人的关系使得客家人认为就围龙屋的风水而言,土地伯公、祖先牌位和天井的存在和位置关系是最关键的。① 一般而言,客家人总是将房屋位置最好以及"朝向最好的房间作为供奉祖宗牌位的地方,祖宗牌位放在房间屏风当中的位置,而观音则放在牌位的右方位置"。②

客家人为何如此看重风水?笔者认为,粤东山区的地理环境是"八山一水一分田",多崇山幽谷,生存环境相对比较恶劣。对客家人来说,如何在其中找到一片适合居住的地方就变得很重要。笔者

---

① 参见〔日〕河合洋男《梅州地区的风水与环境观——以围龙屋、现代住宅、坟墓为例》,《客家研究辑刊》2008 年第 1 期,第 173 页。
② 何秋娥:《梅州客家民俗文化特点研究》,《科技咨询导报》2007 年 4 月 21 日。

在梅州调研时发现，一般的村落或住宅都倾向于选择在背靠山、面向水、坐北朝南、环山抱水的斜坡上。这样的选址在冬季有利于御寒取暖，因为风从北面吹来时就被后面的山体和墙体挡住了。而面朝南有利于阳光的获取，夏天时又有利于接受南面吹来的风。

另外，建在缓坡上，既有利于平时的排水，在雨季又可以避免洪涝灾害。客家人所居之处常是地少人多，人口的不断增加自然会带来自然资源的减少，为争夺有限的资源，好的风水就成了极好的策略。正如长期在客家地区从事田野调查的法国远东学院院士劳格文所言："在典型的以农业为基础的经济体系中，中国东南部的宗族发展不可避免地和争夺有限的资源相连，没有其他东西可以充分地解释传统中国中风水的重要性。"① 应该说，劳格文的上述结论是比较准确的，符合客家地区的实际情形。

第三节　潮汕民间信仰文化的主要神祇

潮汕民间信仰的神灵名目繁多，神庙祠堂也比比皆是，所祭拜的神灵与别处比较起来，既有共同之处，也有自己鲜明的地域特征。就共同之处而言，其都有对山川日月等自然现象或自然物、先贤圣哲、祖先（包括各姓氏的祖先）、行业祖师、佛教道教中的神灵、护佑生灵之神，以及对财神、门神、灶神等的崇拜。

就其地域特征而言，因为潮汕地区亦是山地多、耕地少，所以宋元时期已有部分人口要靠渔盐工商业谋生。明清时期，此处的务农收益远远不能与海外商贸相比。因为要从大海讨生活及民间海外贸易兴旺，所以潮汕的民间信仰以妈祖信仰最为兴盛。此外，由于韩愈对此地成为"海滨邹鲁"的贡献，还有对韩愈的广泛崇拜，儒佛道混合崇拜，如对关公的崇拜等。

大致而言，除自然崇拜（潮汕最早的居民，一类是山民，一类是海民，其对自然崇拜由来已久，包括对天地、日月星辰、风雨雷电、山川河海、动植物等的崇拜，还经常可见对古树及巨石的供奉。如在潮阳海门莲花峰旁有三块巨石，气势雄伟，分别被封为

---

① 房学嘉主编《梅州河源地区的村落文化·序论》，国际客家学会、海外华人资料研究中心、法国远东学院，2002。

"定海将军石"、"镇海将军石"和"宁海将军石",潮阳东山有一巨石被命名为"石部父母",石边的古树被命为"槐荫娘娘")、祖先崇拜(潮汕各姓氏的祖先,在本地人中亦是作为神明来对待并享有祭祀的,如桑蒲山每年有十多万人参加的"庄氏祭祖活动"。每逢清明节、中元节、中秋节、冬至节,潮汕人都有祭拜祖先的传统)外,潮汕地区民间信仰的主要神祇大致分为以下几类。

一 地方神明信仰

1. "营老爷"与三山国王信仰

潮汕人的地方神明信仰尤其体现在"营老爷"上。如前所述,潮汕人对神庙无论规制大小,都统称"老爷宫",除了神庙外,各家各户、各行各业自设神龛,称之为"老爷龛"。庙里的所有神明被概称为"老爷"。另外,"老爷"也不一定专指男神,也涵盖了女神,如天后和观音娘娘等。潮汕人"拜老爷"的学问实在大,不同的时节有不同的"老爷"要祭拜,其范围之广、涉及的神仙之多,超乎一般人的想象。

除每月初一、十五要拜家里的地主爷外,一年里还有天公(玉皇大帝)、佛祖(如来佛祖)、观音娘娘、土地公公、财神、月娘(月神)及门神等各路神灵要拜。尤其是正月里的拜老爷对潮汕人而言是头等大事,事关家宅一年的兴衰,从大年三十到正月十五,大概每隔两三天就要拜一次。进庙参拜还觉得不够隆重热烈,还得将神明抬出来游神赛会,俗称为"营老爷"。"营"有环绕之古义。

潮汕人"营老爷"分文武两种营法。"'文营'是在祭祀仪式之后,将老爷请上神轿,由选定的丁壮抬着,仪仗鼓乐前导,巡遍社区的每条巷子,再绕社区边界游行一圈,回到神厂。'武营'是在祭祀仪式过后,先用红布将神像紧绑在神轿上,在各条巷子的巷头燃起篝火,由丁壮们抬起神像飞奔到篝火前,将神座高举过头上,纵身跳过火堆。跑完小巷,又跑出田野,抬着老爷巡游村界,回到神厂。所谓神厂是各界区在神庙之外临时设置安放神明供人祭拜的场所,神厂有彩门、灯饰、灯橱,入夜请有清音小锣鼓,奏乐配唱。武营又称'走老爷',潮语'走'有'跑'的意思。不管文营、武营,都符合'营'之巡绕区域之古义。这种仪式的原始意义

在于净土驱邪、保佑子民，又有整顿社区秩序、强化社区治理的功能。"① 营大老爷则更为隆重，此时庙宇要供奉超大型的香，请歌仔戏表演，老爷出巡的仪仗队伍蔚为壮观，一般有标旗、彩景、醒狮、歌舞、大锣鼓、潮乐队等，放鞭炮烟花等。其场景堪称盛大，形式隆重且庄严。游神队伍的规模和技艺，不仅有给人观赏和娱乐的因素，同时也有展示社区实力和势力的因素。故各社区不得不认真地筹办营老爷活动。自此之后，农历每月的初一、十五两天则为固定的祭祀时间。

以三山国王②为例，三山国王是潮汕本地神中最古老、最有影响的神祇，也是最大的"老爷"，而且粤地的山神崇拜以粤东的三山国王崇拜为最，可谓粤东民间信仰的主要偶像之一，其信仰圈是整个韩江流域和韩江三角洲以西的沿海丘陵地区。"旧时潮州地区，几乎村村供奉'三山国王'。"③ 三山国王的发源地在揭阳揭西县的河婆镇，河婆镇的古庙被称为"明贶三山国王庙"或"霖田祖庙"，俗称祖庙或大庙。从前潮汕地区几乎村村有"三山国王"庙，元代翰林国史院编修官刘希孟的《潮州路明贶三山国王庙记》云："潮之三邑，梅惠二州，在在有祀，岁时走集，莫敢遑宁。自肇迹于隋，显灵于唐，受封于宋，迄今至顺壬申，赫若前日事。"清代嘉庆二十年（1815）成书的《韩江闻见录》卷一中便如此描述三山国王在潮州地区被祭祀的情形："三山国王，潮福神也。城市乡村，莫不祀之。有如古者之立社，春日赛神行傩礼。酹饮酣嬉，助以管弦戏剧，有太平乐丰年象焉。"④ 明清以后，三山国王的香火随着粤东移民去到其足迹所及之地，另筑宫庙奉祀，也漂洋过海，来到中国台湾、马来西亚、泰国等东南亚等地。可以说，凡潮人足迹所到之处便有拜祭三山国王的宫庙，且大多数香火鼎盛。

---

① 陈泽泓：《潮汕文化概说》，广东人民出版社，2013，第417页。
② 三山国王本是潮汕地区揭阳县境内今河婆镇附近"独山、明山、巾山"三山之山神，因屡屡显灵，护国庇民。隋、唐、宋、元、明、清历代朝廷迭有赐封。有学者认为，三山国王信仰的起源当与中原王朝进入本地之前古越人的山神崇拜有关。三山国王信仰主要存在于广东省东部讲福佬话和客家话的人群中，而以潮州的祭祀最为普遍。
③ 陈泽泓：《潮汕文化概说》，广东人民出版社，2013，第429页。
④ 陈春声：《正统性、地方性与文化的创制——潮汕民间神信仰的象征与历史意义》，《史学周刊》2001年第1期。

甚至还有日本学者认为:"凡有三山国王庙的地方,必定是广东人聚居之地。"①

"潮人敬神还有奇特的一景,就是戏弄折磨神灵……澄海盐灶在每年春节后营老爷,村中青壮年要准备拖神,当年轮值抬神游行的壮年则要护神,待游至指定的广场,众人你抢我护,终于把神偶拖下来,弄得须脱脸破,脚断手折,再推下池浸泡,尽兴而归。过后择吉日将神像捞起重塑全身,送回神庙供奉,年年如是。因此有谚曰:'盐灶'神欠拖。这一有悖于常理的以渎神手段敬神的做法,民间有一番解释……此俗应反映了潮人对神明的一种逆反心理,即神明也必受到压力和折腾,才能明白人们进奉供品的敬神心意,才能有求必应……似乎更反映了潮人虔敬尊神之外强悍不驯的另一面。相信一切神都可为我所用,敬神是为了让神服务于人。"②

在客家地区广泛存在的祖先崇拜,在潮汕地区亦是同样情形。潮汕各地村子里的百姓除了拜祭各自的先祖外,还有伯公爷③即土地爷崇拜,其也算是一种地方神明崇拜。直至现在,揭阳、潮州几乎每村都有伯公庙,某些稍大的村还不止一处,村头村尾都有伯公庙。但关于伯公爷还有另外一种说法,伯公即是"约四千年前的夏朝助禹治水有功的英杰伯益。潮人之所以把伯公说成是'伯爷公',是谐音把伯益中的'益'字误读为'爷'的缘故……不少潮人因不明其来历,长江伯公被说成与土地公同为一神……汕头市区民间例俗,以每年农历三月二十九日为伯公生,而以六月二十六日为土地公生,这是对两公非同一神的佐证"。④

2. 安济圣王信仰

潮州崇拜安济圣王的庙又被称为青龙古庙(因传说从前常见青蛇蜿蜒出没于庙,不伤于人而来去无踪。因而人们对青蛇敬畏,认为它是被称为青龙的神祇,所以为其建庙称青龙庙,又名青龙古

---

① 〔日〕窪德忠:《道教诸神》,萧坤华译,转引自吴今夫的《三山国王文化透视》,汕头大学出版社,1996,第5页。
② 陈泽泓:《潮汕文化概说》,广东人民出版社,2013,第421~422页。
③ 中国大多数地区以"土地爷"称呼,广东和台湾等地以"福德爷""土地公伯""土雷公""福神"等称呼。潮汕地区土地公的名号是"福德老爷"。土地公又被称为福德正神,是管理土地的神祇,部分潮汕人、客家人则昵称其为"伯公"。
④ 陈卓坤、王伟深:《潮汕时节与崇拜》,香港公元出版有限公司,2005,第82页。

庙)。有学者认为,闽粤地区有蛇崇拜的久远历史,广东各地的蛇神崇拜,尤以潮州为盛。早在宋朝时,潮人便有祭蛇之俗,直到清代,祭拜青蛇之风尤盛。潮人之祀蛇神有其地方特色,称蛇为青龙,祀庙称青龙庙。东汉许慎《说文解字》释"闽"称:"闽,东南越,蛇种也。"这说明了古闽越族以蛇为图腾,祭蛇有追念祖先的意义。"潮汕人大多是从福建(闽)迁移而来,保留有蛇崇拜的习俗。潮州著名的英歌舞,领舞之人手中挥舞着用以开路的武器,在傩文化时原是绳索,后来改成为蛇。不过潮人所敬祭的蛇只是对青蛇而言的,其他蛇则不在奉祀之列。"①

在潮汕民间所奉祀的诸神中,安济圣王占有非常显赫的地位,潮州城的"营大老爷"也自然以正月青龙庙的"安济圣王"最为隆重。关于安济圣王的由来有不同的说法,但主要的说法是:相传三国时代的蜀汉太守王伉,在一次保卫城池的战斗中战死。到了明初,潮州人谢少苍任云南永昌府官时,有一年,当地发生旱灾,为了赈灾,他未经朝廷应允便私自打开仓库,施济饥民。朝廷得知此事后,对之加以"擅用国库罪"依法论斩。就在降罚之时,谢少苍头顶上空骤然有乌云遮日。正在疑惑中,他梦见有一神明前来庇护。赦罪后,他才知道梦中的神明竟与附近"王伉庙"中的王伉像一模一样。后来他将庙中的王伉及大夫人、二夫人偶像带回潮州。恰恰此时韩江发水,他便将偶像供置在江沿的"青龙古庙",洪水解除后,古城安然无恙。② 明万历十七年(1589),为镇水患,潮州海防同知施所学重修青龙古庙,将王伉神像奉入庙内,号安济灵王,王伉于是就成了安济圣王,自此后得到潮州人的虔诚膜拜。

现今潮州的青龙庙可谓潮地众多神庙中最具人气及香火最旺的庙宇,青龙古庙为潮州市海上丝绸之路的地理坐标,而青龙庙会在省级非物质文化遗产名录上也名列在册。安济圣王信仰反映了中国民间信仰一个带有规律性的演变轨迹,即偶像形象最初是动物图腾,然后上升为英雄人物,又从英雄人物上升为神灵,其崇祀功能从本是保一方平安,到后来为政者将其提升为宣扬忠君爱国、安民

---

① 陈卓坤、王伟深:《潮汕时节与崇拜》,香港公元出版有限公司,2005,第137页。
② 参见沈丽华、邵一飞主编《广东神源初探》,大庆文艺出版社,2007,第121～122页。

济世，到社会各界、人间上下的万事皆有求必应。青龙庙会盛况见图 2-3、2-4。

图 2-3 2019 年 2 月的青龙庙会盛况（1）

图 2-4 2019 年 2 月的青龙庙会盛况（2）

3. 风雨圣者（雨仙）信仰

潮汕之地历来雨水多且不匀，又间有旱灾。因而保佑风调雨顺的风雨之神在潮汕人的神祇崇拜中必然占有一席之地。"除了具普遍性的风神雨伯之类的神仙，以及官方祈风雨坛之类的常规祭祀之外，潮人又创造出独有的风雨圣者（俗称'雨仙爷'）作为解旱求雨的偶像。"① 风雨圣者的祖庙在今天的揭东县登岗镇孙畔村，此处有风雨圣者庙和雨仙塔。② 据当地传说，南宋淳熙十一年（1183）潮州大旱灾，赤地千里，禾苗枯焦。孙畔村出了一个年仅 12 岁（也有说是 13 岁）的能预知风云晴雨的神童，人称孙道者。他施法显圣，呼风唤雨为地方解除旱患。次年，此神童于宝峰山上牧牛时忽然不

---

① 陈泽泓：《潮汕文化概说》，广东人民出版社，2013，第 426~427 页。
② 现存的雨仙塔于 2012 年由孙畔村村民孙灿炎出资翻建并命名为雨仙塔。

见，人们认为其已遁仙而去。为感其救难布雨消灾的恩泽，乡民便在他飞升的山上建了一座砖塔，又在他降世的地方立庙祭拜，塑了一尊头戴竹笠、肩荷锄头、赤足卷裤筒的圣童偶像，奉为"灵感风雨圣者爷"。

据说风雨圣者很灵验，人们只要向其祈祷就能消灾解厄。因此信仰他的人很多。尤其是每逢大旱之年，人们就会恭请雨仙并设坛求雨。潮州各地的雨仙庙或雨仙祠陆续建于宋、元、明三代，至今犹存的则多为清代所建。明清以来的《潮州府志》、《揭阳县志》、《韩江闻见录》以及《潮州志·丛谈志》等对上述说法均作奇闻逸事予以记载。据说，这个风雨圣者庙的"雨仙"信仰与现在广州三元宫祀称为"羽化孙真人"的孙道者（亦为一个牧童的形象）也有某种关联。①

雨仙信仰的形成与潮汕地区的地理环境不无关系，这里季风气候明显，受干旱之苦，明清时期由于韩江流域三角洲的开发，农业得以迅速发展。因此，气候变化对农业生产的影响也更趋突出。雨仙信仰的信众早期主要是单一族姓的村子，后来该信仰在孙氏宗族认同中起了文化标志与桥梁作用，雨仙从雨神成为宗族保护神和社区保护神，这一转变过程"在潮地一些其他的神灵信仰发展过程中具有一定的代表性，不少本来是具有单一性灵的神灵经过演变而成为一方的保护神、宗族的保护神，在民间崇拜中充当了万灵万应的角色"。② 在当代，以雨仙信仰为纽带的宗族认同甚至还延伸到了海外，如 1967 年新加坡成立了以崇奉雨仙、联络乡情的"沙溪西林孙氏同乡会"。

"潮地所祀的地方神灵，尤以祀奉安济圣王（水神）、风雨圣者（风雨神）为盛……不仅民间百业，就连官府也都虔诚和热心于此举。在游神期的安排上，单独安排安济王 3 天，比起玄天大帝游

---

① 乾隆年间的大诗人袁枚在其《续子不语》卷八中有《仙童行雨》一则记其事，说当时粤东亢旱，制军孙公祷雨无验。时恰逢他来潮州，途中见有人聚集在山坡前，说是在"看仙童"（求雨），孙制军便与群官徒步去看，果见空中有一童子，背挂青篮，腰插牛鞭，便对空中仙童说："如你果真是仙，能使老天爷在三天内下雨，以救庄稼，当建祠祀你。"只见仙童点头。顷刻，天上出现浮云，接着大雨滂沱，数日之内，广东全境迭报降雨。孙制军便命人绘像，在广州建起了三元宫，题曰："羽化孙真人"。

② 陈泽泓：《潮汕文化概说》，广东人民出版社，2013，第 429 页。

神期2天、关圣帝君游神期2天,地位明显突出,而游神的排场也更为显赫。"①

二 海神与水神信仰

作为海上的保护神,在临海的潮汕地区,妈祖(也称天后或天妃)受到广泛崇奉,也可谓潮汕的乡土神祇。妈祖宫遍布潮汕地区的每个地级市、镇区与村落。潮汕地区的妈祖信仰比广府地区有过之而无不及,说明这两个民系有着共同深厚的近水文化根源,而在客家系地区,妈祖庙(天妃庙)并不普遍。

众所周知,妈祖来自福建莆田湄洲岛,潮汕人早在妈祖开始出名的宋朝时期,就从湄洲庙请来妈祖的香火,在南澳岛(地处宋代著名的外贸港口泉州往广州航线的中转点)兴建了天后庙。最早建庙祭祀妈祖的信众就是从事海外贸易的商人。元明以后,妈祖的信仰圈不断扩大,其信众由海商、渔民、船工扩展到官员、军队,再扩展到整个社会。明万历四十八年(1620),南澳镇副总兵何斌臣重新拓建放鸡山(今汕头港出海口的妈屿岛)天妃宫。在何总兵亲自落笔写成的《放鸡山天妃宫碑记》中,他提到了有三类人最信天妃,一是"网罟者",即渔民,二是"戈铤者",即守卫海疆的水兵,三是"探奇赢者",即海商。这三类人都在海上讨生活,相信妈祖能帮他们解脱灾难。② 其实还有一类人也最信妈祖,即海盗。清代时潮汕的妈祖庙,更是远超前朝,天后宫的建造格局也更加气势恢宏,如澄海樟林南社外的新围天后宫、揭阳县南关外天后庙等。至今修建或重建的妈祖庙在潮汕有数百座之多,仅南澳岛一处就有二十多座。

除妈祖外,潮汕还有两处本地籍的海神庙,受到当地居民的崇拜。一处即饶平县海山岛的黄隆濒海处的三义女庙,三义女者,大女张织娘,二女王富娘,三女王美娘。传说她们都是清乾隆年间人,原为澄海金砂乡人氏,系闺中结义金兰姐妹,在旧礼教的胁迫下,三人各有一段不幸的婚姻,因此商定"不祈同日生,只求同日死"。三人自缚在一起投河自尽,尸体漂流至海山岛黄隆海边,乡

---

① 陈泽泓:《潮汕文化概说》,广东人民出版社,2013,第20页。
② 参见黄挺、陈利江《潮州商帮》,暨南大学出版社,2011,第131页。

民见之，感其气节，哀其不幸，纷纷捐款，予以收埋合葬，后于清乾隆十五年（1750），建成冢庙合一，称为"三义女"庙，墓碑镌刻："清·澄邑金砂乡三义女王氏墓"。庙中有重修碑记曰："义女刚烈逸事，遍播粤东，立庙永祀，盖崇其义……海岛之民，历代照护，则善德流传也……"她们的遭遇则有潮州歌册《三义女》所载，得以流传民间，在其流传过程中渐渐又增加了"三义女"能护卫渔民躲避风险的传说，于是人们在其墓地立碑亭，墓地被称为"三义女"墓，也有人将"三义女"墓称为"三义女"庙。当地群众和过往渔船的船公多有祭拜者，但潮汕之外的地区则未见有其庙。

另一处则是南澳岛的英公庙，"此事在《南澳县志》及《潮州志·丛谈志》中有所记载，说云澳捕鱼之桁槽作业，所插桩木多被海浪冲坏，渔民苦之。明崇祯年间，有一个年约四十，身穿蓝布衫，头缠青布帕，自称福建连江人氏，姓英，善插桁桩，渔民便请他指导插桁桩，当年桁桩便不被波浪冲坏。次年，渔民又请他指导。在其中一个桁位上，他说，此桁欲固，必由他亲自下海，可是这一下便不见他上来，寻尸无踪。渔民们派人到连江报慰其家属，但遍访未有知其人者。此后渔民插桁桩，再无被冲倒之患，人们认为这是英氏的功恩和灵佑，便立庙奉祀，视为桁槽生产之神"。①其庙被称为长年公庙②，俗称英公庙③。

另外，潮汕地区还有水父水母崇拜和水仙爷④崇拜。水父水母神诞俗称"水父水母生"，是潮汕沿海居民崇祀的潮水神诞辰。农历九月初三和十月初四，是潮汕沿海江河潮水涨得最高的日子，潮俗以此为水父水母诞辰。有潮水涨落的地方居民，常备三牲粿品到江河岸边祭拜。潮俗沿海有水仙爷宫，始建于明代惠来神泉水仙宫，祀夏禹王。禹王庙，黄河、长江流域甚多。民间尊大禹为水仙圣王，也叫水仙王，神诞在十月初十。而澄海永新村的水仙爷宫，水仙爷的神诞却提前了一个月零几天，在九月初三，这一天恰好与与水父水母的神诞同日，笔者私下猜测，或许是合二神为一神之误吧。

---

① 参见《道教诸神及民间俗神》，http://www.zupu.cn/lishi/2017。
② 长年应是其真名，后人转解为桁槽师傅之意，称桁槽师傅为长年。
③ 参见《潮汕民俗》，http://wenku.baidu.com。
④ 水仙爷上古时代治水有功的大禹，传说中与尧、舜齐名的贤圣帝王。

在潮汕之地人们也常把水仙爷神像与妈祖神像放在一起，一同祭拜。

另外，中国上古时代帮助大禹治水有功的治水大功臣伯益的庙宇在潮汕也有不少。依当地人的说法，伯益因主持开山辟路并平定了老虎之患，于是就有了"伯公无点头，老虎唔敢食人"的说法。潮汕各地祭伯益的庙并不被称为伯益庙，有的称感天大帝庙，有的称伯爷公庙或威灵古庙。

不知何故，潮汕的这类庙比水神庙要多，也就是说，祭伯益比祭大禹多。这种特殊的社会人文现象，值得探讨。潮汕还有湖神崇拜，韩愈在潮阳留有祭大湖神之历史记载，并写下了《祭大湖神文》。近潮阳海门镇湖边乡有大湖神庙，庙前左侧之碑上刻有韩愈为祭大湖神所写的三篇祭文。

三 儒学的神道设教系统

1. 韩愈崇拜

如前文所述，韩愈（768～824）在潮州时间虽短，但在他莅任之始就遣使祭神，之后还数次亲自前往庙中祈求上天止雨。他了解百姓的需要，并主动迎合当地民众的心理意识，其治理潮州的业绩（治理水患，祛除为害一方的鳄鱼，兴学教化，繁荣当地文化等）常被潮人称颂，成为一个得人心的地方官，也成为潮人奉祀的神祇。他是人神、文运神。苏东坡《潮州韩文公庙碑》赞颂道："潮人之事公也，饮食必祭，水旱疾疫，反有求必祷焉。"[①] 潮州各县普遍建有韩文公祠，由此可见，韩愈广受潮人崇拜。甚至与韩愈有关的人物，如韩湘子[②]、双忠公、大颠祖师等也借助韩愈的声名扩大了在潮地的影响力。无疑，对韩文公的膜拜，激发了潮汕人对儒者的倾慕。

2. 双忠公崇拜

双忠公又被称为"双忠圣王"或"双忠神"。潮汕人双忠祠奉祀的是唐代至德二年（757）为平息安禄山叛军而壮烈牺牲的张巡、

---

① 黄挺、马明达：《潮汕金石文征（宋元卷）》，广东人民出版社，1999，第61～64页。

② 韩湘子，字清夫，是民间故事道教"八仙"之一，拜吕洞宾为师学道。生性放荡不羁，不好读书，只好饮酒，世传其学道成仙。道教音乐《天花引》，相传为韩湘子所作。后人认为韩湘子就是唐代文学家韩愈的侄孙韩湘，但亦有学者在考证之后，认为这只是后人把两件本来互不相关的事件张冠李戴而已。

许远两位忠臣。他们都是韩愈《张中丞传后叙》中的人物,是安史之乱时死守睢阳城(今河南商丘)而身殉的英雄。许远、张巡殉国后,唐肃宗下诏追赠许远荆州大都督,张巡扬州大都督,并重赏其子孙。敕立庙睢阳,岁时致祭,并且给许远、张巡画像并藏于凌烟阁,入大唐功臣之列。自唐肃宗设双庙后,张巡、许远的忠义精神便一直作为历朝宣扬道德教化的范例,也就是说,双忠公信仰在官方祀典中的正统地位是比较牢固的,历朝通过对其不断地加封与强化,并将其树立为"忠义报国"的榜样,成为地方官员、地方乡绅用于向百姓宣扬"忠君护国"的信仰资源,被民众奉为护国佑民的保护神。

华北、福建至两广等地都建有双忠公的庙宇,但以粤东潮州地区的奉祀最为虔诚,以潮阳东山灵威庙为信仰中心。据说宋朝熙宁十年(1077),时任潮州郡军校的钟英(潮阳人)护送方物进京,途经睢阳,进谒"双忠庙"。此夜,钟英梦到神明,神明告诉他,有神像十二、铜辊一藏于殿后柜中,"赐尔奉归潮阳之东山",梦醒前往查看,果然验证。钟英进京办事毕,回程路经睢阳,即往取神像和铜辊,归潮后即在东山建祠致祭,名曰"灵威庙"。因其为祭祀张、许二公,后人又叫"双忠庙"。潮汕地区的"双忠公信仰"便由此而来。而宋朝正是朝廷褒奖忠义忠烈之神祇比较盛行的朝代,这可能与这个朝代总要不断面临"外族"入侵的形势相关。

但也有学者认为,双忠公的事迹播扬于潮州,与唐代被贬潮州的韩愈不无关系,《新唐书》中对此有记载。被贬潮州的韩愈曾作《张中丞传后叙》,以宣传双忠之精神,因潮阳老百姓特别敬仰韩愈,所以人们常在祭祀韩愈时也一并祭祀双忠。灵威庙在宋代时毁于战火。元朝时,在当地士绅与地方官员的号召与合作下,祭祀双忠公的庙宇得以重修,元代邑人刘应雄所撰写的《潮阳县东山张许庙记》,把潮阳东山灵威庙的建立和韩愈治理潮州联系在一起,从而确立了该庙在当地的正统地位。明代时,潮州的地方官员和士绅始终关心灵威庙的维修、重建及增建等。陈春声教授认为,明代潮阳双忠公崇拜最重要的发展,是在灵威庙两侧修建了祭祀韩愈和文天祥的庙宇,"二祠岁祀并如双庙之仪",[①] 但终明一代,潮州双忠公的庙宇并不多

---

① 陈春声:《"正统"神明地方化与地域社会的建构——潮州地区双忠公崇拜的研究》,《韩山师范学院学报》2003 年第 6 期。

见。到了清朝，官方却给予"双忠"空前的推崇，在全国各地增修了大量被列入王朝祀典的祭祀张巡、许远的庙宇。潮州各地的"双忠"庙在此时也纷纷营建。潮州各地民间祭拜双忠公的情形亦开始在文献中出现。清中期后，双忠公信仰已在潮州地区相当普遍，清代雍正年间潮阳知县蓝鼎元在《文光双忠祠祀田记》中对当时双忠信仰的情形有如下描写：香火遍棉阳，穷乡僻壤皆有庙。

由此可见，双忠公信仰在潮州经历了一个从传入、官方推崇、士绅参与到百姓接纳的过程，与这个过程相伴随的就是关于双忠公如何灵验的故事也不断被创造出来，正是这些灵验故事使双忠公和潮州社会的联系越来越紧密。另外，潮州地区地处海滨，明末清初时，山贼、海盗与倭寇为祸潮汕沿海地区，潮州民间迫切需要一个具有凝聚力又显赫而武勇的地方保护神，双忠信仰正好具备这些特征。张、许二公生前报国为民、竭尽忠烈，正合民心所盼，民众遂将这二公变成了护境安民无所不能的地方神明大老爷进行崇拜。后来因为双忠祠庙较多，民间进行了"统一安排"，东山的灵威庙是"双忠"的总部，城隍前的双忠行祠是"双忠"的现场办公场所，平和东的岭东古庙是"双忠"的家室，文光塔后的塔馆后祠（后迁至城区西环路）是"双忠"的书房，龙井的双忠祠是"双忠"的纪念馆，真可谓"分工明确"，这是潮汕地区其他神祇无法比拟的。[①]

清中后期以来，每年的农历二月，潮阳都要举行大型的双忠圣王出巡庆典。而清末正是潮汕民间艺术比较成熟的时期，潮阳县的财力、人力、商业化程度达到了巅峰，商人群体也就成为此时大型游神活动的推动者。

潮阳棉城的双忠圣王出巡活动在以前是十多年一次，2008年开始倡导为一年一届，并于2011年升格为"首届双忠文化节"。活动期间除出巡随游各队伍外，还有潮剧表演、灯谜等内容，数以万计的民众热情高涨、自觉地参与并尽情地享受这一民俗文化活动。笔者有幸应朋友之邀，观看了2016年潮阳棉城的双忠圣王出巡庆典，那是一支超级豪华的巡游队伍，有大锣鼓队、装扮华丽的英歌队、大型的标旗锦旗队、独特的醒狮与麒麟、各种精彩武术表演、

[①] 参见《（腾讯视频）2014年3月8日的潮阳棉城第四届双忠文化节——潮汕》，http://bbs.tianya.cn。

潮阳三宝之一的笛套等,双忠文化节的各种文艺巡游队伍延绵不断,使观众目不暇接。

笔者在采访中得知,双忠公出巡是潮汕特有的民间信仰和民俗活动,当地人为此感到兴奋与自豪。许多在外的潮籍乡亲很重视这一活动,他们每次从邻近的汕头市区以及北京、上海、深圳、港澳等地赶来参加盛会,甚至还有旅居海外的侨胞组团回来参加活动。潮阳各地的"双忠"祭祀活动,就像一条无形的桥梁和纽带,将一代又一代的海外潮州游子的心紧紧连在一起。

四 佛教与道教的俗神信仰及行业神信仰

据说初唐时期,潮州已存在崇佛之风。自北宋至清代时,潮汕地区的佛寺大为增加。饶宗颐论及潮人学术时谓:"潮人文化传统之源头,儒佛交辉,尤为不争之事实。"① 佛教诸俗神中,最受潮汕人信奉的除如来佛祖、观音菩萨以外,莫过于唐宋时期潮阳的两位高僧——大颠和大峰。

大颠是唐朝的名高僧,俗名陈宝通(一说姓杨)。唐开元二十年(732)出生于今广东省汕头市潮阳区。唐长庆十四年(824)圆寂,终年93岁。据说其幼年好学聪慧,博览经传,过目不忘。唐大历八年(773)陈宝通到南岳衡山拜石头希迁和尚为师,石头希迁和尚乃一代高僧,见宝通性聪慧灵敏,心境脱俗,颇为喜爱,悉心教授。因此,宝通佛理更加精通,经师父石头希迁和尚介绍,唐德宗贞元元年(785),陈宝通到龙川瀑布岩寺任住持僧。② 几年后,大颠由龙川瀑布岩寺回到潮阳,翌年创建白牛岩寺(今潮阳东岩卓锡寺)。

大颠回到潮汕地区不久,便云游来到幽岭(今属潮阳铜盂镇),见此处山青林绿,练江清碧,萌发了在此地建新寺的念头。但此地已归当时业已致仕的潮州刺史洪大丁所有,大颠遂亲往拜访洪大丁,请求施舍土地建寺院。洪大丁为其真诚所感动,允诺赠其地一千余亩,终于建成潮州府内第二大寺院灵山寺。灵山寺创建之初,大颠传法弟子千余人,弘扬曹溪六世禅风,讲授佛学真谛,其讲义

---

① 饶宗颐:《潮人文化的传统与发扬》,载香港《国际潮讯》1990年第11期。
② 参见百度百科的"大颠"条目,http://baike.baidu.com。

先后被整理成书①，大颠和尚也成为岭南地区著名的高僧。朝廷对大颠和尚亦颇为器重，唐穆宗曾赐额"灵山护国禅寺"。潮汕民间流传着不少关于大颠和尚的传说故事，崇拜大颠和尚的百姓主要集中在潮阳、潮南、普宁和惠来等地。

　　大颠祖师和韩愈的友谊是潮汕地区盛传的一段佳话。唐元和十四年（819），韩愈曾被贬至潮州。韩愈是唐代一代大儒，他不信佛，甚至还一度排佛，到任后听说府内潮阳灵山寺有一高僧，对佛学精通的同时也甚是精通文学。韩愈本就是重视文人之间的交往之人，在潮州能与他精神呼应、文字相通的人也不多，于是他主动致书邀大颠往潮州相见。大颠欣然应诺前往。《潮阳县志》记载了两人此次相晤："谈论十数日，甚为投契。"自此之后，两人经常进行书信往来。迄今灵山寺仍有韩愈致大颠祖师信函的手迹石刻，后来，韩愈在调任袁州刺史（今江西宜春市），即将走马上任前，特意前往灵山寺向大颠告别并赠官服，后人在当年赠衣之处建有留衣亭作纪念。

　　大峰祖师则是北宋时期由福建来到潮汕地区的僧人。据明隆庆《潮阳县志》及清乾隆《潮州府志》记载：大峰祖师俗姓林，名灵噩，字通叟，生于北宋宝元二年（1039），其早年学儒，有渊博的学识。五十岁中进士，任会稽（即今浙江绍兴）县令。后因不忍朝政腐败，弃官从僧，法号大峰。北宋宣和二年（1120），时年81岁的大峰禅师游缘至潮邑蚝坪（今和平）一带时，适逢天降大旱，饿殍遍野，瘟疫流行。大峰在此地营建灵泉寺，并设坛于大峰石祈祷，同时以其精湛医术为百姓施医赠药。后见练江波流湍急，两岸相隔，难通往来，禅师又发愿建桥。经数年的募集，终在练江上修筑了一座大桥，即今天的和平古桥。南宋建炎年间，大峰禅师圆寂，终年89岁。

　　大峰禅师圆寂后，潮汕乡民为报答其功德，将其安葬于桥尾山北麓狮山（今大峰风景区内）。据说有士绅自愿腾让书斋建为"报德堂"，以酬祭大峰禅师。这所"报德堂"因此成为潮汕第一所善堂，成为潮汕人善堂的"鼻祖"。历经多朝后，民众逐渐将大峰禅

---

① 参见百度百科的"大颠"条目，http://baike.baidu.com。

师升格为能"消灾纳福"的善神,并尊其为祖师,虔诚祭拜。自清代以来,大峰和尚的声名随潮人的移民远播到海外,并随之建庙祭祀敬拜,渐渐就形成了以大峰祖师为号召的民间祭祀圈与善堂组织,而善堂也因供奉大峰祖师而善信如云。潮汕慈善文化始于大峰禅师,和平古桥是大峰禅师慈悲博爱精神的真实物质见证,宋大峰墓是维系海内外潮人的重要精神纽带,报德古堂乃潮汕即海外善堂文化的发端,而大峰禅师就是潮汕善堂的鼻祖。其中,存心善堂见图2-5。

图2-5 存心善堂

显而易见,善堂的主要宗旨就是为弘扬大峰祖师慈悲济世、积德从善的精神。善堂还组织其成员积极参与地方的修路修桥、助学助残、抚孤恤寡、救灾救难,以及收埋无主尸体等与扶贫解危相关的一系列慈善活动,甚至包括调解民间的家庭纠纷、邻里纠纷、财务纠纷等善举。这是一种源自民间的慈善事业,且得到了所有潮汕人的敬重和效仿,经过明清两代的发展,不仅在潮阳,而且在潮汕地区善堂都是遍布于民间各乡镇,形成善堂处处可见的独特景象。从而形成了这种潮汕文化中不可分割的一部分,即善堂慈善事业文化。现在潮汕地区的善堂大多奉敬宋大峰祖师并以此为扩大自身号召力的手段,在历史的长河中,善堂已逐渐演化成集儒家、佛教、道教以及民间敬神文化于一体的潮汕民间自发的且带有民间信仰色彩的民间慈善机构与组织。

林悟殊指出,潮汕善堂的最大特色,是慈善活动与民间传统信仰的紧密结合，他从三个方面论证了潮汕善堂与民间信仰的紧密联系。一是善堂的创立源于民间信仰的传播。大多数善堂崇拜宋大峰祖师，但也供奉其他民间诸神。潮汕民众的崇拜是作为一般性的信仰，以求灵魂上的慰藉。二是善堂的经济来源与民间信仰分不开。三是潮汕善堂的慈善活动与神事活动相结合。林悟殊最终得出了"在潮汕善堂文化中，充满着浓厚的民间传统信仰色彩；如果排除这些民间传统信仰，善堂的业绩就必定黯然失色"这一结论。①

这种善堂文化也伴随着潮汕人下南洋走出国门，来到东南亚。海外潮人常说，有潮水的地方就有潮汕人，有潮汕人的地方就会有善堂。因为其具有民间的自发性，善堂文化并没有形成完整的理论体系，更缺乏像红十字会一样的合理组织架构，潮汕善堂除信奉大峰祖师外，佛、道、儒三教之内的神仙人物也会成为各地善堂名义上的崇敬对象，经过多年的演变，潮汕善堂逐渐演化成集释、道、儒文化于一体的民间自发的慈善救济机构。

另外，潮人也信仰和敬奉道教系统中的诸神，这些神仙主要包括玉皇大帝、太上老君、玄天上帝（真武帝）和道教八仙中的吕洞宾（吕祖仙师）与韩湘子、张天师（即东汉时期的张道陵，道教的第一代天师——笔者注）等。如前文所述，韩湘子因是韩愈的侄孙，而且是神话中驱石建浮桥的神仙，从前在潮州的广济桥上对其建庙奉祀，现今也从俗将广济桥定名为湘子桥。"除上述道教本系诸神仙外，人们最热衷的是与日常生活较有直接关联的俗神，主要有城隍神、财神、福禄寿三星、天后、保生大帝、龙尾爷虱母仙、雨仙爷、公婆神、注生娘娘、珍珠媳娘以及各行各业的行业神。"②

城隍信仰，城隍爷历来被认为是城市的保护神。明朝洪武三年（1370），朱元璋整顿国家祀典，诏令天下分级建城隍庙，又令各级官员赴任时都要向城隍宣誓就职。于是乎全国各地的城隍神系，亦仿照现实世界中的衙门建制，"有所谓六部、六科官员之设。历代相袭，天神、地祇、人鬼杂处，其主神除无名无姓的城隍神外，也常有以曾在当地为官的'正直人臣'死后被奉为城隍者，甚至还有善鬼充任城隍者。潮汕就有'小鬼升城隍'、'水鬼升城隍'的神话

---

① 林悟殊：《潮汕善堂文化及其初入泰国考略》，《海交史研究》1997年第2期。
② 参见《道教诸神及民间俗神》，http://www.zupu.cn/lishi/2017。

传说"。①

当然这些不足为信，不过，在潮汕也真有几处城隍庙中就有被祀为城隍神的地方官员或忠臣名将者，他们或与抽象的城隍神并列为主神，或本身就是城隍主神，"如清代末年潮州府城隍主神是咸丰年间曾任潮州知府、镇压过吴忠恕等农民起义军，同时也做过一些如兴修水利等利民之事的吴均；黄冈城隍神则是明嘉靖二十四年出任潮州知府、重建黄冈城以御倭寇的郭春震；潮阳城隍则以'监察司民佑显伯尊'与明正德年间知县宋元翰并列为主神；城隍爷则退居在侧房内；揭阳城隍主神是'伯府大人'（不明出处，俗称大老爷），民国初年改祀鼎鼎大名的抗金名将岳飞（武穆），'伯府大人'退居后厅。南澳县深澳城隍祀郑成功的部将陈豹为主神。潮汕的城隍庙以揭阳城隍庙最著名"。②揭阳的城隍之赛会也最为隆重，该庙设有长明灯会、灯橱会、赛宝会等。清末海阳林大川《韩江记·速报司》说："我潮神明最显赫者，潮阳双忠、揭阳城隍、澄海北帝、海阳速报司也。"上述神庙当年的香火之盛，人们是可以想象的。

在潮人信奉的仙道人物神中，有两个影响最广的仙人，一个是前文所述的雨仙爷孙道者，另一个名为"虱母仙何野云仙师"③。潮人视虱母仙为风水先生。关于他有许多传说，据说他为人点墓穴、立寨门等比较灵验，潮汕供奉他的庙多被称为龙尾爷庙，主要分布在揭阳、潮阳、普宁一带。揭西县金和镇仙陂乡的三山永峙庙可能算是虱母仙最早的庙，该庙建于明初，内正位所祀的正是主神龙尾爷虱母仙。据传虱母仙与仙陂乡的二世祖曾同朝为官，而潮阳仙城风景区的福天宫则算是关于虱母仙的最大规模的庙。

关于虱母仙的来源，清光绪年间的《潮阳县志》卷十三有简要记载："明初有虱母仙者，精于青乌之术，至潮为人择地，而多不

---

① 《道教诸神及民间俗神》，http://www.zu.pu.cn/lishi/2017。
② 《道教诸神及民间俗神》，http://www.zu.pu.cn/lishi/2017。
③ 虱母仙本名邹普胜，湖北麻城人。少以炼铁为生，后为元末农民起义的将领，明朝建立后，隐姓埋名，自名为何野云，取野鹤闲云之意。后云游潮州府海阳县、潮阳县、揭阳县一带，以相风水谋生，其人形骸放荡。民间称其为虱母仙、邋遢道士，尊称其为何野云仙师、龙尾圣王、龙尾爷、龙爷等。

第二章 广东民间信仰文化的主要神祇

插穴,听人自得之。矢口成忏后,吉凶皆如券。每遇其蹲处则多吉地,故人往往阴识之,以为验。或曰何野云也,世从陈友谅而败,佯狂来此,然终不得而详。居止无定,多在凤港卢家。其乡外有冢垒,然传为所葬处。"① 由此推断,虱母仙何野云应是元朝末年与朱元璋争夺天下的陈友谅的军师。陈友谅兵败后,他化名何野云潜来潮阳等地,为人建寨立墓过活,被视为仙人,死后被尊为神。②

前文提及的客家民系所信仰的保生大帝,也是潮人普遍奉祀的。不过,许多被称为真君庙或慈济庙者,究竟是祀晋代的名医吴猛及其门徒许逊,还是祀保生大帝吴夲,人们并不清楚,有时还常将他们搞混淆,因为他们都有"真人"与"慈济"的封号。据"明隆庆年间的《潮阳县志》记载,吴猛真君曾'神游于邑之西乡,往往托医药救人,乡人因号其地曰仙陂',当地在北宋熙宁年间已建有'慈济堂',明万历改'炼丹古庙',潮阳各地从炼丹古庙分香火建庙者,应是祀吴猛的"。③

潮人同其他地方的人一样,也祭拜各行各业的祖师神,上述仙道诸神也是相关行业所要敬拜的行业神。如人想健康就拜孙思邈、华佗仙师、保生大帝等,从前出麻疹对人来说是件大事,要想出麻疹时保安全就得拜珍珠娘娘,想求生孩子就得敬拜注生娘娘,干建筑泥水木工之类的活计就得敬拜鲁班祖师,戏班子的人自然得敬拜田元帅④,而若想出入平安就得拜门神,若想发财当然拜财神爷就必不可少了,甚至还包括拜现代人觉得不可思议的床神、井神、厕神等。

---

① 《潮汕民俗》,http://wenku.baidu.com。
② 参见《潮汕民俗》,http://wenku.baidu.com。
③ 《潮汕人对妈祖和佛神的崇拜》,http://www.360doc.com。
④ "田元帅"是福建和粤东讲闽语地区民间戏剧、乐舞所共同崇奉的保护神。在粤东,不但被正字戏、潮剧、纸影戏尊为戏神,而且民间乡社的英歌舞和关戏童也一样祀奉他。以前在潮州市有一座田元帅庙,农历六月二十四日是其诞辰,必演影戏隆重祭拜。各潮剧班社都有专门放置戏神牌位和供具的戏箱,称为"老爷笼"。每到一处演出,装台完毕,便将牌位悬挂在底幕背面的正中处,香火日夜不断。田元帅也是戏乐的祖师爷,戏班也借着他神圣的权威来管教"子弟脚"(童伶)。以前童伶入班,必先在戏神牌位前举行授教仪式。童伶学艺过程中倘有犯规或失误,常被罚到戏神前长跪悔罪。

五 "百姓公妈"信仰

"百姓公妈"① 信仰即潮汕地区收集并埋葬无祀骸骨的传统，又被称为孤魂祭祀。潮汕地区本就有好鬼尚巫的传统。自古以来，潮汕地区的自然环境便是深林丛莽，常带山瘴之气。可因古人认知水平有限，认为此皆为鬼魅为害，因此时常祭拜鬼魅以祈求人鬼相安。另外，潮汕地区耕地少，又近海，出海捕鱼或经商逐渐成为人们首选的谋生方式。但出海谋生存在巨大的偶然性与风险性。潮人冒死出洋打拼，到东南亚一带谋生，海上漂流，九死一生；或客死异乡、或死于侨居之地而无子孙祭拜者，均被视为孤魂野鬼。孤魂野鬼若不得祭拜，也会作祟人间。

直到今天，揭阳及汕头两地的人们大多相信鬼神的存在。在当地人看来，"神灵世界是由不可理喻的力量和鬼神所组成的"。② 鬼是不可以轻慢和得罪的。每年的农历七月是鬼月，农历七月十五（或前后三天）为"鬼节""七月半""施孤"等（潮人少有称之为"中元节"的），亦有通过祭拜安抚鬼魂，防止孤鬼亡魂作祟的心理。鬼节信仰大概来源于道教的中元节，同时受到佛教盂兰盆会③的影响，故也称"中元节"或"盂兰盆节"。

据说澄海的各村也会在七月十五日或者七月底在小路或者大道两旁放桌摆礼，举行"普度"，向厉鬼和祖先们献上丰硕祭品，部分人家还会在自家门口挂上灯笼，指引祖先们找到回家的路。

其实，对鬼或鬼魅的"有所表示"是广东（不独广东，可能中国的许多地方都存在此种现象）民间信仰生活的重要内容之一，正因为鬼魅世界多半由死者的灵魂组成，尤其是那些没有后嗣为其

---

① 所谓"百姓公妈"是指潮汕地区的义冢，即把无人祭拜的孤墓，统一集合在一起，一个镇的人或者一个村的人在每年特定日子一起祭拜他们。百姓的意思是不管什么姓氏都统一葬在一起，这里公代表男性，妈代表女性，这就是百姓公妈之意。——笔者注
② 参见〔美〕史华慈《中国古代思想的世界》，程钢译，江苏人民出版社，1995，第424页。
③ "盂兰盆"为梵文译音，意为"救倒悬"，据《盂兰盆经》，目连尊者得知其母死后在地狱受苦，如处倒悬，佛祖教他在七月十五日备百味饮食供养十方僧众便可解脱。民间后以此为俗，这一日除设斋供养僧众外，还增加了拜忏、放焰口等项目。

祭祀、由非正常死亡者组成的灵魂。即所谓孤魂野鬼是比较危险的，一旦地狱之门被打开，他们被放出来时，就会到处游荡，很容易成为恶鬼，所以对其的"有所表示"是必需且不可少的，不如此人们的心则不安。当然，人们在"有所表示"时除了祭供之外，也包括出于害怕、恐惧，卑下地对鬼或鬼魅进行祈求或期望。

可以说，潮汕"百姓公妈"信仰是一种极富地方特色的民间信仰文化现象，也是民间信仰与慈善事业相结合的体现。作为民间信仰，"百姓公妈"的本质是防止孤魂野鬼作祟；作为慈善事业，它出自民众自发地怜生恤死的同情心，有利于营造和谐的社会氛围。

第四节　粤西（雷州半岛）民间信仰文化的主要神祇

粤西地区的民间信仰的主要神祇是冼夫人（俗称冼太信仰）和雷州半岛的雷神。但因为粤西地区开发较晚，加之广府人、客家人、潮汕人等后来陆续来此，共同参与了对粤西的开发，也带来了自己的信仰神祇。大致而言，粤西民间信仰的主要神祇有以下几种。

一　冼夫人信仰

"冼夫人"是粤西地区土生土长的历史名人，当地各州黎民百姓尊称她为"岭南圣母"。她一生经历了梁、陈、隋三个朝代，是岭南古高凉地区（今广东粤西的高州市、阳江市一带）少数民族杰出的女性军政领袖。在其去世后，人们"立庙以祀"。冼夫人信仰如同中国许多民间信仰的造神途径一样，经从一般的宗族神灵、祖先崇拜（冼夫人既是女神，也是冼氏和其夫家冯氏的祖先神）、先贤崇拜，扩展为村落、社区的偶像，到最后升格为维护地区安定繁荣、庇佑百姓、保境安民的一方神祇。冼夫人在治理粤西地区时坚定不移地吸收、提倡并推行中原文明，在其带领下，粤西可谓在文明的道路上往前跨出了关键性的一步，无论礼教、法制还是生活习惯等都有了明显的变化，此地不再是化外之地，此处的民众也不再是化外之民。

千百年来，粤西百姓出于对冼夫人的敬仰和崇拜，在各处修庙（粤西一般将冼夫人的庙宇称为冼太庙）建祠。据清代所修的地方志

载，粤西地区的冼太庙数量很多，以电白和茂名为最，以作奉祀。截至 2007 年，粤西及海南岛地区共计有四百多座冼太庙，仅高州境内就有二百多座。时至今日，粤西地区的冼太信仰已经衍生出以亲缘、地缘与神缘为特征的格局。就亲缘而言，粤西的冼、冯姓人将冼夫人视为祖先；就地缘而言，高州、电白、阳江、恩平等地以及冼夫人活动过的地方，如化州、吴川、廉江与海南等，均应被视为"冼太信仰文化圈"；就神缘而言，冼太已贵为神，贵为圣母，已被神化，为她编写经书，如《冼太真经》《冼太经文新歌》等。因此，上述地方也同为冼太信仰的祭祀圈。冼太的庙宇、神像、楹联与碑碣在今天的粤西随处可见，百姓但凡逢年过节、婚迎嫁娶、祝祷祈福、求子、科考等都习惯于去冼太庙、冼太神像前烧香参拜。在高州旧城村的冼太庙，每月初一、十五还有妇女轮值念经，念的经书有《冼太经》、《冼太新经文》、《地母经》及《六组坛经》等。

自 20 世纪末以来，冼太信仰再次逐渐活跃起来，2002 年 2 月 20 日，中共中央总书记、国家主席、中央军委主席江泽民同志到粤西亲临视察高州冼太庙时，称颂冼太"是我辈及后人永远学习的楷模"。高州市人民政府的官网上 2016 年曾刊登《高州民间纪念冼夫人文化活动》一文，文中列举了高州民间四种纪念冼夫人的文化民俗活动。一是高州民间迎冼夫人神像到社、到村的祈福活动。迎冼太神像到社、到村的时间长短不一，长的从农历十月秋收后至次年农历二月底，短的也有七天至十余天，结束后就被送回原冼太庙。二是做"年例"，即迎请冼太神像鉴醮、游村，祈求冼夫人保境安民，人寿年丰。年例是高州民间富有地方特色的传统节日，其热闹程度远胜于春节。每年春节过后，高州各地开始陆续按古老的习俗，一个或几个村庄（城区则为一条街或几条街）组成一个社做年例，其中农历正月初二至农历二月底为大多数社的年例期，时间一般三天。每到年例期间，社内张灯结彩，鼓乐喧天，客人盈门，各户主都做一顿丰盛的饭菜宴请亲朋好友，来客越多主人越高兴，故有"年例大过年"之说。同时，社内还集资举办各种欢庆活动，如张灯结彩、舞狮、舞龙、演大戏、放电影等，还举行游"神"，烧炮放烟花。三是冼夫人诞辰时城乡群众的"做社"祈福活动。过去，高州城乡以社为单位盛行"做社"（亦称"做福""做众"）的活动。这些社以神诞为社日，诸如冼太诞、观音诞、土主诞等，有些社按春、夏、秋、冬择吉日选定为社日。冼太诞做社,社内有冼太庙的群众参加,无冼太庙的群众也积极参加。冼太诞"做社"旨在渴望吉祥如意,心想事成,是当地人信仰、纪念冼夫人的一种习俗。四是冼太诞打醮祈福活动。打醮属于祭祀祈祷活动,即属于法事或道场的范畴。打醮必设坛,经师们在醮坛上如仪进行,故打醮又叫坛醮。坛醮的程式,一般是设坛、上供、烧香、升坛、礼师存念如法、高功宣卫灵咒、鸣鼓、发炉、降神、迎驾、奏乐、献茶、散花、步虚、赞颂、宣词、复护、唱礼、祝神、送神,每一步都有相应的仪规。打醮,大则为国祝禧,禳解灾疫,祈晴祷雨;小则为民安宅镇土,禳宅解厄,祈福祝寿。今人则多祈求事业成功,生活美满;父母长寿,嗣息繁昌;生意兴隆,财源广进;疾病不缠,身体健康;全家平安,万事如意;等等,大凡所希求之事,多用打醮道场祈祷之法。打醮,其用时有长有短,长的有七七四十九天,短的七天七夜或三天三夜。

特别值得一提的是,高凉山重建冼太庙时也举办了一次影响较大的打醮活动。此次活动不但吸引了无数群众前往观光,还有《茂名日报》、茂名电视台、《高州报》及高州电视台等大批新闻记者前往实地拍摄报道。冼太诞迎请冼太神像打醮祈福活动,不但说明了信仰冼太的善男信女们通过祈求冼太保佑,希望吉祥如意,对幸福的向往,对美好生活的热切追求,也体现了广大群众对冼太的一种虔诚、敬仰、崇拜和信赖,是一种善良和纯朴心理的流露。

综观此四种高州民间纪念冼夫人文化活动习俗,可见粤西广大民众对冼太的无限崇敬与信仰。

二 雷神信仰

前文已述及雷州半岛的雷神信仰的产生及渊源(雷州半岛的雷神又被称为雷祖,传说是雷州人始祖陈文玉)。雷神信仰在雷州半岛最为著名,雷州半岛的先民最早是在山岗的石头前设石炉祭拜雷神,后来逐渐建立雷神庙宇。在全国各地的雷神庙中,没有哪个雷神庙能与雷州雷神庙的规模同日而语。雷州最为著名的雷祖祠位于雷州市雷城西南2.5公里的英榜山,始建于642年(即唐贞观十六年),该祠为纪念唐朝雷州首任刺史陈文玉而建,纪念祠雄峙英山,占地10000多平方米。其建筑坐北朝南,居高临下,肃穆庄严,雄伟壮观,气势不凡。历代名流显宦在此留下了不少关于雷祖的诗文

并流传至今,这里的许多碑刻、石刻是研究地方史的珍贵文物资料。

雷祖祠于1996年被公布为第四批国家级重点文物保护单位。雷祖的地位居雷州诸神之上,享祀最为隆重。2007年10月,雷州市人民政府在雷祖祠举办了中国雷祖文化节,当天现场热闹非凡,参加活动的人数多达6万,庆典活动中丰富多彩而又极具地方特色的文艺演出,让来自海内外的宾客为之倾倒。

围绕雷神信仰而形成的雷祖文化可谓雷州民俗、艺术的集大成者,如"雷州换鼓"是雷州"祭雷酬雷"大型民俗活动的一种主要形式,以神秘灵验著称。在换鼓仪式中,祭祀通过将"龙凤鼓"① 打至裂开并让其自我恢复原形的方式,来向人们展示"神迹",祈求雷祖降甘霖赐福大地,风调雨顺,国泰民安。在"雷州换鼓"的仪式中,最令人拍案叫绝的当属击鼓艺术,击鼓时"先雄而后雌,宫呼商应,二响循环,音绝可听"。"雄声宏而亮,雌声清以长,一呼一应和谐有情,余音含风,若龙啸引而啸风也。"屈大均在《广东新语》中淋漓尽致地描绘了雷州人击打龙凤鼓的生动场景,读来令人叹为观止。鼓声是雷声、雷祖英灵的象征物,鼓的复原与不绝的雷声,代表着雷与雨的循环,也代表着雷祖英灵的显赫与永存。雷祖祠的"分灵"庙宇也同样保留了大量历史碑文及名人手迹匾额,这些匾额的内容自然涉及雷州的历史、政治、经济、风土人情与民俗等方面,都是珍贵的史料,可弥补正史与地方文献的不足。

台风之神,被称为飓母。因为地理位置的关系,雷州半岛与海南岛受风害尤甚,此两处皆建有飓风祠以祀飓母。当地官府在端午节之日隆重举行祭献之礼,每年此时,也是台风季节即将到来之时,心怀畏惧的人们先敬风神三分。

三 石狗崇拜

石狗在雷州半岛是最有灵性的东西,石狗崇拜也是一种灵石崇拜,或说它是灵石崇拜与动物崇拜结合的产物。据传说,瑶族信奉"狗","石狗是其图腾。自汉朝末年至五代时期,因为中原地区战乱频仍,所以大量福建人在唐宋时期迁入雷州,瑶族人与汉族人也渐渐

---

① 龙凤鼓乃是由一种类似镍钛合金的"记忆金属"铸成的神器,具有自我恢复原形的神奇功能。

融合，对狗的图腾崇拜愈演愈烈"。他们根据现实生活中的狗能"看家守门"的特点，而把"石狗"神化为"守护神"，安放在村口、门口，用以"镇邪避灾"，并一直沿袭下来。"有一首雷州民歌，唱的就是石狗崇拜。'力大拿你作比试，乞雨罢了还抽它，扶正祛邪有分量，巷中河沿年过年。'"①

另外，雷州石狗雕刻艺术冠天下，在全国绝无仅有，它是独具地方特色的珍贵文化艺术遗产。随着历史的发展及造型工艺的不断改善与精进，石狗的雕刻工艺从从前的朴拙粗犷渐渐趋向典雅精致，石狗的造型艺术五花八门，有坐相、蹲相与卧相等，表现手法也是多种多样，如有写真、抽象、拟人及夸张等。大部分石刻均伴有铜钱、石鼓、八卦、帅印、乌蛇、绣球、船锚、渔网、小狗、领带、螺钿、辫子等附加雕刻及纹饰，带有明显的时代特征及乡土气息。②

近年来，随着人们对非物质文化遗产保护意识的加强，雷州市政府与雷州市委也很重视"石狗文化"的挖掘、保护与利用，采取了许多措施，如建立雷州石狗文化陈列馆，广泛征集带有文物价值的石狗。为了保护这一厚重的文化遗产，2004年文物部门采取了原生态保护措施，现在仅雷州、湛江等地博物馆收集到的石狗就有一千多只。"它们大小不等，有的咧嘴而笑，有的憨态可掬，有的面目狰狞，有的鼻大耳肥，它们或坐、或蹲、或伏，形态各异。"③雷州石狗素有"南方兵马俑"之称。2004年4月，雷州石狗被列为国家民族民间文化保护工程试点项目；2005年4月，雷州石狗信仰被列为广东省非物质文化遗产保护名录；2007年，"雷州石狗习俗"又被列为国家非物质文化遗产申报项目。雷州石狗见图2-6。

在雷州半岛的农村，几乎各村皆有石雕蹲状的狗，数量不一。它们被置于村口、树下、门前、天井等处。大者高近1米，小者仅20厘米，特别以雌狗为多。村民们除初一、十五祭拜石狗外，平时有为难之处也以香烛拜祭，若有灵验，再前来答谢石狗。直到现在，雷州农村一些急切地想抱孙子的老人家，仍会向石狗上香求拜，尤其每逢农历初一、十五时，他们常常会将三碗番薯汤或三碗

---

① 参见《南方的"兵马俑"——粤西雷州石狗》，http://culture.gansu.com。
② 参见《试谈雷州文化的区域特征及保护价值》，http://news.southcnn.cn。
③ 参见《南方的"兵马俑"——粤西雷州石狗》，http://culture.gansu.com。

图2-6 各式各样的雷州石狗，站立者是武相石狗，
蹲卧者是文相石狗

饭与一块猪肉供奉在自己求拜的石狗前，他们相信，石狗作为一种神物，是会接受自己的供奉，从而满足自己的心愿的。

综上所述，雷州石狗信仰与崇拜是古代粤西多民族民俗文化融合的产物，这种信仰与崇拜经历了从"图腾崇拜"到"守护神"的演变，并形成、发展为独具特色的石狗文化，是雷州的一张独具地方特色的历史文化名片。

四 水神信仰

前文提到，广府人、客家人与潮汕人先后来到粤西，参与了对粤西地区的开发，这三大族群也将各自信仰的神祇带到了此地。如三大民系中的水神，如真武帝、伏波神及龙王等在粤西地区亦备受崇敬。水神信仰在粤西如同在广东的其他地方一样，占有非常重要的地位。在诸水神中，天后（妈祖）信仰无疑也是最为突出的。粤西一带的天后宫，据说以阳江最早，始建于宋代，因而该地的天后庙被称为"祖创宫"。天后信仰随着大量福建移民而传入雷州，雷州县城南门外天后宫的宫门上所刻楹联云："闽海思波流粤土，雷阳德泽接莆田。"这楹联就是雷州天后信仰与莆田间存在关联的最重要证据。明以后，天后信仰在雷州更为普遍，大凡出海的渔船都供奉着天后的牌位，出海前到天后庙祈求平安，回航后则到天后庙谢恩。供奉天后的庙宇既有妈祖、招宝、青惠合敬的"天后宫"，也有独尊妈祖的"天妃庙"，还有妈祖与众神圣合一的"列圣宫"，不一而足。在高州沿海，人们崇拜的妈祖有时与本地广受尊崇的冼夫人混为一体而难分彼此。

在粤西,除上述众所周知的神祇冼太、雷神、天后外,还有从外地传来的佛教与道教的俗神信仰,如如来佛祖、观音菩萨、太上老君、玉皇大帝、关帝、张飞、土地公、土地婆等,还有由人晋升为神的伏波将军马援①,另外还有在当地响当当但在粤西地区以外就不为人知的神祇,如茂名化州当地行医济世的神祇——潘伯。潘伯,本名为潘茂名,传说是西晋末年在高州一带行医的道士,因医术高明、悬壶济世而深受老百姓爱戴,后来得道成仙,于西山驾石船飞升仙游而去。人们为了纪念他,便用他的名字来命名该地。今天的茂名市之地名亦由此而来,也有专门为他建立的寺庙。人称"潘仙庙"或"潘伯庙"。

需要说明的是,地处大陆最南端的雷州半岛和有天涯海角之称的海南岛,古为蛮荒瘴疠之乡、蛮夷之地,唐宋时这两地通常被作为罪犯和贬官的流放之地。有宋一代,被朝廷贬至雷琼的官吏为数不少,因而有不少高官和文化名流曾在此驻足,如李邕、寇准、苏轼、苏辙、秦观、王岩叟、任伯雨、李纲、赵鼎、李光、胡铨、汤显祖……这些人都是朝中有影响力的人物,被贬官来到雷州后,他们在传播儒家文化方面做出了重大贡献,如寇准、苏轼、苏辙、秦观、李纲、李光、胡铨等在雷州短短的时间内就留下了不少诗、文和匾额,因而被雷州人民世代纪念。早在汉代时,雷州民众就建祠分别祀祭挥师南下平叛、军次雷郡的路博德和马援两位伏波将军,唐代时,又建祠祀祭肇建雷州的雷祖陈文玉。南宋咸淳(1274)时,抗金名将虞允文之孙、知雷州军事虞应龙于风光旖旎的雷州西湖之滨(原称罗湖)修建了十贤祠,祠内祀北宋名相寇准,以及苏轼、苏辙、秦观、李纲、李光、胡铨等十位被贬至雷州或被贬海南途经雷州的名臣。雷州先贤祠数量众多,除十贤祠外,还有罗公祠、江公祠、寇公祠、方驸马祠、陈清端公祠、秦公祠、苏颖滨先生祠、薛公祠、叶公祠等。尽管先贤祠有别于神庙,但也反映了雷州民众敬贤尚能、爱惜贤才的文化风气。

---

① 伏波将军亦称伏波神,传说汉代的两个武将统帅路博德和马援征讨南越诸地有功,被敕封为"伏波将军"。路、马二人被合称"伏波将军",因为他们征讨乱地安民有功,百姓立庙祀之,但民间偏爱马援,崇信对象逐渐集中在马援身上,后人一般以马援为伏波神。

第三章
广东民间信仰文化的主要特点

广东地处南方且海岸线漫长。古代此地是百越民族的聚居地，中外文化交流的历史十分悠久。因此广东民间信仰历史文化的内涵自然丰富多彩，当地的百越文化与秦汉以来中原地区的移民和外来的商人等带来的中原文化、海洋及外来文化渐渐融汇在一起，广府、客家、潮汕以及畲族、瑶族等不同群体相互交融，这就深刻地影响了广东民间信仰的内涵与外延。广东的民间神祇，既有从中原南迁而来的，也有海外来的，更有土生土长的；既有图腾崇拜、自然崇拜、人物神崇拜，更有风水崇拜、占卜、打醮、降神等巫觋传统。本章主要概述广东地区民间信仰的主要特点。

第一节 信仰神祇方面的特点

中国的老百姓历来不专信于某一种宗教或某位尊神，广东人更是如此。不管哪位神祇，对老百姓而言，只要灵验就要拜，以满足人们生老病死、求学、婚姻、生育、升官、发财等现实生活中各方面的需要，因而广东民间信仰中的神祇众多。清代仇巨川在《羊城古钞》中列出当时在省城的"祠坛"就有83座，所祀乡贤名宦、先儒大忠、天后龙王及水仙蛇神，无所不有。众多神祇，或各得其所，或同处一处，座位主次因地而异，众神均相安无事。但细细考察，广东人在信仰神祇方面有如下特点。

一 江海皆神

这里所指的水神，泛指与江、河、湖、海等水域有关的神祇，尤其是海神。这当然与广东地处东南沿海有关。中国各地民间神灵之多常令人惊叹不已，但在许多地方，与水相关的神灵并不太多，

第三章 广东民间信仰文化的主要特点

为人所熟知的不过是龙王爷、河伯、妈祖（天后）等几位而已。但因为广东临近南海，水域宽广辽阔，海岸线长达4300公里，岛屿众多。古越人很早就开始向海洋拓展，因而广东海洋文化历史悠久。此外，广东境内江河纵横，有无数的河涌湖泊，所以广东民间信仰中一个较为突出的地域特色就是许多神祇都与水相关，无论是广府、客家、潮汕还是粤西粤北之地，水神信仰都是其民间信仰中重要且共同的内容之一。广东的水神有海神、江神、河神、湖神以及潭神等，其中以海神最为耀眼。

清人屈大均在其《广东新语》卷六中留下了关于海神的雄奇威猛和粤人敬拜海神以及海神分管区域的记载：

> 溟海吞吐百粤，崩波鼓舞百十丈，状若雪山。尝有海神临海而射，故海浪高者既下，下者乃复高，不为民害。父老云：凡渡海至海安所，闻涛声哮吼，大地震动。则知三四日内有大风雨，不可渡。又每月十八日勿渡，渡则撄海神之怒……然今粤人出入，率不泛祀海神，以海神渺茫不可知。凡渡海自番禺者，率祀祝融、天妃；自徐闻者，祀二伏波。祝融者，南海之君也……而天妃神灵尤异，凡渡海卒遇怪风，哀号天妃，辄有一大鸟来止帆樯，少焉红光荧荧，绕舟数匝，花芬酷烈，而天妃降矣……其祀在新安赤湾，背南山，面大洋，大小零丁数峰，壁立为案，海上一大观也。凡济者必祷，谓之"辞沙"，以祠在沙上故云。而二伏波将军者，专主琼海，其祠在徐闻，为渡海之指南。①

从这段记载中，可见彼时广东有南海神祝融（或曰广利王、洪圣王）、妈祖（天后）与伏波将军数位海神，他们各有自己的管辖范围。当然，在广东赫赫有名的水神还有被广府民系广泛祭拜的北帝②（真武大帝）、龙母、梅州的梅溪公王、潮州的安济圣王、水仙尊王等海神或水神。

---

① （清）屈大均：《广东新语》，中华书局，1985，第203~205页。
② 北帝，又名玄武、真武、玄天上帝、黑帝等，在珠江三角洲民间则多习称为北帝。佛山北帝祖庙为华南著名的汉族民间信仰中心之一。

值得一提的是，妈祖"产"自福建莆田，宋元以后对其信仰迅速在中国东南海域拓展。妈祖信仰在两宋时期即已扩布至潮汕和珠江三角洲等地，后来又进入粤西，并取代了伏波将军，成为粤西沿海的主神。在广府地区，妈祖甚至能与南海神相抗衡，成为广东各地，无论粤东粤西还是珠江三角洲的共同崇奉的水神和最具影响力的海神。因此，妈祖（天后）庙宇可谓广东分布最广的庙宇。除妈祖外，其他的水神崇拜则具有明显的地域特征，几大民系自成体系：如西江流域龙母崇拜盛行，南海神崇拜主要集中在珠江三角洲一带，而伏波将军则主要集中在粤西一带。

广东水神多，围绕这些水神的传奇和故事也很多，与水神相关的庙会活动自然也多。广东人最熟悉的就是每年农历二月十三日的黄埔"南海神诞"，又称"波罗诞"。"波罗诞"可谓岭南地区最古老、最盛大及最具影响力的民间庙会。而历届的"波罗诞"都少不了"水神庆会"这一展示岭南民间水神崇拜文化的重要环节。每年的"水神庆会"由南海神"做东"，盛邀广东的另三大水神即德庆龙母、祖庙北帝、南沙天后，齐聚南海神庙举行庆会。从而形成四大水神共同巡游庆会，同贺神诞的盛大场面。水神信仰既有原始信仰中对水的敬畏与恐惧，也有后来生产生活发展出来的想要祈求神灵护佑自身平安，能满载而归的美好愿望。

除水神信仰外，广东各地还有专职司雨的神明。除了前面已提及的风雨圣者（潮汕揭东人）以外，还有徐仙女（广东四会人）、韩仙女（广东韶州人）等，清人范端昂的《粤中见闻》对徐与韩两位仙女均有记载，明确指出她们均为地方雨神，这或许是由于古代水利工程的不完善和自然天气的不尽如人意，特别是台风天气多发的岭南地区，旱涝灾害对于以农业为生的岭南人破坏是十分严重的。因此人们求神求仙、求雨神降水或止水以保证农作物的收成。

二　崇尚女神

在人类历史上，女神信仰和男神信仰一样古老且普遍。但需要指出的是，在我国现存的文献资料中，原始女神屈指可数，觅其佼佼者不过就是女娲等少数几位而已，但在远离中原汉地的边缘（依古代的地理概念）如岭南之地，地方女神的身影倒是屡屡见到，后来受到中原汉文化影响，这些地方女神的形象在被加工改造后，逐渐高大起来，并且与男神比肩而立。

广东民间信仰中的女神众多，广东人随口就能说出一大串女神的名字，如妈祖（天后）、观音、龙母、禾谷夫人①、鲍姑、何仙姑、卢眉娘、金花夫人、临水夫人、十二奶娘、冼夫人、曹主娘娘等。女神不仅数量多，职能分布也很周全。有保佑海事平安的妈祖、龙母、曹主娘娘等，有送子的观音娘娘，有专攻医术的鲍姑，有专攻绣工的卢眉娘，有寄予女子心灵手巧形象的七娘②，有保佑生育顺利的金花夫人与十二奶娘、临水夫人与三奶娘等，女神的职能涉及人们生活的方方面面。因此女神受到了百姓的欢迎。清人屈大均还在其《广东新语》中专辟"女语"一卷对岭南之地由人而神的女性进行解说。

这是因为粤人比较重视生殖，所以"响当当的送子保婴"的女神就有好几位，除了人们熟知的观音、金花夫人与十二奶娘、临水夫人与三奶娘外，还有西王母，"广州多有祠祀西王母，左右有夫人。两送子者，两催生者，两治痘疹者。凡六位，盖西王母弟子……相传西王母为人注寿注福注禄，诸弟子亦以保婴为事……壁上多绘画保婴之事，名字孙堂，人民生子女者，多契神以为父母。西王母与与六夫人像，悉以红纸书契名贴其下，其神某，则取其上一字以为契名，婚嫁日乃遣巫以酒食除之"。③还有"花王父母"神（潮汕一些地方则称其为花公花妈），"越人祈子，必于花王父母。有祝辞云，百花男，红花女，故婚夕亲戚皆往送花"。④潮汕一些地方每逢元宵节时，往往抬花公花妈神像巡游，求子迫切的女子往往一拥

---

① 在笔者多次调研的中山地区，人们多祀禾谷夫人，许多人认为她是后稷之母姜嫄。有学者认为，姜嫄本居陕西，能在岭南立祠，反映了华夏农业文明在岭南的传播，珠江三角洲应该是一个"首途之区"。详见司徒尚纪《岭南历史人物地理——广府、客家、福佬民系比较研究》，中山大学出版社，2001，第287页。
② 七娘即七仙女，亦称七姐、七女及织女，是绣工神。像其他地方一样，广东的农历七月初七是"乞巧节"，广州一带称"七娘会""拜七姐会"，从前每年农历五六月间，农家女子三五成群，自愿组成拜七姐会，集资若干，利用通草、色纸、芝麻、米粒等材料，制作手工制品，如花灯、仕女、器物及与牛郎织女故事有关的人物图像等。
③ （清）屈大均：《广东新语》，中华书局，1985，第214页。
④ （清）屈大均：《广东新语》，中华书局，1985，第214页。

而上,争抢插在神轿上象征多子的石榴花,藏于怀中,祈愿自己多子多福。连龙母、冼夫人等除了保护江河湖海的安全之外,也具有送子保婴之功能。

女神们各有各的地盘,除为广东地区几大民系所共同崇奉的妈祖信仰、观音信仰外,如前述的龙母信仰主要盛行于西江流域与珠江三角洲等地,金花夫人与十二奶娘信仰主要盛行于以广州为中心的珠江三角洲一带,临水夫人信仰盛行于梅州客家地区,冼夫人信仰主要盛行于粤西地区,而曹主娘娘信仰则主要盛行于粤北的清远与英德等地。

在儒家伦理"大传统"影响至深的中国,女神信仰这个所谓的"小传统"竟然在中国的一些地方如广东、广西、福建及台湾等东南沿海地区长久深入地存在,是一个颇值得关注的话题。民间信仰中的女神研究,对于人们全面了解与认识中国的文化传统中的社会性别因素有重要意义。为何广东的女神信仰特别盛行?笔者认为有如下两个原因。

其一,在一般人的心目中,儒家传统伦理在性别意识的主导方面比较阳刚,主张"男尊女卑"、"男女有别"及"男主外女主内"等,并划定了男人与女人的活动空间,界定了男人与女人在家庭和社会中的主从位置,赋予了男人和女人不同的社会价值观。即男人在社会上做大丈夫,"立德、立功、立言",女人则要在家庭中温顺贤良,生下传宗接代的儿子,料理好家事等。但不能因此简单地理解传统儒家的性别意识,在中国传统社会,就性别关系和性别等级秩序而言是男尊女卑,但这种男尊女卑是建立在阴阳相济、相和的思想基础之上的。男女之别及尊卑之别如同宇宙间有天地、日月、阴阳、雌雄的分别一样,但这种分别不是绝对的,是阳中有阴,阴中有阳,"上下无常,刚柔相易,不可为典要,唯变所适"。[①] 由于性别与家庭、家族、国家在"宇—宙—论"上的联系(如《易传·说卦》云:"乾,天也,故称乎父;坤,地也,故称乎母。"《易传·系辞下》云:"天地絪缊,万物化醇。男女构精,万物化生。") 由于阴阳、乾坤在终极意义上的相互需要,"阴"与"女性"的地位就不会在根本处被轻贱。"儒家最为关心的是家庭和社会的正常秩序,

---

① 《易传·系辞下》。

他们并不一味地反对和仇视女性,这与古希腊哲学将男人与精神、灵魂相联系,将女人与身体、感性相联系从而贬损女人,以及西欧中世纪早期天主教会认为女人的性欲望妨碍了男人的灵性追求,因而提倡禁欲主义,并对女性有许多诋毁是完全不同的。中国的哲学向来是强调'中庸'而不走'极端'的。"①

其二,汉代以后,包括性别意识在内的儒家思想与传统在中国获得了"独尊"地位,儒家的性别意识遂成为官方主导的主流性别意识形态,在中国历史上产生了广泛而深远的影响。即便如此,在中国历史上的不同时段或不同地域,儒家的性别意识的影响也不可一概而论,而是存在很大的差异。以往人们对传统女性之真实处境的研究过于笼统和概念化,所以不够具体细致。就广东、广西、福建、台湾等中国东南地区这些地方而言,这些作为最具海洋文明个性的区域,以往的男子多要依靠江河及大海谋生,女性不仅要承担家庭内的"慈母"角色,还要参加田间劳动,担当起操持整个家庭事务的重担。她们下田能劳动,在家能主持家政,也能去市场进行交易,于是在家庭生活中自然有一定的话语权和地位。

汉代以来岭南女性的勇猛能干屡屡见于史书记载,如《后汉书》中记载的岭南地区(今越南北部)爆发的征侧、征贰姐妹领导的民变震动朝廷,才有光武帝刘秀任命马援为伏波将军(这才有伏波将军的称号),率军南下平乱,南朝至隋朝的冼太夫人以识大体、维护统一和民族团结的巾帼英雄形象名扬天下,还有唐末英德地区的虞夫人(即曹主娘娘)率军抗击黄巢军队。要说明的是,冼太夫人与虞夫人是维护地区和平与大一统局面的正面形象代表,得到了国家的认可和公开敕封。而征侧、征贰姐妹则是《后汉书》中与汉王朝对抗的反面形象代表,因而要派兵镇压,最后身首异处。但她们同样有过对一方的号召力和掌控权,在政治和军事上也是握有实权的人物。难怪清人屈大均在其《广东新语》中的"女语"卷开篇就是"五女将",将征侧、征贰与冼夫人、虞夫人等一并叙说。

---

① 贺璋瑢:《〈礼记〉的性别意识探略》,《上海师范大学学报》(哲学社会科学版)2013年第1期。

就岭南女性在经济生活中的表现而言,据记载,唐代岭南圩市中买卖春药的当事人都是女性,女子当垆卖酒的也不乏其人,甚至还有"妇人为市,男子坐家"的现象出现,两宋时更是有女性代替丈夫出入于公堂之上,以及明清时珠江三角洲一带不婚而自谋生路的自梳女群体等。

早在两宋时就有士大夫对岭南女性和其他地方女性之不同有所观察,如朱彧曾说道:"广州杂俗,妇人强,男子弱。妇人十八九戴乌丝髻,衣皂半臂,谓之游街背子。"① 寥寥数语暗示了当时珠三角女性经常出入公众场合的独特现象,显示了当时岭南之地的文化风俗或性别风俗与中原的差异,这应是中原礼教的教化还未在此地普及彻底的缘故。加之南方沿江、沿海地带的男性要在大江大海里讨生活,危险性大,因而人们对平安与传宗接代特别重视,对母亲的依赖也含有更深的社会学意义。妈祖、龙母等女神在一定意义上都可以被划归为"母亲神"。正如刘志伟在《女性形象的重塑:姑嫂坟及其传说》一文中所说:"历史上岭南地区的女性,无论在家庭还是在社会生活中,都扮演着十分引人注目的角色……在岭南本地文化传统中,女性在社会生活中的角色,本来就与中原地区的女性不同。在岭南社会和文化逐渐归化到统一的'中国文化'的过程中,对女性形象的重塑,是士大夫在地方社会推行教化的重要手段之一。"②

三 外来神众多

考察广东的民间信仰神祇体系不难发现,除一批土生土长的神祇,如悦城龙母、鲍姑、金花夫人、何仙姑、三山国王、冼夫人以外,来自岭南以外(这个"以外"既包括中国的其他地方,也包括海外)的神祇比较多。广东民间神祇系统的形成,折射出岭南文化的多元化吸纳渠道。"有相当一部分神灵是由中原、八闽、蜀、楚等地域传入的,基本保持了原来的面目,如文昌帝君、福禄寿

---

① (宋)朱彧:《萍洲可谈》,见(清)梁廷楠等著《南越五主传及其它七种》,广东人民出版社,1982,第102页。
② 刘志伟:《女性形象的重塑:"姑嫂坟"及其传说》,载苑利主编《二十世纪中国民俗学经典传说故事卷》,社会科学文献出版社,2002,第365页。

星、门神、紫姑、吴真君之类,还有一部分虽系由岭外引进,却被加以改造,与本土结上因缘,如安期生①、城隍土地。古代入粤移民不断,对广东的社会发展有着重大的影响,民间信仰也有很深的痕迹。除了一大批来自中原的神祇随移民入粤在广东落户,在官方祀典对民间信仰起着重大影响的同时,各种成分的移民入粤,也将其信仰文化带入新的住地。"②

随移民入粤的神祇也可举出许多,如北帝、妈祖、伏波将军、医神华佗、保生大帝、大峰禅师、双忠公等。历史上中原地区的忠臣、名将、名僧、名医等,有的或曾来过岭南,有的或许从来没有来过岭南,都可以成为人们信奉的神祇。以珠江三角洲仍存在的康公信仰为例,该信仰主要是为纪念北宋名将康保裔③。如今广州西关仍有康王庙;广州"河南"(粤语俗称,即珠江南岸,主要指海珠区和番禺区两地)沙溪乡,也有一间建自清代咸丰、同治年间的"康公主帅庙";广州番禺市桥和钟村镇都有康公主帅庙……这些古庙香火颇盛,每年农历正月十八,民间传说是康公主帅"出会",也是当地居民一年中的盛事,家家户户都要点鞭炮庆祝。康公主帅神像每到一处,都有村民聚拢上来,留一封利是,虔诚叩拜后轻轻拍一拍康公主帅的手,寓意"发财就手",祈求新年财运亨通,求子者就摸摸康公主帅的肚子,求"貌"者则会大着胆子摸一摸康公主帅的脸。每年七月初六为康公主帅诞,前往参神者络绎不绝,诞期一般为三天(见图3-1)。

---

① 安期生亦称郑安期或郑仙,关于他的传说有二。一说他是秦时广州的一位医者,名郑安期,与母亲住在白云山畔,行医济世,解民病痛。一说他是秦代仙人安期生,山东琅琊人,得道后隐居东海边卖药。秦始皇知其医术高明欲赠金璧招为御医,安期生不受,为避朝廷隐居到岭南的广州附近。某次云游白云山时,发现一个长满九节菖蒲的山洞,就此住在山上以九节菖蒲治病救人,后来骑鹤飞天而去。感念郑安期施药救人的广州百姓,从此将他的飞升之日定为"郑仙诞"。
② 陈泽泓:《广东的原始宗教与民间信仰》,载广东省民族宗教研究院编《民族宗教研究》(第2辑),广东人民出版社,2012,第120页。
③ 康保裔,河南洛阳人,祖父与父亲都战死在沙场上。康保裔精于骑射,赵匡胤打天下建宋朝之初,他已战功显赫。宋真宗时期,辽兵入侵中原,康保裔奋勇出征,后战死沙场。

图 3-1 位于广州市番禺区钟村镇钟一村的康公主帅庙

据史载,康保裔因抗辽而战死沙场,从未到过广东。有关专家认为,从北宋开始,中央王朝的统治者为了更好地加强控制边远地区,把北帝、关帝、康公主帅等这些极具中原地区色彩的神祇引入南方,让民众膜拜并供奉香火。康王就是由民间社会将国家祀典或政府提倡的神明接受过来,并改造成为广府民间供奉的神明。可见广东人并不排外。凡对社会、对百姓有功德的神,不管他是来自哪里,不管是东方、北方还是西方,只要有功于国、有功于民,自然都可得到人们的崇敬与敬拜。

尤其值得一提的是,来自海外的外国人也成了岭南人祭拜的神灵,这也从一个侧面反映了广东通海开洋,与海外文化的舶来相关,也与一直以来岭南文化的平和、开放与包容的基因相关。来自海外的神祇最有名的莫过于至今仍在南海神庙享受拜祭的达奚司空了。

南海神庙是中国古代广州对外海上交通贸易的重要遗址。该庙始建于隋朝,距今已有1400多年的历史,世世代代的航海人,在起锚前和返乡后,都要到这里祭拜南海神。如今历经整修后的南海神庙恢宏壮观、古朴大方,香火依然兴旺,庙内东侧有一座穿着中国官府衣冠的赤黑男子,举左手遮眉,眺望远方。其长相明显有别于中国人,这就是来自古印度的朝贡使者达奚司空。清人范端昂的《粤中见闻》载:"相传波罗国有贡使携波罗子二登庙下种,风帆忽举,舶众忘而置之,其人忘而悲泣,立化。庙左一手加眉际作远

第三章 广东民间信仰文化的主要特点

瞩状,即达奚司空云。"①

据说宋仁宗庆历年间,达奚司空随商船沿海上丝绸之路从印度来到中国。回程时,船停靠在神庙码头,他遂登庙拜谒游览,并把从国内带来的两颗波罗树种子种在了庙里。他流连于南海神庙的美景,忘记了归时,因而延误了上船的时辰。同时船上的人竟然也忘记了他,开船走了。达奚司空便日日立于海边,举手齐于额间作望海状,凝视远方,希望有海船回来接他回国。当地人认为达奚司空是来自海上的友好使者,遂将其厚葬。后来,时人顾念友邦之谊且为感谢达奚带来的波罗树,就在南海神庙立起了他的塑像用以纪念,并给他穿上中国的衣冠,封其为达奚司空。因其塑像望着他手植的波罗树,故民间又有"番鬼望波罗"之说,有很多人也把南海神庙就叫作波罗庙(见图3-2)。

图3-2 "番鬼望波罗"塑像

南海神庙中关于达奚司空的介绍是这样的:"相传古波罗国航船沿海上丝绸之路来中国,停泊于广州南海神庙前,一船员携波罗树种植于庙前,不料海舶忽举,其人望船远去而泣后逝于庙。后人认为他是来自海外的友好使者,即按其生前举左手于额前望船归状,塑像祀于庙内,还给他加上中国的衣冠服饰封为'达奚司空'②,俗称'番鬼望波罗',神庙也因此被称为'波罗庙'。有人考证达奚司空是唐代古印度的朝贡使,也有人认为是达摩的季弟,

---

① (清)范端安撰,汤志岳校注《粤中见闻》,广东高等教育出版社,1988,第46页。
② 据说"达奚司空"此称号是唐代古印度朝贡使的名称。

他是中外海上友好往来历史的见证。"

另外一个关于达奚司空的传说在介绍词里面也有提及,即说达奚司空是人们熟知的中国佛教禅宗的始祖菩提达摩的弟弟。达奚司空是与哥哥和另外一个弟弟一起来广州的①,船经过扶胥口,大家上岸拜谒南海神。南海神祝融见其身具神通,又是高僧之弟,便挽留其在庙里协助共管南海。"达奚"为南海神的诚意所感动,遂留下帮助管理海上风云。清代诗人王渔洋有诗咏其事,诗云:"兄为生佛弟为神,天竺西来剩一身。淡荡风光容貌在,南天俎豆未曾湮。"

尽管达奚司空的来历与事迹说法不一,但据达奚司空面容黝黑的异域人形象及后世有关波罗庙、波罗树②与波罗诞等传说,无论如何,"番鬼"达奚司空能为南海神庙所接受,成为南海神陪祀神灵之一,受岭南人的香火供奉,是一件极具象征意义的事情。南海神庙所在的扶胥,位于今天的广州黄埔区庙头村西,这里曾是唐代以后中外船舶进入广州的一个重要港口,扶胥港在宋元时期曾辉煌一时,那时出入广州的中外商船,首先就得到南海神庙去祭拜海神,求得海神护佑,祈望出海与归来都一帆风顺,平平安安。

南宋绍兴年间,达奚司空被封为"助利侯",以外国人形象和身份获得朝廷封赐并享受祭祀。自宋至明清以后,方志典籍、文人笔记中均有关于他的记载。如宋人方渐的《六侯之记》碑、宋人许得已的《南海庙达奚司空记》、明代大文豪汤显祖的《达奚司空立南海王庙门外》的诗文等。

再如,今广州华林寺中的罗汉堂还有五百罗汉之一的马可·波罗塑像,广州荔湾西来正街一带,在隋代以前曾是珠江岸。相传南朝梁武帝普通七年(526),印度的高僧菩提达摩东渡来到中国,在珠江登岸,并在登陆处建西来庵。在中国的佛教史上,达摩后被奉为中国佛教禅宗的始祖,他当年的登陆地则被称为西来初地,这也是广州的"西来正街"的名称之由来。清顺治十二年(1655)寺内建大雄宝殿,改西来庵为华林寺,成为广州佛教四大丛林之一。

---

① 达摩一行来到中国的登岸地就在现在的广州荔湾区下九路北侧西来正街,达摩在广州建立了华林寺的前身"西来庵"并进行传教。
② 有一种说法是达奚司空从家乡带来的两棵波罗树,也就是今天的"菠萝蜜"。据说它成为华南地区菠萝蜜的"始祖",其真实性未可知。

道光二十九年（1849），该寺住持抵园和尚奉诏建设了宽31米、深44米，总面积为1364平方米的五百罗汉堂，五百罗汉中就有元代时来中国的马可·波罗的塑像。

从图3-1这尊塑像照片可见马可·波罗头戴西式宽边帽，双目圆睁，颧骨和双眼明显做过针对西方人的处理，并不是典型的东方人模样，上嘴唇和下巴留着浓密卷曲的胡须，身披斗篷，里面的衣服对襟应是西式，双手似乎在把玩什么，右腿盘于台上，左腿自然垂下。这尊塑像说明了当时广东地区对外经贸和文化往来的繁盛。

四　普遍的土地公（社神）与土地婆崇拜

土地神亦被称为社神、土地公、土地爷、社公、福德正神，土地崇拜是原始宗教中自然崇拜的重要组成部分，《白虎通义》云："地载万物者，释地所以得神之由也。"地载万物，取材于地，土地神属于民间信仰中的地方保护神，是财神与福神，据说其还有使五谷丰收，并可接引新去世人的亡魂的功能，相当于城市里城隍神的角色。在中国的传统中，祭祀土地神即是感谢大地的生养万物之恩，当然，如今人们祭祀土地神或许与古代有所不同，更多有祈福、求财、保平安等之意。对土地神的信仰，反映了中国自古就是一个农业社会，人们靠土地吃饭的事实，也反映了中国人对天地的尊崇，对自然的尊重。

土地神在广东是与百姓最亲近的神祇，其品级虽低，却最具亲和力而广为大众所崇拜。土地神在广东不同的地方有不同称谓，包括伯公、大伯公、福德公、土地公、土地伯公、土地爷、社神、社公、社官等，是广东各大民系都普遍祭拜的信仰对象。清人张渠的《粤东闻见录》曰："各乡俱有社坛，盖村民祷赛之所。族大者自为社，或一村共之。其制，砌砖石，方可数尺。高供奉一石，朝夕追虔。亦有靠树为坛者。"[①] 一般来说，土地神是基层的神明，不仅有其土地与农作物的自然属性，还兼有一方守护神的职能，护佑乡里安宁平顺，祭祀土地神也就成了维系一方乡民的重要方式。在近代以前，祭祀土地神的民间组织演变为民间地方基层单位，即里社。里社的头领即是率领一方乡民祭祀土地神的头人。因为土地神

---

① （清）张渠著，程明校点《粤东闻见录》，广东高等教育出版社，1990，第71页。

还有兼管阴阳两界事物的职能,旧时家里死了人,都要去土地庙"报庙",即为死人灵魂向土地神报阴间户口。按照"县官不如现管"的逻辑,广东人大凡建屋、挖井、开沟、修路等动土之事,皆要向土地神事先报告、祈祷行礼。

在广东各地,有的土地神旁还伴有土地神的夫人,被称为土地婆、伯婆、伯姆等。土地庙因神格不高,且为基层信仰,多半造型简单,简陋者于树下或路旁,以两块石头为壁,一块为顶,即可成为土地庙。较大规模的神庙里的土地神像大都是一个和蔼慈祥的老人,通常也配祀有同样和蔼慈祥的土地奶奶。可以说,大大小小的土地庙遍布广东村落街道、城乡各地,有上盖的叫作土地庙,露天的就叫社坛。那些"无遮"的村口或地头的"土地公""社公"更是不计其数。在广东,土地神庙或土地公社坛,其数量之多,可谓诸神之冠。在珠江三角洲一带以及广州的普通人家中,至今仍可见到他们在门口或门厅墙上设龛土地神位或设有简易的香炉,每日供以香火。

因为对土地神的祭拜多为民间自发建立的小型建筑,属于分布最广的祭拜建筑,广东各地的乡村均有分布。与人们的生活最为接近,民众往往在香坛上敬献几炷香以示敬拜,这种敬拜形式简单,亦较为便宜,反而有利于社公神坛的广布。因而广东民间对土地神的认同感较强,人们在生活上遇到任何问题,都会去找民间的土地公,祈求丰收、生意兴隆,就连治病、升官、转职也会找他帮忙。

笔者在广东中山调研时,当地人向笔者一行诉说道:

> 社头公是一个小官,管辖范围很小。原来都是村以社为单位,社公就管那么点地方。社公一般是村里德高望重的老人过世后被封为社公。社公一心为村民着想,非常保护村民,但只保护那一方村民,超出范围的事他不管。所以上天就给他一个惩罚:村民拜祭社头公的地方不能有盖。所以社头公的场所都是没盖的,露天的,这是上天给他的不公平的待遇。因为社头公太保护村民了,给村民一些小小的惩罚,社头公也不让,所以社头公是没盖的。但那是以前的一个做法。村民觉得他太可怜了,没有遮,现在重修的就是会盖一个小房子的东西。这是我们本地的社头文化。珠三角基本上

第三章 广东民间信仰文化的主要特点

都是这个文化，特别是番禺、中山、顺德。社头公的职能很广，有人出生要告诉他，结婚要告诉他，去世了要从他那出发去出葬。即使村里有大庙，也一定要经过他。他是父母官。在现代社会，他就像派出所，生、死、结婚都要经过他。有点像土地公，但他的职能范围比土地公更广。我们这边很少土地公。土地公是出现在庙里的，他是专门保卫这座庙的，社头公是保卫一个村、一条街、一个社区。在我们这，社头公是派出所，土地公就是保安，专门保卫庙的。

漫步于广东城乡各地，大街小巷，人们常发现无论大大小小的店铺、酒店，还是小巷深处的普通人家、新起的高楼豪宅，门口都供奉有土地神的牌位，称之为"门口土地神"。小小的神龛被镶嵌在门脚旁的墙壁上，牌位正中一般刻有"门口土地财神"几个字，其上方设有"天官赐福"神位，意思是希望天上的玉帝及诸位神仙赐福，以此庇佑家人福泽无恙，一切顺遂。广东人供奉门口土地神，成了传承至今的一种岭南传统文化。

要说明的是，土地神属社神，五谷神为稷神，土地神与五谷神合在一起为社稷，即土地和粮食合在一起才是国计民生最根本的基石，所以"社稷"才成为国家的象征和代称。因而在广东也有形形色色的谷神崇拜，岭南地区最著名的五谷神，莫过于广州的五羊仙①，这里有众所周知的美丽传说，这也是广州又名"穗城""羊城"的来历，广州"五羊仙观"中的原有五仙五羊像，被人们当作"谷神"奉祀。而珠江三角洲的地域谷神多为女性，如中山（旧称香山）的很多村庄多祀禾谷夫人（传说她是后稷之母姜嫄）。

除土地神崇拜外，广东人的自然神崇拜还包括雷神（尤其在雷州半岛）、风神（或称风伯，雷州半岛与海南岛受台风影响甚大，此两处皆建有风神庙以祀之）、电母②（亦称闪电娘娘）、雨神（在

---

① 相传周夷王时，有五位仙人，着五色衣，骑五色羊，手里各拿一串谷穗，飞至楚庭（广州古称）。五位仙人将谷穗赠与州人，并"愿祝此地再无饥荒"。仙人言毕冉冉升空而去，座下之羊则化为石。

② 民间常将电母作为雷公的配偶，可能与闪电打雷的自然现象总是一同出现相关。民间多将电母与雷公塑像一并奉祀家中，以防火灾，电母神像相貌端庄，双手各执一鞭，以示探照世界。

广东民间庙宇里,雨神常与雷公、电母、风伯等合祀)、太阳神[①](儿童福佑神)、月亮神(或称月娘神、太阴娘[②]等)、山神(如三山国王)、树神(亦称树爷、树头公等)、桥神(从前的广东乡村多有摆放供品祭拜桥神方能动工修桥的风俗,至今在一些地方仍有保留)、动物神(潮汕一带称其为牛狮爷,又如雷州半岛一带的石狗崇拜)、灵石崇拜[③]等。

笔者在广东各地进行田野调查时,对广东的树神崇拜尤其记忆深刻。广东的树神,以榕树、木棉树最多,这两种树随处可见。古人对此早有观察,如《宋史·胡颖列传》云:"有古榕处,土人辄筑小庙其下,云以奉树之神。信庄子所称社栎以不材全齐天年者也。"在广东民间,人们常将这两种树的树神同社神视为一体,等量齐观。人们认为,某些古老的树木,尤其是上百年的树木具备神性和灵性,因而对之敬若神明。人们常在那些生长在街头巷尾、村中屋后的古榕树或古木棉树前摆上香炉,虔诚地祭拜。这些古树,不准攀折也不准砍伐,否则有灾祸降临。百姓们也常对树神祈安求福、求治病或保丰收等。

五 普遍的财神崇拜

财神崇拜与水神崇拜、土地公与土地婆崇拜同为广东各大民系的共同崇拜。中国古代的传统观念是重农轻商,或说贵农贱商,但在广东地区却不是如此。广东经济生活的一个重要特色就是重视商业。广东地处南海之滨,海上贸易自隋唐起,尤其宋元以后就比较发达。不仅有官家的海上贸易,还有如潮汕一带因地少人多而常有

---

① 广东大埔一带有"喊太阳"习俗,每当孩子夜间不能安睡时,其父母就会在日出或日落时,备齐香烛纸钱,面向太阳,边烧边祷,祷词为:我家小儿不安眠,祈求太阳神保佑,一觉睡到大天亮。烧过的纸灰,一部分涂抹在孩子的额头上,一部分放置在孩子的床边,据说可驱邪,保佑孩子夜夜安宁。雷州半岛一带的百姓尊称太阳为"日头公",凡子女患病,父母就用简单祭品在门口祈求"日头公"保佑孩子平安。
② 广东海陆丰一带以农历八月十五日为太阴娘诞辰,是日必演大戏酬神。
③ 石敢当是民间灵石崇拜的具体表现,全国各地城乡均有奉祀,广东农村尤为崇信,广为流传。容肇祖考证说:"粤俗随地有泰山石敢当之石刻。大抵其地有鬼物为祟,或堪舆家以为其形势弗利居民,借此当煞气耳。"转引自沈丽华、邵一飞主编《广东神源初探》,大众文艺出版社,2007,第149页。

发生的匪商贸易。因此，广东地区早就有了"农不如商"的观念。

笔者认为，岭南地区民间信仰的功利性与实用性最集中的体现就是其重商务实的倾向，"重商"倾向尤其表现在广东人普遍的财神信仰上，甚至为了能让财神施惠于不同的行业，人们还创造出了一个财神系列，因而财神的名目五花八门，各有特色。如武财神是赵公明、关公，文财神是比干和范蠡，南海财神是龙五爷，理财神是陶朱公等。不过，这些分别在粤人的心中并不重要，只要冠以财神爷的名号，拜就好了。作为财神的赵公明和关公最受粤人爱戴。在许多人家中，正堂之中供奉的大多是财神赵公明、关公和福禄寿神，"除了文、武这种'正财神'之外，还有所谓偏财神的'五路财神'，传说是五位江洋大盗，生前为人康慨，急公好义，北方称五显财神，南方称五通神，同样也受人供奉，尤其是祈求发横财者祭拜更为虔诚。这五路财神的诞日是五月初五，此外广州的财神诞还有正月二十为招财童子诞，五月二十三为财主娘诞等，这么多的财神诞，是广州商业城市民间信仰的一大特色"。[①]

这充分反映出广东民风中那种浓郁的重商倾向和以追求功利为目的的世俗化倾向。广府地区有传统的新年接福习俗，大年三十晚上等到12点的钟声敲响时就要"接财神"。每当新年来临之际，广东城乡各地的许多超市、商场、餐馆等营业场所一遍遍地放着《财神到》的贺年歌，财神或许是新年时人们最诚恳祭拜的神明之一，人们祈望自己在新的一年能发大财、小财，甚或是偏财。

珠江三角洲的人们还赋予了大慈大悲的观音菩萨以"财神"的职能。所以，每年"观音开库"（正月二十六日）的日子尤其隆重。据说每年此日，观音必大开金库，借钱于百姓，助善信致富。善男信女们则于此时赶紧向观音敬香借钱，若是这年真是发了财，来年此日要带"烧猪"来向观音谢恩。广东境内最灵验的是顺德观音庙，始建于南宋年间，历代不断修葺，千年来香火鼎盛。

由上可见，广东人在拜神上所体现出的"世俗功利"目的，人们祭拜神祇，不是为了超越此世，而是为了在此世活得更好。所祭拜的神祇也不高高在上，而是和人们的日常生活、与世界密切相关，他们是为了满足人们的日常生活需要而存在的，人有什么样的

---

① 陈泽泓:《广府文化》，广东人民出版社，2012，第360页。

需要，就有什么样的神祇来供应、来满足，或求平安，或求婚嫁，或求加官晋爵，或求招财进宝，或求生子添丁。几乎是有一事之利，就有一事之神。神祇各主其职，百姓则各因所需而供奉之。因而在广东几乎看不见那种高高在上、主宰精神世界而与世俗日常无关的神祇的身影。人们也无须理解或知道什么是不与世俗日常无关的纯粹的或超越的宗教情感；如果有宗教情感的话，在普通单纯的粤人看来，一定是对那种满足自己世俗日常所需之神祇的情感。但不止在广东地区，在中国的很多地方，民间信仰神祇体系的庞杂和人们在信仰意识中的功利性都是普遍现象。但在笔者看来，这种现象在岭南，无论过去还是今天一直都是很突出的。

第二节　大众百姓的信仰习惯与心理

古书有云："粤人佞神，妇女特甚，所有桥梁江岸、片瓦拳石，无不指为灵验而神明事之。老妪杯珓之卜，群儿扁额之奉，源源而来，几无隙地。"① 这几年通过对广东各地的田野调查，笔者深切地体会到，在广东，无论广府人、客家人、潮汕人还是粤西人，在民间信仰上有一共同点：既拜神拜祖先，也崇敬鬼神。所谓"宁可食少餐，拜神唔得悭（即不能省钱之意）"，拜神祭祖都是广东民众的生活中不可忽视和掉以轻心的大事。

一　满天神佛

在广东各地做田野调查，笔者有很深的感受，即无论是广府人、客家人、潮汕人还是粤西人，都有一个共同的特点，即什么都信，在其信仰世界里，真可谓满天神佛。而且这些神祇各有其神灵神异之处，信多点、拜多点无妨。简言之，广东人既信神鬼，又信天命，也信祖先，哪怕一棵树、一块石头等，只要有神灵神异之处，且拜且信，其笃信与敬虔程度，往往令人暗暗称奇。"在民间信仰的各类神祇中，人物神是发端较晚却最为庞杂的体系，有祖先神、英雄神（包括功臣、贤吏、忠义之士等），也包括了功利神（生育神、财神、保护神、行业神）。其中有自然神转化为人物神，

---

① 叶曙明：《其实你不懂广东人》，广东高等教育出版社，2005，第148页。

第三章 广东民间信仰文化的主要特点

有受民间所崇奉的人物转化为神祇,后来又转化为佛、道神灵的,也有从佛、道系列引进演化为民间神祇的。"①

广东人信仰的神祇之多,用多神与泛神来表述毫不为过。一一道来,道教的有玉皇大帝、太上老君、西王母、斗姆元君、三官大帝、天后元君圣母娘娘,关圣帝君、九天玄女、玄武大帝、八仙、文昌帝君、葛洪、鲍姑、安期生、城隍等,佛教的神有如来佛祖、弥勒佛、观音菩萨、阿弥陀佛、药王菩萨、文殊菩萨、普贤菩萨、地藏菩萨、济公菩萨、欢喜佛、罗汉、金刚、善财、龙女等,自然神有南海神、华光大帝、雷公、电母、土地神、太岁神、白虎星君、三山国王、石古大王等,人神与祖先神有冼夫人、曹主娘娘、临水夫人、伏波神、双忠公、黄大仙、康公、保生大帝、大峰祖师等,行业神有五谷神、禾谷夫人、金花夫人、十二奶娘、花婆、卢眉娘、黄道婆、涌铁夫人、华佗、潭公、药王孙思邈等,还有城隍公、福禄寿三星、上帝、孔子、盘古、女娲、灶神,以及什么床脚婆、招财猫、厕神……不胜枚举。寻常事物乃至一棵老树、一块石头、一座桥等,都有可能成为广东人所敬拜的对象。

广东不同地方(市、县、镇)都有自己公共的神,甚或一个村子里,不同姓氏还各有自己不同姓氏的神。这可能与他们的祖先来自各地有关。祖先不管是从中原还是从闽地来岭南定居,都随之带来自己故乡的神祇。如此一来,广东渐渐便成了众神祇的交会之地。民国时的《佛山忠义乡志》载:"乡内有各种庙宇153座、寺观29座、家祠376座。并存神庙多,如顺德杏坛镇桑马管理区就有天后宫、圣母殿、三元宫、北帝庙、玉虚宫、司马庙、康真君庙、水月庙、华光庙等。"②

以笔者曾去过的梅州兴宁罗浮镇徐田村为例,令笔者感到诧异的是,这个村里竟有如此多的神祇,有的神祇则闻所未闻,如东岳大帝、财神、观音、真武、关帝、先师、五显公王、盘古、神农、三山国王、惭愧祖师、谢圣仙娘、石古大王、天后、龙源公王、黑狗公王、东平王、萧公、康王、樊公、射猎先师、冯候福主、沈公

---

① 陈泽泓:《广东的原始宗教与民间信仰》,载广东省民族宗教研究院编《民族宗教研究》(第2辑),广东人民出版社,2012,第118页。
② 苏建灵:《顺德市杏坛镇桑麻管理区社会调查报告》,见黄淑娉主编《广东族群与区域文化研究调查报告集》,广东高等教育出版社,1999。

清源祖师、三太仙师、三郎、八郎、牛王菩萨……笔者耐心地计算了一下这个村子几座庙里神祇的总数,竟有七十多位。虽然没有一位村民能把这些神祇的来历及渊源说清楚,但他们照拜不误,也不厚此薄彼,不管是佛教神、道教神、祖先神还是人神、自然神等,都享受同等的祭献。

再以笔者曾调研过的广州番禺沙湾三善村为例,该村有6座祠庙——潮音阁、报恩祠、社稷神庙、先师古庙、神农古庙和鳌山古庙,在一个水月台上还排列着观音娘娘、土地公、三宝佛、鲁班、放牛仔、和合二仙、齐天大圣孙悟空、文昌帝君、天后妈祖、金花娘娘和十二奶娘等神像。这些神祇据说分别掌管与人们生活相关的各种事务。

有一首竹枝词写道:"粤人好鬼信非常,拜庙求神日日忙。大树土堆与顽石,也教消受一枝香。"① 这些现象直到今天在广东的乡村仍时常可见。许多地道的广东家庭的门口都设有土地神位,这在其他地方并不常见。许多家庭的主妇都有每月初一、十五去寺里、庙里或观里烧香、献花、献果品以拜神的习惯。在潮汕地区,膜拜神祇被统称为"拜老爷",级别高的神灵被称为"大老爷",拜老爷成了许多女性必不可少的每日功课。随便走进广东各处的茶餐厅、餐馆、酒楼,甚至西餐厅等地方,无论这些地方的规模大小,总会见到供奉着关帝、财神等神祇的神龛,而且神龛上大都与时俱进地改用蜡烛形的小电灯了。

敬鬼神与拜祖先是不可分割的。广东人拜祖先的仪式与敬拜神祇十分相像。因而祖先崇拜和神祇信仰有时颇难两分,广东的瑶族人祭拜盘古王,畲族人祭拜祖公图,西江流域的民众祭拜龙母,粤西人祭拜雷神、冼太夫人等,都是带有祖先崇拜性质的民间神祇崇拜。许多土生土长的广东人家里都有神龛,神龛上放着已过世的先人的照片或牌位,照片或牌位前一年四季都摆有应季的几样水果贡品。每当祖先的生忌或者死忌都要备供品,求祖先的保佑。

因此,广东人对修祠堂同样重视,遍布城乡的大大小小的家族宗祠,供奉着各族各姓的祖先。近些年来,随着家族文化的兴起,人们也越发重视自己的祖先与家族的源流,人们对兴建祠堂与兴建

---

① 叶曙明:《其实你不懂广东人》,广东高等教育出版社,2005,第148页。

第三章 广东民间信仰文化的主要特点

民间庙宇抱有同样的热情。大量在海外赚了钱的华人,不惜大把撒钱回乡修祠堂,祠堂规模有越修越气派之势。在每年的岁时节令,如春节、清明、中秋、重阳、冬至等节日,广东人大都会置备香烛纸钱和鱼肉酒水,到族祠或在家祖宗牌位下进行祭拜。

广东人不仅拜神,也拜鬼。清代徐闻人陈昌齐对祖先和鬼神的关系有过精辟论述,"鬼神者,推而远之,不知吾所推而远之者,即他人之所谓祖宗也;言祖宗者,引而近之,则忘夫吾所引而近之者,即他人所谓鬼神也"。[①] 鬼神祭拜在广东可谓有悠久的历史传统,《史记》中的《孝武本纪》与《封禅书》,《汉书》中的《郊祀志》中均记载了南越人"俗信鬼""而以鸡卜"等。在广东的历代地方志中,也保留了大量关于鬼神信仰的记载,与鬼神崇拜相关的仪式更是复杂多样。

广东人都认为每年的农历七月是鬼月,农历七月十五(道教称中元节,佛教称盂兰盆节,潮汕人称鬼节)前后,是广府人、客家人、潮汕人与粤西人均很重视的日子。因为这个时段是要对亡灵进行慎终追远之祭仪的特殊时段,而在农历七月十五日的祭拜也是老百姓生活中处理生者与逝者之关系的不可不重视的方式或途径之一。农历七月十五的节日主题与核心内容基本一致,即追念先人或普度无主孤魂。人们在每年这个特殊的时间和空间内,"完成一次与亡灵世界的接触。在这些仪式中,表达着生者对祖先亡灵的追念与敬畏,也表达了对孤魂野鬼的安抚与包容"。[②]

七月十五的节日习俗体现了其丰富的灵魂信仰来源。这里所说的灵魂信仰也体现了广东人一直以来都持守的传统宇宙观,这是一种整体又立体的宇宙观,即人们并不认为自己在这个世界中是单一的存在,相反人们是与整个宇宙、整个自然界,包括不可见也不可知的神秘力量和神秘物体构成一个整体。这种对于神秘力量和神秘物体的想象,尤其体现在七月十五的节日祭祀对象上。除了神祇外,最主要的当然就是自家祖先和游荡的孤魂野鬼了,因而在民间的亡灵祭祀仪式中,主要祭仪当然就是两种,即家庭内部的祭祖仪式和家庭外的普度孤魂野鬼的仪式。这两种关于亡灵的祭祀仪式体

[①] (清)嘉庆《雷州府志》卷十八《艺文上》,岭南美术出版社,2007,第584页。
[②] 任雅萱:《七月十五与亡灵祭祀礼俗》,《东方早报》2016年8月16日。

现了老百姓关于亡灵的两类信念,即对祖先的敬畏和对游荡的孤魂野鬼的恐惧,人们相信,若祈望祖先庇荫自己的话就得敬畏祖先;若祈望孤魂野鬼不在你意想不到的某个时刻跑出来作祟的话就不能轻慢他们。换言之,鬼魂是不可以轻慢和得罪的,因为"神灵世界是由不可理喻的力量和鬼神所组成的"。①

神祇的数量多,自然神诞也多。广东人历来重视各种神诞,尤其在乡间,如广州番禺钟村镇一年之中就有一百多个神诞,有时几个神诞集中在一天之内。以广府民系为例,一年之始拜财神,接着就是观音诞(每年四次:生诞、成道诞、飞升诞、神诞)、北帝诞(三月初三)、天后诞(三月二十三和八月二十四)、佛诞(四月初八)、金花诞(四月十七)、龙母诞(五月初八)、关帝诞(五月十三)、华光诞(九月二十八)等,直到岁末,这一个接一个的神诞常令人目不暇接,眼花缭乱。

广东为什么会有这种满天神佛的现象,笔者作为一个"外省人",常对广东人信的神祇如此之多惊奇不已。细细究来,大概有如下几个原因。

其一是与南方的气候与地理环境相关。如古代珠江三角洲境内河流、沼泽中鳄鱼游弋,山上野兽出没,常常伤及人畜。加之岭南之地潮湿温热,山区瘴气弥漫,常常被北方人视为令人生畏与恐怖的"瘴疠"之地,容易滋生各种怪病和奇难杂症,又因从前人们常常缺医少药,人口自然死亡率颇高。当草药或药石不能见效时,人们则以为上天或不可名状的神祇能主宰万物,于是神明成了他们依靠的精神力量。人们不得不求诸神鬼。这类记载在古书里屡见不鲜。《兴宁县志》上记载:"病鲜服药,信巫觋,鸣锣吹角,咒鬼令安适,名曰跳茅山。新迁后或一月,或半月,延道士于家,终夕诵经,谓之妥龙神。"有时流行疾病或瘟疫的出现也是导致人们尊神拜鬼的重要原因之一。

其二是多神信仰是岭南本土文化与中原文化相互融合的产物。广东古为百越之地,《史记》《汉书》等均记载古越人曾有过"食人、文身、断发"等在现代人听来多少带有野蛮和恐怖色彩的陋

---

① 〔美〕史华慈:《中国古代思想的世界》,程刚译,江苏人民出版社,1995,第424页。

俗。自秦统一岭南以来，中原文明逐渐南来。北方移民特别是士大夫阶层的不断南迁，带来了以儒家思想为主的中原正统文化。而且，随着历代朝廷对岭南的经营与治理不断扩大与深入，岭南本土文化与中原文化融合的程度不断加深。此外，随着沿海地带的逐渐开发以及海上丝绸之路的兴起，岭南之地又接触了外来的异邦文明。经过对各类文化的濡染、吸收、整合，岭南的宗教与文化的意涵得到了扩大与提升：既有中华民族传统文化的共性，又具有多元文化交融所赋予的特殊性。土著先民（百越族）的神祇信仰通过融入主流族群（汉族）的信仰而得以遗存，同时主流族群的信仰神祇也会融入土著先民文化而得以形成岭南本土特色。

其三是与广东人对神祇的"敬拜"中隐含了其对日常生活无常的忧虑相关。正所谓"礼多人不怪"，神亦不怪，因此拜神不过就是求个心安。人们也没什么非分之想，所祈求的，不外乎是家宅平安、老少健康、日子平顺而已。神祇若允准，则必到庙里装香还神，酬谢神恩。祭拜神祇的行为本身承载着人们对美好生活的追求。人们希望借着信神拜神来保佑自己和家人在不可抗拒的灾祸前能逢凶化吉，吉祥平安。

对大部分普通百姓而言，靠诸神来庇佑是对不可测的天灾人祸与各种不可抗风险的一种有效防范。如土地神保佑五谷丰登及家宅平安；财神爷保佑日进金银；文曲星保佑自家后人文才显略；关公保佑自己能逢凶化吉，免受血光之灾；妈祖能保佑出海平安；观音菩萨、吕洞宾、黄大仙等神仙保佑自己和家人远离各种疾病；等等。总之，诸多神祇得到广泛的祭拜，意味着广东人相信通过这种途径能把不能抵抗的风险"神化"处理掉。这种祈盼受神祇庇佑的平安理念，正是说明了以往人们生活的艰辛，也说明了人们对改善当下自身生存环境与提高生活品质的执着追求。

其四是多神信仰是广东人的包容与务实品格的外在表现。广东人性格平和，能够包容不同的事物。若要体现在崇拜神祇上，就是不管它是哪来的神祇，天上的、地下的、水里的还是外来的，无论是儒家的圣贤，还是佛教的菩萨，又或是道教的神仙等，只要能满足他们某一方面的需要，就信之拜之。为了方便祭拜，广东各地还常常让不同的神祇同处一庙，即把不同的神祇以及儒释道等诸神安置在一个庙宇里一并祭祀。

因此，多神一庙的现象在广东地区比较常见，如一间庙中既供奉华光帝、洪圣王，也供奉龙母、吕祖；既供奉天后、观音，也供奉金花夫人、十二奶娘等。民间信仰的任何一座宫庙，可以说就是一个众神联合国，无论神祇来自何方，只要有人信，都可以在庙里有一席之地。在有的地方如客家地区，庙宇的名气不以规模大小来衡量，而是由其供奉的神祇有多少来决定，神的种类越杂、数量越多，香火越旺。有时即使是破庙一间也共有数十位神祇，也是常见之事。当然，多神多庙的现象也很普遍，如在一个村里建有龙王庙、火神庙、包公庙和道观等多个庙宇，还有在家里的神龛中供奉不同的神祇及祖先牌位等不同的表现形式。总之，多神信仰绝对是广东人务实与包容性格特征的最突出反映。

二 灵就是神

社会学家马克斯·韦伯（Max Weber）把人们的社会行为分为四种类型：工具理性类型、价值理性类型、传统类型和情感类型。民间信仰的活动可划归"工具理性"一类。在某种意义上，信仰也是人们获得信心、力量与希望的实在有利的工具。

笔者近年来在广东做田野调查的一个很深的感触就是：人们对其所拜的神祇，常常不问来路与出身，灵就是神，是神就要拜。此处的"灵"即灵验之意，人们对神的选择标准就是一个字：灵。自身觉得其灵验即可。这正反映了老百姓对神灵所报的实际与功利态度。

神人关系的功利化，是民间信仰世俗性的根本所在。正因如此，广东民间信仰的一个很重要的特点就是无排他性，广东人基本不关注神祇的"产地"及渊源〔以潮汕人为例，其所拜的神灵中，来自外地的神灵蛮多的，如妈祖来自福建莆田湄洲岛，笔者还在汕头潮阳区后溪的天后庙里见到了妈祖的父母之神像、神农氏之神像、水仙爷之神像，以及纪念韩愈的韩文公之像。潮汕善堂崇奉的大峰祖师爷来自福建，又如潮汕人普遍的"双忠公信仰"，双忠祠奉祀的是唐代至德二年（757）为平息安禄山叛军而壮烈牺牲的张巡、许远两位忠臣，是安史之乱时保卫睢阳城的英雄，本和潮汕地区扯不上半点关系〕。他们只会关注众多神祇中哪个神更灵。他们既可以拜天后、拜观音、拜金花夫人、拜三山国王、拜冼太夫人等，也可以拜一只狗、拜一只猫、拜一棵树，拜一块石头等。只要它灵验,拜啥都可以;一次拜一个神灵可以,一次拜数个神灵亦可,只要它或它们都灵验。"灵"是一切信仰行为的"指南针"。南海神庙的"番鬼望波罗"传说的主人翁"达奚司空",就有"助利侯"之封号。因而其神职就是护佑海上商业贸易的平安,帮助商贾获利。笔者在调研中亲身体会到,每到一个民间信仰场所,当地人都在设法给笔者一行讲述本地神灵之如何"灵"的传说。

广东人虽然热衷于拜神,但其关注点在于所拜的神祇是否灵验。因此,他们并不太关注通常意义上宗教一词所蕴含的意义,如宗教的教义与超越性等层面。若是问受访者关于这方面的问题,他们总是一脸茫然,不知如何作答。广东人并不知道何为宗教以及何为信仰,他们只需知道某某神的功能或是某某神的"灵验"即可,只需知道拜之就能解决生活中的难题即可。拜一个不够,就多拜几个,因而人们可以很虔诚地在民间信仰的庙宇里焚香跪拜祈祷各路神祇。本地的神、外地的神、道教的神、佛教的神,甚至基督宗教的耶稣、圣母等,在人们心里都是不分高下,等量齐观,没有任何分别的。若硬要将其区分的话,那就是谁更灵。广东人也许不知道自己所拜的神起源哪里、来自何方及有何主要神迹等问题,但只要知道神很"灵"就行了。灵就是神,神就是灵,"灵"是广东人选择拜神的唯一标准。以"灵"为本位,追求的是"有求必应"。由此可见民间信仰的功利目的。此目的就在今生,不在来世,更不在追求的永恒。

通过较为深入的田野调研,笔者逐渐体会到,广东人的信仰活动也是一种习惯性的,内化于其生活中的行为,或其本身就是一种生活方式。在广东地区,"村村皆有庙,无庙不成村"是常见的现象。即使村庙被拆了,也要重新修起来。因为这是祖传的规矩,更是一个村的"门面"与"标志",而非简单地出于求神庇佑的心理。虽其不乏功利性因素,但在其背后也有一种维护、遵循传统的理念。因此,在广东有个普遍的现象,即老村必有老庙,老庙前必有老树。老树与老庙是一个村庄拥有悠久历史的见证,有的村甚至不止一棵老树与一座老庙。村庙建在村落里,十分方便本村人随时去祭拜、烧香与敬神,祈求神佑。这种对民间神祇的崇拜是具有代际传递性的,其传递过程就内化于社会化过程中,久而久之,拜神敬神成为人们日常生活的一部分,而特殊日子如神诞、庙诞的敬神

仪式活动就成为那个地区的民俗活动。

三　神祇崇拜的复合性

广东人崇拜的各路神灵虽大都是享誉一方的神祇，但广东人并不独信和独拜某位大神。他们常以为多一个神灵就会多一层保佑，所谓"拜神不嫌多"。换言之，某个大神可独美和独居（如雷州有独尊妈祖的"天妃庙"），各路神灵也可合居和同处、美美与共（如雷州有"三婆"① 合敬的"天后宫"，也有妈祖与众神合一的"列圣宫"）。因而民间信仰的庙宇便成了佛教、道教、民间杂神多神并祀，各路神祇济济一堂的万神殿，形成了多元和谐的崇拜景观。如中山市南朗镇崖口村的庙宇群，集中建有大王庙、六祖庙、瑶灵洞府（八仙）、财神殿、观音阁、天后宫、北帝殿、霍肇元殿、星君府、元辰大殿和南海慈航庙等。这其中既有儒家推崇的忠孝贤良之士，又有道教各路神仙以及佛教的菩萨僧佛等。民间信仰既然无固定不易的信仰边界，反而使得民间信仰能容纳百川，多神共处一殿共享香火，儒释道传统杂糅，相济教化。

民间信仰神祇来源多样，即便其中的某位神明，其生平神迹亦是多种文化传统的复合。以中山小榄镇的葵树庙康公为例，便可明显地发现附属于儒（无佞主帅、忠勇）、释（投胎转世、菩萨）、道（瘟王统帅、苦行修道）的诸多传说集合于康公一身。这其中虽多有相互矛盾之处，但民间仍津津乐道，不以为忤，反倒欣然接受。正因如此的"宽容"的性格，民间神明在广东几大文化体系中左右逢源，并最终立足于乡野民间，形成了正统以外的主流地位。

民间信仰中的神祇虽斑杂却并不凌乱，反而自成系统，和谐共生。一般而言，民间信仰多神共处一庙，一村多庙的现象比比皆是。这些出身殊途、神缘不一的神祇在同一空间共享香火的同时，亦构建起有序且良性互动的崇拜共生系统。此种宗教生态建立在主神、属下神、陪祀神等诸多神际关系的基础之上。

同一村落不同庙宇中的神祇亦通过"神亲"关系建立起神界家

---

① 在雷州半岛及其附近濒海地区，妈祖还有两位义结金兰的妹妹：日月灵通招宝夫人、青惠夫人，雷州人合称这三位女神为"三婆"，供奉"三婆"的天后宫有的被称为"三婆庙"。

第三章 广东民间信仰文化的主要特点

族体系,从而把俗世等级及其伦理秩序移植于神明世界,维系着多神之间的和谐共存。如中山开发区濠头村中的诸多庙宇、神祇结成了有机的关系网络,构建起一典型的宗教生态。此地分别有以康王、天后、北帝为主神的庙宇群(现今天后庙已被拆,不复存在)。在康王庙中,正殿中央供奉的是康公,上面悬挂有"康公真君"的匾额,左殿供奉的是金花夫人,右殿供奉的是牛大王将军。金花夫人、牛大王将军是康公的陪祀神。在金花侧殿中,两排塑有十八奶娘像,她们作为金花的下属神,具体掌管从出生到蒙学期间幼儿的日常生活。在北帝庙中,北帝作为主神被供奉在主殿中央,两侧的陪祀神分别是金花夫人和观音。在观音侧殿中,韦驮菩萨作为属下神被祭拜。值得注意的是,在北帝庙、康王庙中,附近分别建有佛堂,北帝庙中的佛堂还有当地妇人身穿缁衣,口诵经文,虔诚礼佛。如此,以康王、天后、北帝为主神,以金花、牛大将军、观音为陪祀神,以十八奶娘、韦驮为下属神,建立起一处颇为完整的宗教生态系统。

有趣的是,当地人又把康王、天后、北帝视为兄妹关系,康王是兄长,天后为排行居次的二姐,北帝为三弟。如此一来,村中三位主要神明结成了家族亲属关系,根据世俗的血亲,三者之间的等级关系亦明朗可见。当然,此种神明关系背后乃有儒家宗族体系为支撑。郑氏为当地的大姓,在北帝庙附近便有郑氏祠堂。三位神明的兄妹关系很有可能是郑氏族群兄弟长幼关系的反映。

与之相像的神际关系在广东地区随处可见,如天后的下属神顺风耳、千里眼等,文昌、财帛星君作为许多神庙中的陪祀神在诸多庙宇中占有一席之地。更有好事者,为神明拉线结缘,配为夫妻神明。如东岳庙中,东岳夫人陪祀其右;三山司马侯王庙中,司马夫人亦位列其中;甚至民间社公神坛,亦有土地公、土地婆并列供人祭拜。上述诸多神亲关系把原本各不相干的神明编织成一较为有序的体系。在此系统中,神明各就其位,各司其职,共同回应信众的诉求,亦共同接受信众的敬拜,共享香火。这种开放的、互动的共生互存结构形成了民间信仰多元和谐的宗教崇拜景观,这也许是中国汉民族民间信仰最为显著的特征。

经过人们长期且无意识地将传统信仰的神祇和各种宗教的神灵进行反复筛选、淘汰和组合后,广东民间信仰的神祇体系形成了一

个看似杂乱实则有序（排列有序体现在不同的神灵满足了人们不同方面的需要）的神祇信仰体系。神祇因应人的需要而存在，也因应人的多种需要而有多神的存在。因此，根据所求而去不同的神庙敬拜，或在同一神庙里拜不同的神祇是再自然不过。

民间信仰中的各位神祇也颇有人情味儿，他们对善信有求必应，自然人们也对其感到亲切实在。人只要"心诚"，就会得到神祇的护佑。而"心诚"的外在表现就是祭拜的仪式。其所求无非是家人平安，身体健康，家庭和睦与学业、事业顺遂等实际问题，而这也是民间信仰的实际有用的最突出表现。当然，这种"实际有用"正是民间社会拜神的目的性所在，这种浓郁的"世俗"与"功利"色彩常遭人诟病，认为如此"拜神"与对超越性的、对彼岸性的真正的"宗教性"的追求无关。

笔者并不完全赞同这种观点。中国人自古以来生活多艰，尤其是对生活在岭南之地的人而言，由于其总体的开发（珠江三角洲的开发要到明清时了）总是比内陆要晚，古代多为"瘴疠之地"，如潮汕地区总存在地少人多的情形，要么面对大海，不得不向大海讨生活，如客家人与粤西人，脚下是山岭丘陵与荒林之地，生活之艰难不言而喻。现代人的生活虽说比前人好了许多，可谓天壤之别，但每个人仍然要面临生老病死，面临不可预测的人生灾难和无法解决的人生困境与窘境等。科学技术的进步虽带来人类生活的持续改善，但并不能彻底解除人们对生活的忧虑与对未来不期而至的内心的恐惧，还有对美好生活的期盼。因而"拜神"就有了深层的心理基础。对超越性的及对彼岸性的追求是宗教精神的体现，借着"拜神"来克服恐惧，实现自己心中的愿景何尝不是宗教精神的体现。只要在这个过程中遵纪守法，不损害国家和社会的和谐安宁以及他人利益，民间信仰的这种"世俗"与"功利"色彩就理应得到理解与尊重。

要说明的是，民间信仰的"多神性"似乎也形成了一种看似较为稳固的多元性的"拜神"景观，构建起民间信仰内部较为平衡的生态系统，避免了一神独大局面的形成，这或许也成了一种促成民间社会众神和谐、人神和谐的重要机制。

神祇崇拜的复合性还体现在对鬼怪的虔信上，广东民间的鬼怪信仰可谓源远流长。《史记》中就有"粤人俗信鬼，而其祠皆见鬼，数有效"之记载。在广东明清时期的府、州、县志的杂录部分，均有关于鬼怪的记载。这些鬼怪或为善，或为恶，或预兆吉凶，种类不一，行为各异，如有的具有常人不具备的能力，如身怀绝技，如复仇，等等，这使得广东人在日常生活中总是对鬼神保持一定的敬畏之心。

笔者在中山调研时，曾到过一个名为"兄弟庙"的地方，里面所供的就是五个恶鬼。据说这五兄弟生前是来历不明的强盗，他们在当地抢劫财物屡屡得手，人们一提到他们就有点心惊胆战，但有一次在抢劫时这五兄弟却被人杀了，成了"厉鬼"。当地人怕他们的鬼魂作祟，就为他们修建了一个占地十来平方米的兄弟庙，人们晚上经过此地时都是提心吊胆地匆匆走过，生怕撞到鬼魂。据说当地人曾在离"兄弟庙"十几米远的地方修建房子，结果每次建起来的房子不明就里就发生了火灾。而后人们在此种植蔬果和养花，而这些植物也总养不好。最后，人们干脆在离"兄弟庙"300米远左右的地方建房，让"兄弟庙"前空出一大块空地来，就再没有发生类似的事情。

广东几大民系的人普遍重视鬼节，鬼节分别是七月半（中元节[①]）、清明节、三月三、十月初一等。广东人尤其重视中元节（中元节在广东有的地方是七月十四，有的地方则说是七月十五）。因为道教视中元节为地官生日及赦罪日，同时也是祭祀一切亡灵的日子。佛教传入中国后又以此日为超度亡魂的盂兰盆节，每年此日，佛教法会中的施众僧又被演变为施饿鬼仪式。民间则传说该日地府放出全部鬼魂，所以七月十五便成了一年之中阴气最重的节日。据说有子孙与后人祭祀的鬼魂回到家中神主牌去接受香火供养，因而大多数人家会烧纸钱、点香和蜡烛纪念逝去的先人，并祈求亡魂保佑平安，无主孤魂就四处徘徊找食物。于是人们会在路边摆放祭奠物品和烧点"冥钱"，施舍给孤魂野鬼，防止它们突然在某个意想不到的时刻跑出来作祟，又或祈求它们帮助保佑家宅和家人平安。

所以，鬼节应是以祭祀鬼为中心的节日。这说明，在中国人的

[①] 古人以正月十五为天官生日，故定为上元节（即元宵节）；以七月十五为地官生日，故定为中元节；以十月十五为水官生日，故定为下元节。

心目中,"鬼"也意味着逝者以另一种形式存在并影响着阳间的人。所谓鬼节,就好像是给鬼一种仪式感,但其实也是表达在世之人对其的敬畏和感恩。广东人过中元节的时段有三种:有些村落农历七月十四过中元节,有些村落七月十五过中元节,也有些村落从七月十四到七月十五两天都过节,同时奉祀先人,以此表达对已逝亲人的思念。

广府人有招魂祭祖、做法事道场、放河灯①以及不嫁娶等习俗。中元节又称"孝子节",因为佛教的盂兰盆节的故事来源就是"目连救母",这本来就是个孝子故事,巧的是,道教的中元地官舜帝也是一个大孝子,加上中国儒家一向注重孝道,百德孝为先,所以使中元节又蒙上了浓厚的孝道色彩。当天,每家每户都先祭祀祖先,有些还要举行家宴,供奉时行礼如仪。酹酒三巡,表示祖先宴毕,合家再团坐,共进节日晚餐。入夜后,人们还要携带鞭炮、纸钱和香烛,找一块僻静的河畔或塘边平地,先用石灰撒一圆圈,表示禁区。然后,在圈内摆些茶饭,烧些纸钱、纸衣服,鸣放鞭炮,恭送祖先上路,回转"阴曹地府"。此外,还有广东居民在七月初七要通过一定仪式接先人鬼魂回家,每日晨、午、昏,分别供三次茶饭,直到七月十五送回为止。广州天河区车陂村"沙美梁"祠堂还举行从农历七月十五摆到七月十九的"摆中元"活动,将天官、地官、水官各一件衣服在祭台后上方高高挂起,最后才烧掉祭神,所说此习俗已有500多年历史。珠海人是七月十四过中元节的,有烧"衣纸""做醮"为"孤魂野鬼"打斋超度等活动。

中元节当天,广府地区不少地方有办水陆道场活动。作为超度盛会,它是佛家普度众生思想的具体展现。各处庙宇都办得极为隆重,高僧云集,场面浩大。其间还请戏班上演有关冥界神鬼故事的大戏,如《钟馗嫁妹》《白蛇传》等,颇得乡村百姓的喜爱。

"七月半"亦为客家人的一个重要岁时节日。客家人自南迁后,

---

① 人们认为,中元节是鬼节,也应该张灯,为鬼庆祝节日。不过人鬼有别,所以中元张灯和上元张灯不一样。人为阳,鬼为阴;陆为阳,水为阴。水下神秘昏黑,使人想到传说中的幽冥地狱,鬼魂就在那里沉沦。所以上元张灯是在陆地,中元张灯是在水里。河灯也叫"荷花灯",河灯一般是在底座上放灯盏或蜡烛,中元夜放在江河湖海之中,任其漂泛。放河灯的目的,是超度死于水中的落水鬼和其他孤魂野鬼。

承袭了中原遗风,因而"七月半"在客家地区颇有讲究。以往在此日各村各寨的老少男女们齐参与设坛祭鬼神,各村寨的人们扛着"公王"游村串户,锣鼓喧天,彩旗飘扬,一路把"公王"迎进村里。当"公王"扛至各家各户时,众人便把事先准备好的香案、供果等设置摆放门前迎接。此时,乡中同族人不论男女老幼均聚集在一起,备齐斋果、三牲和酒礼,在祖祠里共同设坛祭礼祖先,追思先人。这天从早到晚各家各户热闹非凡,贵客盈门。在欢庆了一天后的入夜,乡中各姓氏祖祠大门外燃香烛、焚冥钱、放鞭炮,锣鼓乐队共闹"不夜天",俗称为"普度"。同时行"扶乩"焚香迎请神、拜鬼等活动。

在潮汕地区,中元节的重要性不亚于春节。潮汕人在此日有恤孤、祭祖、放焰口、演戏、游灯等民俗活动。"恤孤"的对象是死前没有家属、死后没人奉祀的无主鬼魂之类的群体。潮汕地区的"恤孤"活动,虽"并不限定在七月十五这一天。但因这一日是正日,所以会比较隆重行事。一般会由善堂或父母会等组织善信备办三牲粿品到义冢埔去祭拜与修整裸露孤骨。更隆重者,则会举行盂兰胜会,搭孤棚(祭坛),奉上大量的三牲、粿品、酒饭,以及纸钱、纸扎衣物等,还会请僧人或道士来主祭和念诵经典"。① 祭品除上述物品外,还会有过去的人遮雨遮阳的竹笠及衣帽等,较为富裕的地方还有活猪、活羊等。祭拜仪式完成后,主办方便会散发实物,或编号散发竹签牌子,让观众去抢。

在粤西的吴川乡村,七月半有"支山幽"和"支水幽"的祭奠仪式。所谓"支山幽"是在山岭或山坡上摆放一些祭品,燃香点烛,以此祭祀山野间的孤魂野鬼;所谓"支水幽"则是在塘边,河边等处祭奠淹死的人。在粤西茂名的一些乡村,几乎每家每户会在"鬼节"当天将早已准备好的水果纸钱、香烛、猪肉、鸡鸭、各种点心与酒水等作为祭祀用品献上,而祭拜的点心首选是被称为"籺"或是"簸箕炊"的当地特有之糕点。

在茂名市郊金塘村,几百年来一直沿袭着"鬼节"制作"簸箕炊"及"籺"的习俗。有村民表示,做这类点心非常需要时间和耐心,马虎不得。粤西地区的"籺",是当地人的年节必备食品,

---

① 《潮汕中元节七月半习俗》,http://www.sohu.com。

就如同北方人过年吃饺子一样不能缺少。"茂名的籺堪称一绝,是将糯米捣成粉,并配以蔬菜、肉等简单的馅料,做成了有一定形状和一定味道的食物,有煮汤籺、菜包籺、寿桃籺、糖板籺、灰水籺等。"① 在茂名,每年的七月十四即"鬼节"之时,许多村子常常会出现全村人忙活着杀鸡宰鸭,准备各种祭祀用品的盛况,只等吃过晚饭后,村里人就会以燃放鞭炮,甚至放烟花等来祭拜祖先。

在广东各地,鬼节有许多禁忌,有些禁忌则是几大民系都约定俗成共同遵守的。如从农历七月初一起,整个七个月内老人不办寿宴,男女不婚嫁,凡喜庆之事都不要在这月举行或庆祝,更没有乔迁之事等。"如不幸有家人于此月亡故者,就不能停柩在堂,只能举行出殡仪式,而不举行'归虞'即引魂仪式,因旧俗有云'七月不引鬼入宅',这可能因七月乃普度之期,到处充斥游魂散鬼,如于此月举行引魂仪式,诚恐'家鬼'与游魂野鬼发生矛盾冲突。"② 鬼节这一天,人们一般远离水塘,也尽量不走夜路或待在黑暗中等。

广东人的鬼节信仰或习俗,反映了其心中"此世彼世相连、天地人鬼一体、天神地人阴鬼都要和谐共处,才能彼此相安"的思想。诚然,活着的人在追求"人与自然的和谐、人与人之间的和谐、人身心之间的和谐"之外,还应该加上人神之间的和谐、人鬼之间的和谐。而人鬼和谐的本质或许就是人与历史的和谐,过去与现在的和谐。

孔子虽说过"未知生,焉知死。未知事人,焉知事鬼",但孔子并不是认为鬼和死亡就不重要,而是认为要在安顿好生命、把握好当下的情况下,讨论死亡和鬼神才有根基。再说在对生与死、人与鬼都不甚了解的前提下,贸然去谈论死亡与鬼魂,谈论一个人们完全不了解的世界,也是很不严肃,甚至是轻率和冒险的。由于死亡和鬼魂是一个庄严的话题,也由于其神秘性和虚幻性,每一代人都对其充满了敬畏。广东的鬼文化是当地自然环境、丧葬礼仪以及宗教信仰共同作用的精神产物,更多地体现了广东人对文化传统的敬畏。

---

① 《岭南写真:粤西茂名人过"鬼节"热情堪比清明节》,http://gocn.southcn.com。
② 《山中野老:家乡的中元节习俗》,http://blog.sina.com。

俗谚云:"无鬼不成村,无狐不成庄。"鬼怪是灵之所寄,人之所托。人相信自己有灵,也同样认为异兽、老树、怪石都有灵,天上、地下、水中皆有神灵,因而组成完整的灵异世界。或许,当人的想象力开阔了,活动范围可以超越村庄乡野、超越眼前世界和比较广阔的范围,如此或许可以上天入地,穷极幽冥,于是"活"得就有趣味了。

笔者听过一位潮州学人关于广东人信鬼敬鬼的论断。其大概意思是,这有可能与南方的气候与地理环境有关。广东的气候多潮湿温热,尤其春夏之时,山区瘴气弥漫,使人容易滋生各种奇难杂症和怪病,从前缺医少药,而当药石又不能见效时,人们不得不求诸鬼神。古书上关于此类事情的记载屡见不鲜。广东人习惯于将信神、信鬼、信巫与人患病等与当地的气候与地理相关联,这样的说辞笔者已经在田野调查中亲耳听到好多次了。也许可以这样说,疾病肆虐是导致人们尊鬼拜神、相信巫术或巫医与命运的重要原因之一。

正所谓:一方水土养一方人,养一方神,也养一方鬼。

四 广东人对风水、方术、运程、命理、意头等的喜好

广东人对风水、方术、命理、运程和意头等的迷恋和深信程度,常常令外地人啧啧称叹和惊奇不已。风水从前被称为堪舆,《淮南子》说:"堪,天道也;舆,地道也。"可见,堪是指天(阳),舆是指地(阴),堪舆意指根据天道运行和地气流转来推断或预示人的吉凶祸福。堪舆也被称为阴阳学,一般指宅地或坟地的地势、方向等。风水的历史在中国各地都相当久远,可算是中国古代一门庞杂博大并且历久不衰的术数,且广泛盛行于中华文化圈,是民间日常生活中一个很重要的方面。

"风水"一词,最早见于晋代郭璞所作的《葬经》,书中说:"葬者乘生气也,经曰,气乘风则散,界水则止,古人聚之使不散,行之使有止,故谓之风水。风水之法,得水为上,藏风次之。""风水"乃是古代相地术的两大要素,其核心是古人对居住环境进行选择和处理的一种学问,其对象范围包含住宅、宫室、陵墓、村落和城市等不同层面。一般来说,涉及陵墓的称为"阴宅",涉及其他方面的称为阳宅。

风水在中国南方地区历来都受到高度重视。在广东地区,风水

与术数、民间信仰等更是密不可分。粤地地势复杂多样，气候湿热，在古代常被认为是"瘴疠之乡"，因而风水与堪舆之学在此大行其道。广东地区的建筑，无论是城乡布局还是居屋选址，无论阳宅还是阴宅，风水的考虑都是重中之重。如客家的围龙大屋，讲究背山面水；潮州古城则有财、丁、富、贵各居东西南北四个方向之说。

此外，广东的古塔，十之八九则为"风水塔"。明清两代，广东境内几乎各县都竭尽财力建一座乃至十来座"风水塔"。陈泽泓对此的解释是："在明清时期建的塔中，风水塔占十之八九，有一些名为佛塔，其实旨在讲求风水之利了。原先建的佛塔，在这一时期经过重建或重修后，就变身为风水塔了。这种转变和广东社会的变化有着密切的关系。入明以后，佛教虽然香火不断，但在社会生活中影响已大不如从前。另一方面，科举极盛，贸易繁荣，出现了以兴文经商改变社会地位的社会环境和条件。重实际而不重来世的广东人，为祈求文运财运，笃信风水而不专一信佛，这种心态也体现在建塔功能的转变上，甚至将原来的佛塔改头换面，移植为风水塔。"[①] 可见自明代以来，岭南社会经商重利风气的普遍流行起来，岭南人对"风水"愈加看重。

依据对广东"塔"的研究，陈泽泓认为建"风水塔"一是可以壮景观，固"地脉"，如广州城东南郊珠江边的赤岗、琶洲二塔和珠江出海口处番禺莲花山上的莲花塔，先后建于明万历二十五年至四十七年间。根据堪舆学家的说法，它们象征一艘帆船的三帆，预示着风调雨顺，万事如意。前两塔为所谓"越之东门"，莲花塔则起"束海口"的作用[②]，兼具导航之功。莲花塔建于明代万历年间，当时南海监生庞端业等人冒领税山，违法招商开采，伤了"地脉"，番禺当地举人李惟凤等告官封禁，并在山上建此塔以镇。可见，其建塔初衷是很明确的。二是可以祈文运，望出人才。明清时期，"学而优则仕"大行其道，各地因此大建文塔、文峰塔、文星塔、文昌塔等。[③] 广州的荔枝湾文塔，是城中著名景观。开平马山

---

① 陈泽泓：《广东塔话》，广东人民出版社，2004，第46页。
② 参见陈泽泓《广东塔话》，广东人民出版社，2004，第48页。
③ 参见陈泽泓《广东塔话》，广东人民出版社，2004，第53页。

文塔,为1751年到任的知县叶重秀所建,并由1843年到任的县令张帮泰所加建。建塔后原本"文化不兴"的开平十来年内出了十余位举人,加建期间又有人中进士。张帮泰很激动,将文塔改名开元塔,并定规矩:不出状元塔底不开门。不过直到科举制度结束,开平仍无状元,因此进塔只能通过四楼塔门。三是可以镇风镇水,驱邪造福①,如潮州韩江上的凤凰塔,宝安县沙井的龙津石塔。四是可以聚财求发②,如中山的阜峰文塔等。

笔者认为,风水主要体现了广东人对空间与人命运之内在关系的一种重视与讲究。古人重视自然的山水、空气,包括风的走向,因为他们就是依赖自然界来生活,而且人们潜意识里便感知到人在大自然中的微不足道和渺小,所以要把自己放在一个妥当的空间框架中才有安全感,才能与大自然和谐共存。久而久之,这种意识就成了一种强大的历史记忆传统。

另外,若广东人要乔迁新居,也要算日子才搬家,即要"择吉日"。广东人择日一般参看"每日通胜","凡'通胜'内记载之:驿马,天马,德合,开日,成日,天赦,天愿,四相,时德,民日,月恩等等最宜搬迁。注意切忌通胜内记载之:四废,五墓,四离,破日,平日,收日,闭日,四绝,往亡,归忌,天吏,大时,月厌,月刑,三煞等日。另外要看这一天是否与家人的属相相冲,如果相冲则需另择日。在此基础上找出当天的具体适宜时辰,定出适宜的搬家时间。通常情况下要选择白天搬家。否则夜间搬家可能影响你的运气"。③

除择日外,广东人搬家还需要注意以下事项。

一是买新枕头搬家。要按照家人的数量买新枕头。新枕头是必需的,新床就不一定了,床是可新可旧的,为什么新枕头是必需的,笔者一直不明白这其中究竟有何道理。

二是入住前要点取21支香,让浓浓的香味上下熏天花板,墙壁及至墙脚厅房及厕浴厨灶等,熏了一阵子后,到外面安全的地方,将剩下的香灭掉然后将之丢弃在垃圾堆,据说如此就能去掉污

---

① 参见陈泽泓《广东塔话》,广东人民出版社,2004,第60页。
② 参见陈泽泓《广东塔话》,广东人民出版社,2004,第64页。
③ 《吉日搬家相应问题》,http://www.gzbj333.com。

浊之气或者邪气。

三是入住当天，还得烧一壶开水，寓意财源滚滚。同时塞住各种池盆（厨房、卫生间等），开启水龙头，要细水慢流，因为细水长流有盘满钵满之意。屋宅内还可以开着风扇，朝四围吹风，但不要向大门吹，有风生水起之意头。搬家时最好携带一只装满了米的米缸或米桶，桶中摆放一张写有"常满"的红纸，或是摆放有168元的信封，取其"一路发"之意。①

四是搬家当天不可生气，无论对谁都要和颜悦色，尤其不可骂人，说话当说吉利的话。搬家后的第一天或一周内要请亲朋好友到家聚聚，吃"入伙饭"，亲朋好友来此既表示了祝贺，而且来的人多的话，热热闹闹还可以驱邪。

除了乔迁新居外，广东人对于红白喜事也考究又隆重，特别是对住宅和祖坟风水很重视，认为其会影响到整个家庭的运气和健康。但凡广东人建房子、婚丧嫁娶、装修、搬家、出行、生意开张，乃至包括打扫卫生都要择吉日。在汕头调研时，就有当地人告知笔者：汕头人在起基盖房前，建筑队要择吉日先拜神，然后方能开工。装修房子也要择吉日，大门上还要贴写有"开工大吉"的红纸。另外，对潮汕人来说，家里或办公室的吉利位置是要心中有数的，什么位置挂一面八卦镜，哪里该放一只招财猫，什么地方放一棵发财树等都有诸多讲究，且具有无穷学问。还有，潮汕人出门办事前，必须留意挂历上的"宜"与"忌"、"吉"与"凶"等，尤其要尽量避免"忌"日与"凶"日出门办事、走亲戚，或者坐飞机、乘轮船等。

其实，如果说风水是对空间的重视与讲究，那么"择吉日"就体现了广东人对时间的重视与讲究。之所以重视与讲究空间与时间，说到底还是广东人对看不见和道不明的东西的恐惧与禁忌，这表明了人们对空间、时间以及大自然的敬畏感，更是人们寻求生活在这个世界上的一种对安全感的持续追求。人们要把自己的行为放到某种空间、时间的结构框架里，不敢肆意妄为，这何尝不是一种智慧。人只要活在这个世界上，恐惧感、敬畏感与安全感总是如影随形、不可缺少的。大部分广东人并不像信仰一神教的人们，人们

---

① 参见《福缘真人：搬家应注意什么？》，http://blog.sina.com。

通过笃信自己的神,就可以心存敬畏,克服恐惧,并从中寻求到安全感。

广东人工作或生活中若遇阻或者事事不顺,就不免会怀疑是否有什么"小人作祟",有时还请人"打小人"或者在"惊蛰日"打小人,以此把阻力、不顺或霉运打掉。几年前,在梅州做田野调查时,正好那天是二十四节气中的"惊蛰日"(据说"惊蛰日"当日天地阴阳之气相冲动,春雷震响,春雷会把蛰伏冬眠的昆虫动物惊醒,所以称为惊蛰日,也是民间的"打小人"日),笔者在一条偏僻小巷里见有几个女子蹲在那儿用鞋子使劲打什么,嘴里念念有词,笔者让学生上前用本地语言问她们在干什么。妇人说:今天是打小人日,正在打小人。学生问谁是小人?答曰:你心目中认为谁是小人谁就是小人,不方便说出来。学生又问打小人真的起作用吗?这时有人答曰不知道,这是一种习俗而已。又有人说平常若是有人得罪了你,无非借此日出出气而已。还有民众反映并无什么具体的小人名字,只是借打小人让自己今年有个好运而已。

调研期间也有当地人告诉笔者,打小人有好多种方法,除了上面出气式的打小人外,还可以请人画符咒,将符咒贴在相应的地方来化解霉运,或焚烧所谓的解灾纸、路票、神魂执照、纸船等。烧路票与神魂执照是为了超度鬼魂,希望其不再来骚扰活人,烧纸船则是把不吉利的东西逐入江湖河海,使其一去不回来。打小人的巫术仪祀,不只流行于客家地区,也流行于广府民间,人们希望借此种巫术仪祀来驱逐、报复所谓的"小人",祈求远离灾厄。

在平常生活中,广东人比较相信"意头"。粤语里的"意头"即兆头、彩头之意,就是利用汉语的隐喻、象征及谐音等手法,以吉祥的名称来称呼事物,目的是祈求好运降临。通常传统的广东人有一种根深蒂固的思想,即凡事讲"意头",他们甚至认为"意头"能起到改变命运的作用,如广东人喜欢饲养金鱼,因为象征有金、有银、有水。如过年时广东各地都举办花市,是广东人对花情有独钟?不完全是,主要是因为花能代表无数的好意头,所以过年一定要把"意头"淋漓尽致地表现出来。美丽的鲜花象征着花开富贵、如意吉祥,完美地契合了当时当地人们的心态和需要。逛花市已经成为广东人过年希望"行运"的标志。

在迎春花市上,最为抢手的,就属那些"意头"好的花草。如

果实累累、枝繁叶茂的金橘，因为谐音"吉"，寓意大吉大利，会最先被商家和企业所购买，就连普通人家，也不忘在除夕夜前挑选一盆"靓橘"，以祈求新年平安吉祥。买水仙，因为水仙花外形清秀、亭亭玉立，香气袭人，常常在除夕夜合家吃团圆饭时，或迎着正月初一的爆竹声依次开放，俗话说"花开富贵"，因此"除夕案头齐供养，香风吹暖到人家"。另外，还有广东人家会买一棵桃花树。值得注意的是，广东人是把整棵砍下的桃花树买回家。这是因为人们相信在家中放一颗桃花树，新年就会走好运，未婚青年则会走桃花运，因此桃花树大受欢迎。此外，还有象征富贵与财运的发财树、银柳、金钱树、富贵竹、猪笼草等，统统都是好"意头"的年花。

又如粤菜中把"发菜"寓意"发财"，生菜寓意"生财"，"蚝豉"（晒干的蚝）寓意"好事"或"好市"，等等。新年期间，广东人的年糕里常放红枣、花生、桂圆、莲子，这四样东西代表"早生贵子"，而发菜猪蹄（手）这道菜则代表"发财就手"，过年时年糕和发菜猪蹄的菜肴就显得很重要了。另外，长辈给未结婚成家的人派红包，广东人称其为利是、利市等。在广东地区，人们一般不注意派出去利是的数额多少，而图的是派利是的时候听到一声"恭喜发财"，见到一张笑脸，就像是捡回了一个欢乐。

再如广东人在使用粤语时潜移默化的语言禁忌。如粤语中的大量词汇的语音在广东人眼里并不吉利，就得改称另一种说法，俗语叫"避忌"。如广州人很忌讳别人说他"吃完了"，因为这意味着这是最后一餐了。如动物的舌头，粤语一般不说"舌"，因为这会让人联想到意为亏本的"蚀"，所以改说"脷"，如称猪舌头为"猪脷"等。"黄瓜"是常见的蔬菜之一，说到"瓜"，粤语中有另一层意思就是"死"。"黄瓜"一词，这容易使人误会说姓黄的人要死，所以广东人将"黄瓜"改称为"青瓜"。同样，"丝瓜"的丝字与"输"谐音，人们亦改为"胜瓜"。广东地区四季潮湿多雨，人们出门都会带伞，但"伞"与"散"同音，因而改口叫"遮"。广东商业文化发达，所以忌讳"输"，很多语言禁忌都和"输"有关。通书其实就是历书，也就是计算农历的日历，但粤语中"书"与"输"同音，所以改叫"通赢"，也有称"通胜"。茉莉花本是一种香花之名，但因其与"没利"同音，所以被称为"有莉"。广东人也忌惮意头不好之词,如"灰面"是旧时对面粉的称呼,广东不喜"灰"字,因为其带灰心的含义,所以改称"扬面",扬面的扬有"显扬"的意思。苦瓜中的"苦"字广东人也不喜欢,所以改成了"凉瓜"。鸡脚叫凤爪,狗肉叫香肉,也是同样的原因。血在广东人眼里也是不吉利的东西,所以在广东,猪血叫"猪红",香港人常说"挂彩见红",红也是来取代血的。广东人更不喜欢说"死","死"乃意头极坏之词,是人们所讳说的,故死人曰"去世""百岁""百年"等。市井间还有"过咗身"或说"去卖咸鸭蛋"等说法。"棺材"被称为"长生""寿木"等。再如在跟船员、渔民和司机吃饭时不可翻鱼,因为这意味着"翻车";筷子不能直插在饭上,也不能用筷子敲打碗碟;请客吃饭不能点七道菜,七道菜在广东人眼里意味着"食七",广东人只有在办丧事时才上七个菜,类似例子不胜枚举。

对意头的讲究,对广东人来说,还包括了对数字的讲究。人类其实很早就对数字的神秘性有所感知了,或许因为那时的人类对自然世界与茫茫宇宙的所知甚少和不可把握,人们往往相信或崇拜超自然的神祇,也常把"数"看作人神之间沟通的重要途径之一,或许数字对于古人而言也是神性和秩序的象征方式之一,也是宇宙万物和谐一致的神秘因素之一,他们好言"天数""气数"等,并把有预言性质的占卜称为"数术"或"术数"。不同的数字当然有不同的象征含义,某些数字还兼有某种非数字,即数字以外的性质,它也是神话、巫术、宗教、诗歌、习俗等方面反复出现的结构或元素。

人们常把把数字分为两类,并以此来规范自己的未来行为,一类是幸运数字,另一类是不吉利的数字。而广东可谓全中国最迷信吉祥数字的地方,广东人对数字蕴含的吉凶意义可谓有令人咋舌的讲究。如在粤语里8的读音接近于"发",于是人们马上联想到"发财"和"发达"。把8视为吉祥数字,大概广东是倡导者。凡事若选在带8的日子,就能讨个"发"财的彩头。广东人也喜欢3,因为在粤语中"3"与"生"或者"升"是同义词,所谓的生生世世、步步高升之类的。广东人往往一听见"4"就皱眉头,尤恐避之不及,因为它在粤语中与"死"谐音。又如5354(与不三不四、不生不死发音类似)、9413(与九死一生发音类似)等,都

是不吉利的数字组合。广东人喜欢6，因为"6"意味着六六大顺。9则象征顺利和长久。如果由这几个吉祥数字组成数字串，就更加吉上加吉：如168谐音"一路发"、3388谐音"生生发发"、28谐音"易发"等。故此无论电话号码、房号、车牌乃至结婚择日，都尽量要包含上述数字。

广东人对数字的敏感常令人惊奇不已，如对电话号码、车牌号码、门牌楼层号码，到结婚日、出殡日及生意开张日等的选择，广东人无不绞尽脑汁，力求趋吉避凶。如前所言，在汕头城区，许多建筑施工队每建一栋新楼前，都要先拜神再择日开工；在城区的许多住宅小区，随处可见拜神的公共空间。哪怕是装修房子，亦要问神择日方可进行。

第三节　浓郁的巫觋品格

众所周知，岭南地区的开发比中原地区及江南地区"慢了半拍"甚至说是"一拍"。因而，此地的民间信仰保存了较多的百越民族原始宗教的遗风和较多原始宗教的成分，这种"遗风"和"成分"中的典型表现形式之一就是带有浓郁的巫觋品格。

笔者在第二章第二节中曾论述了客家人的巫觋信仰。巫觋信仰其实就是粤语里所说的"扼神骗鬼"。其实无论是广府人、客家人、潮汕人以及粤西人，还是乡民，甚至城里的百姓中均普遍地保有浓郁的巫觋信仰。即使受过高等教育的广东民众，其骨子里并不反感巫觋，且对巫觋持半信半疑的态度。甚至在他们某些人生的关键时刻或遇到棘手的事情时还特地寻求巫觋的帮助。在笔者到乡下进行田野调查时，很多乡民还常乐此不疲地向笔者娓娓道来。

一　巫觋传统

古代称女性巫师为"巫"，男性巫师为"觋"，因而合称"巫觋"。《荀子·正论》曰"出户而巫觋有事"。杨倞注云："女曰巫，男曰觋。"《说文》曰"觋，能斋肃事神明也。在男曰觋，在女曰巫"。徐锴注巫觋："能见鬼神。"汉王符的《潜夫论·巫列》曰："巫觋祝请亦其助也。"古人认为，巫觋能够与鬼神相沟通，能调动鬼神之力为人消灾致富，如降神、预言、祈雨、医病等。巫觋亦人亦神，具有双重身份，故有"又做师娘又做鬼"之谚。久而久之，巫觋成为古代中国社会生活中一种不可缺少的职业。

中国民间历来都有巫觋传统，岭南地区尤盛。古代岭南开发迟于中原。此地先民有病，多不服药，或以简单的针石、灸法治疗，或以巫为医。所谓巫者医也，医者巫也，两者并没有多大区分。中原医药大约从秦平定岭南后开始传入，因而岭南巫医传统影响深远。据说明万历年间，有一位昆山人王临亨来广东做官，其视察澳门时大吃一惊，他的《粤剑编》中说道"志称粤俗尚鬼神，好淫祀，病不服药，惟巫是信"。① 不过，今天的人们还是会去医院看病服药，但对"巫"的话仍是相信，可谓医巫并重，在许多民众看来，现代与传统对待疾病的方法有时可以并行不悖。

巫觋作法在粤地又被称为"降神"或"跳神"（在粤西地区也称"降庙"）。巫觋的一个重要特点是被认为能通鬼神。旧时民间祭祀、占卜及治病诸活动中，常常伴有降神仪式。

请神附体是巫觋"通鬼神"的最重要表现形式。请神附体有请神、探源、抓鬼和谢神四个步骤。《汉书·礼乐志》云："大祝迎神于庙门，奏嘉至，犹古降神之乐也。"② 降神（民间又多称"跳神"）后巫觋就成为神祇在人间的体现，代神言语，另一种表现形式是"过阴"，即"灵魂出走"，巫觋的灵魂可以暂时离开肉体，到神鬼所在的地方，与神沟通。"巫觋为了通神，必须借助一定的媒介，如树木、山峰、巨石、动物……中国绝大多数民族的巫既会请，也会过阴，萨满也如此。随着巫职的扩大，巫觋或萨满往往有一两个助手，从事某些宗教活动，如占卜、预知、驱鬼、治病等等。"③ 可见在巫术活动中，人的活动的能动性比较突出，巫术活动与仪式就是通过活动与仪式来产生某些人所企望、所要求的结果，巫的特征之一是人能主动地作用于神，重活动、操作，由此种种复杂的活动、操作，而与神交通，驱使神明为自己服务，而并不是人被动地跪在那里一味向天，向神，向一个固定的、很明晰的神明祈求（当然，有时祈求也是必要的）。令笔者好奇的是，在巫术

---

① （明）王临亨撰《粤剑编》卷二"志土风"，中华书局，1997，第77页。
② （汉）班固：《汉书》，中华书局，1987，第1043页。
③ 钟敬文：《民俗学概论》，高等教育出版社，2010，第151页。

活动与仪式里是有神在的，在场的人分明大都可感受到，但这个神不是一开始就在、就能感受到的，神是在活动与仪式的过程中姗姗出现、出场的，似乎念着念着、跳着跳着、请着请着就降神了，好像神明就来了。神汉巫婆作法似乎就是这么个过程。而且，究竟是什么神明来并不重要，在场的人对到来的神明的感知是模糊的、多元的、不确定的，对来到的神明的感知程度也往往不一样。

跳大神者有男有女，男的称"神汉"，女的称"神婆""仙姑"等，在粤地，女性巫师较为常见。在广东的一些村落，"巫"多为中老年女性，她们并无师承。曾有村民告诉笔者，若某一天某位女性突然口吐白沫，全身颤抖，口中念念有词，自称真神附体，即可成巫。

女巫与街头算命的人还是有点区别的，如女巫一般就住在村里，平时就是一个很普通的农妇，与常人无异，也不会到处游荡。而街头算命者往往是四方游走且被识破就跑路的江湖骗子。

笔者的粤籍学生中不止一人告诉过笔者，他们都曾被其家人算过命，而且都认为算得准。同时亦有学生告诉笔者，当他的亲人患了不治之症时，其家人如何在医院与女巫间两边跑，病照看，药照吃，女巫吩咐的事照做。当女巫算得"好"时，家人以及患者就会对治病充满了希望，而有时病情也会奇迹般地转好；当女巫算得"不好"时，家人就会对患者的离世做好心理准备。笔者一位朋友的母亲就亲口告诉笔者，当她丈夫患肝癌时，他们一方面在医院积极治疗，她自己也请了村里的女巫"算"了命。女巫并不知道她丈夫患病的具体情况及程度，但此女巫算了后，就告诉了她丈夫离世的大致时间，而她丈夫后来去世的时间恰好就在女巫所算的时段内。

当然，女巫亦常受病人家属所托，查看病人究竟被何方鬼神所要弄，且指导病人和家属如何送鬼安神以治病。这种形式被称为"问亡"或"问仙"，即女巫（也称"仙姑"）要通过某种类似于催眠的方式进入某种恍惚状态后，以亡者的身份与活人对话。"问亡"的前提是人们相信已去世的人生活在阴间，活在阳间的人若要了解逝者在阴间的生活状况，就需得女巫帮忙。如在广东某地调研时，曾有当地村民告诉笔者，他母亲的两根手指莫名地溃烂了，他的外祖母就去问"仙姑"，一番仪式后，人们通过仙姑的附身（这时的仙姑呈现出恍恍惚惚的昏迷状态）与死去的人交流，仙姑口中喃喃地回答问题，其声音却完全变了样。从其口中才知道原来是已死去的外祖父在作祟，外祖母通过和女巫对话，才得知女儿的手指溃烂主要是她们母女没有给外祖父烧足够的纸钱，外祖父便迁怒于女儿。如果此种状况不改善的话，他还会继续作祟的。他们家人赶紧给外祖父烧了不少纸钱，母亲的手指迅速痊愈，家人从此安宁。这种例子不胜枚举，讲的人末了还附带一句"这是真的，信不信由你了"。

广东民间还有所谓的"问米"或"请仙姑"，这是人们"请"女巫专门询问死者在阴间的生活状况的行为，并不是像上述例子为了给活人治病。"问米"或"请仙姑"之时，会先焚燃烛，女巫念念有词，好似渐渐进入一种恍惚状态，然后称死者灵魂已附体，且以死者口吻详述其在阴间的状况，并交代缺欠何物或需办何事等。事毕，女巫会得到一定的酬谢。在客家地区，过去常以大米一升酬之，所以民间旧有"狂之癫癫，倒米问仙""男人发癫、倒米挑烟；女人发癫、倒米问仙"的俗谚。

除女巫外，广东民间也不乏专门从事巫术的人员。以粤西的巫师"道公佬"（男觋）为例，"道公佬是粤西人对民间专门赶鬼、除病、造屋择日、看八字、解关、占卜、看相、超度亡灵、打醮、安神、安花等活动神职人员的称呼"。[①] 道公佬不一定全是道士，只是专指为人做巫术或法事之人的专有名词罢了。粤西人和其他广东地方的人一样，相信人是有灵魂的，并且很"注重驱鬼、除病、造屋择日、看八字、解关、占卜、看相、超度亡灵、打醮、安神等活动"。[②] 道公佬师承复杂，除带徒出师外还有家传的，但大部分未曾在正规观院受戒，不受观院的戒律规条及道教仪式所限。大部分道公佬居家，也有的会有自己的庙宇活动场所，一般是乡间村庙。他们下田劳动，或做庙祝，可结婚生子，除不吃狗肉、每月有几个斋日，并无特别的禁忌，与常人无异。他们没有统一的组织，各自为政，教义、收徒、作法也不统一。大体上是一个小范围（区或乡）有一个道公佬当头领（师父），活动限于几十里范围。有些地区道公佬供奉玉帝、观音、太上老君、土地公、地藏菩萨，把释、

---

① 参见百度百科"道公佬"的解释条目，http://baike.baidu.com。
② 参见百度百科"道公佬"的解释条目，http://baike.baidu.com。

道、巫合一，不僧不道。道公的法器除了神像、短剑，还有筊、小铙钹、小铃铛、法衣以及后面拖着一根飘带的方土帽。道公佬以专做赶鬼、除病、造屋择日、看八字、解关、超度亡灵、打醮、安神、安花等活动挣钱。其中做道场和社祭是较大型的法事活动。

上述这种"信巫觋"的风气在中国其他地方也不鲜见，但为何粤地的巫觋传统氛围如此浓郁？究其原因，如笔者在文中多次提及的，一是与广东地处岭南的独特地理位置不无关系。广东境内的大部分地区处在北回归线以南，粤北的南岭将其与内地隔离，这就使得此地的气候与南岭以北的内地气候有了显著不同。古书上和今人学者均一再指出，地处热带的岭南之地，易得热带病，即古人所谓的"瘴"。尤其春夏之间，炎热潮湿，多雾少晴，连空气也是湿漉漉的，整个自然宇宙都给人一种不清澈、不明朗，且总是雾蒙蒙和天灰灰的感觉，《舆地纪胜》卷117中就说粤西高州、雷（州）化（州）等地是"号为瘴乡"。被贬岭南和流放岭南的官员们也一再在自己的诗文和给友人的信中提及岭南的"瘴疠之气"，古时候的人们对"瘴疠"的认识不可避免地带有一种神秘色彩，加之岭南俗信巫鬼，又缺医少药，一旦得病，不得不求助于巫术。如《舆地纪胜》卷117论及高州时所说，"此间饮食粗足，绝无医药，士人遇疾惟祭鬼以祈福"。又如明万历《雷州府志》写道："粤俗尚鬼，未有如雷之甚者，病不请医而请巫。"这些都可看出岭南巫觋的传统渊源带有浓厚的地缘因素，其不可能不受到自然环境和历史条件的影响。

二是因为岭南的民间信仰保存有较多的广东地区先民们（即百越民族）原始宗教的遗风。因此，广东地区的民间信仰拥有较多原始宗教成分及浓厚的巫术因素。众所周知，岭南地区由于五岭阻隔（横贯东西的一组山系，即大庾岭、越城岭、骑田岭、萌渚岭、都庞岭），所以开发比中原及江南地区要晚。当中原或江南的文化与信仰传到岭南地区后，与当地带有较为浓厚的巫术性格的地方文化及其信仰相融合，便产生了带有岭南特色的民间信仰，而这种岭南特色的民间信仰自然而然地就带有抹之不去的巫觋传统的底色。

简言之，岭南地区的巫觋传统既有岭南的特定地理环境、热带气候等自然原因，也有长期以来在巫鬼信仰、百越遗风的流俗中浸染而成的人文因素。这就使得岭南的巫觋传统具有不同于内地巫术的鲜明特征。在广东地区,越是受中原文化影响小的地方,巫觋传统的特色就越是浓郁。以湛江市的吴川县为例,吴川地处偏远,在受中原文化影响前,本就是巫术盛行与巫风炽盛之地,虽然后来逐渐受到了移民所带来的中原文化的影响,但这种影响并不能全方位地覆盖"信巫而蹈神"的历史传统。据清朝光绪年间的《吴川县志》记载,吴川地区"卦、算命、睇相、扶乩、间花、勾魂(找亡灵)、拜斋(给菩萨开光)、打醮(做道场)、打斋(超度捉鬼祛邪)、赶火殃(火灾后驱逐火妖)、择日子、看风水、建庙敬神等"① 之风依然甚盛。全县有形式多样的祠堂234 座,坛庙81 座。

当然,对大部分老百姓而言,巫觋也是一种满足其内心需要而存在的技术手段,通过"巫觋"这种"技术手段"便可达至消灾避难、趋吉获福之目的,从而追求人在世上更好地生存或发展的确定性。在美国实用主义哲学家杜威的《确定性的寻求》的中译本的第1页,有一段文字赫然醒目:"人生活在危险的世界之中,便不得不寻求安全。人寻求安全有两种途径。一种途径是在开始时试图同他四周决定着他命运的各种力量进行和解。这种和解的方式有祈祷、献祭、礼仪和巫祀等……另一种途径就是发明许多艺术,通过它们来利用自然的力量:人就从威胁着他的那些条件和力量本身中构成了一座堡垒。"② 笔者联系自身的田野调研的实践与经历,对上述文字不由得深以为然。

二 扶乩

《辞海》对扶乩的解释是"一种迷信,扶即扶架,乩指卜以问疑",也叫扶箕、扶鸾、降笔、请仙等。与扶乩相似的法术,世界各地都有。另据《中华道教大辞典》解释,"扶乩是古代'天人沟通'术的一种,又名扶鸾"。扶乩起源于古代占卜问神术。人们有了疑难,就通过龟卜、蓍筮向神祈祷,请求神灵指示,预测吉凶,再根据神祇的指示去办事。西汉以后,产生了大量的谶纬书,道教法师们承袭其技,扶乩降笔,依托神灵降受道教经书,在魏晋时期

---

① 参见吴川市地方志办公室编《吴川县志》,中华书局,2001,第373~375 页,第963 页。
② 〔美〕约翰·杜威:《确定性的寻求》,傅统先译,上海人民出版社,2005,第1 页。

开始大量出现。宋、元、明、清，占卜扶乩之风愈盛，在现存道经中有相当一部分即由此而来。据民国时期的学者许地山①的研究，扶乩应该是形成于唐代，宋代以后就开始流行于民间。沈括《梦溪笔谈》"近岁迎紫姑仙者极多"。宋代洪迈《夷坚志》详细描述了扶箕的情形。

陆游在《箕卜》诗中描述说："孟春百草灵，古俗迎紫姑。厨中取竹箕，冒以妇裙襦。竖子夹相持，插笔祝其书。俄若有物凭，对不顺舛，岂必考中否，一笑聊相娱。"陆游以扶乩作为娱乐，一笑了之。历史上，民间扶乩多在正月十五日夜里，迎请紫姑神，卜问来年农耕、桑织、功名之事。唐代李商隐就有"羞逐乡人赛紫姑"的诗句。

由上可见，扶乩本是中国道教的一种占卜方法，也是民间信仰中一种常用的占卜方法。扶乩的用具在长期的历史变迁中几乎没有变化，一般有专用的木制沙盘和三角形、丁字形乩架，或筲箕、筛、箩等。扶乩要准备带有细沙的木盘，没有细沙，可用灰土代替。乩笔插在一个筲箕上，有的地区是用一个竹圈或铁圈，圈上固定一支乩笔。扶乩时乩人拿着乩笔不停地在沙盘上写字，口中念某某神灵附降在身。所写文字，由旁边的人记录下来，据说这就是神灵的指示，整理成文字后，就成了有灵验的经文了。当然，随着时代变迁，降临乩坛的角色有与时俱进的特点，在扶乩中，需要有人扮演被神明附身的角色，这种人被称为鸾生或乩身。神明会附身在鸾生身上，写出一些字迹，以传达神明的想法，做出神谕。这算是与神灵沟通的一种方式，信徒通过这种方式以了解神灵的意思。扶乩与跳神没有大的区别，在某种意义上，两者大致相同，只是名称不同罢了。

清代大学士纪昀对"扶乩"很感兴趣，其《阅微草堂笔记》是清代乾嘉时期一部很有影响的志怪作品，其中的故事大都来自士大夫之间的闲谈。该书收录了部分关于"扶乩"的故事，并加以详细解释和概括。《阅微草堂笔记》卷四记载："姚安公未第时，遇

---

① 民国时代许地山的《扶箕迷信之研究》，分别论述了"扶箕的起源""箕仙及其降笔""扶箕的心灵学上的解释"，资料丰富，至今仍有参考价值。该书于1999年由商务印书馆重版。

扶乩者，问有无功名。判曰：'前程万里。'又问登第当在何年。判曰：'登第却须候一万年。'意谓或当由别途进身。及癸巳万寿恩科登第，方司万年之说。后官云南姚安府知府，乞养归，遂未再出，并前程万里之说变验。"乩仙说："万年。"这可以作多种解释，遥远无期；此途不能；万岁（皇帝）开恩之时，因此求仙者必然可以与其中的一种解释巧合。纪昀对这个故事的点评是："大抵幻术多手法捷巧，惟扶乩一事，则确有所凭附，然皆灵鬼之能文者耳。所称某神某仙，固属假托，即自称某代某人者，叩以本集中诗文，亦多云年远忘记，不能答也。其扶乩之人，遇能书者则书工，遇能诗者则诗工，遇全不能诗能书者，则虽成篇而迟钝……所谓鬼不自灵，待人而灵也……蓍龟本枯草朽甲，而能知人吉凶，亦待人而灵耳。"《阅微草堂笔记》卷十记载："海宁陈文勤公言：昔在人家遇扶乩，降坛者安溪李文贞公也。公拜问涉世之道，文贞判曰：'得意时毋太快意，失意时毋太快口，则永保终吉。'公终身诵之。"扶乩还教人们如何处世、戒贪、克淫，以谨慎行事。

由此可见，纪昀在扶乩和扶乩请仙之间窥见了人与鬼神之间的关系。"鬼不自灵，待人而灵"，也就是人与鬼神之间的相互感应，即人发出"感"，发出询问的信息，鬼神则予以"应"，予以回复。而人们对鬼神的"应"信以为真。所以纪昀对于预测为什么灵验，提出了一个系统的说法，其根基为人神的交互作用。"此见神理分明，毫厘不爽，乘除进退，恒合数世而计之。勿以偶然不验，遂谓天道无知也。"纪昀的上述看法可以为今天的人们观测"扶乩"提供一种参考。纪昀笔下的上述"扶乩"故事也多少反映了当时被人们普遍相信，即使是来自茶坊、青楼、酒肆、客栈等地方的普通人的社会文化成分的信息。

乩童（又称童乩）亦是灵媒的一种，即由鬼神附身到人的身上，以预言祸福，展示威力，乩童是神明与人或鬼魂与人之间的媒介。乩童（类似于女巫）经常也以跳神的形式或驱逐病魔，或开出药方。虽然被称为乩"童"，但实际上也有相当年长者。当神明上身时则称为"起乩"，而全过程则被称为"扶乩"。其实，与亡者沟通的尝试，也被称为"通灵"，通灵的人也被称作灵媒。无疑，这些人具有某种心灵感应、天眼通、意念致动、先知先觉等特异功能。

扶乩实际上就是一种通灵术，意为与不可见的亡者灵魂进行沟通对话的行为。"通灵"在人类早期历史上就已经存在，在世界许多地方都存在此情况。世界各地的"通灵"虽不尽相同，但是殊途同归。人们对扶乩的真假与否，仁者见仁、智者见智，因此人们对待扶乩的态度长久以来都是莫衷一是，信者恒信，不信者恒不信。

三　打醮（作醮）

打醮即是广东关于"醮"的活动的俗称，亦称建醮、造醮、作醮或斋醮等。《说文》曰："醮，冠娶福祭。"《博雅》曰："醮，祭也。"《高唐赋》提到祭祀时："进纯牺，祷璇室。醮诸神，礼太一。"醮本是由先秦时期民间信仰的风俗发展而来。汉代以后，打醮成为道教的重要仪式，许多道教的典籍都有关于打醮的仪式记载。

打醮的种类很多，如禳灾祈福为斋醮；感谢神明庇佑的叫清醮，又称为祈安醮；为庆祝寺庙或其他建筑物落成的叫"庆成醮"；祭拜瘟神的叫"瘟醮"；超度死于水火亡魂的是"水醮"或"火醮"。此外，尚有为神祇祝寿的"神诞醮"以及与佛教盂兰盆会混合而成的"中元醮"等，还有一般家庭和宗族自办的醮会，即"家醮"（为保佑家人平安而把神明请到家中举行法事活动）、"谱醮"（某个宗族祈求合族平安、人丁兴旺的法事活动）、"幽醮"（大户人家在父母过世后为其消罪而在出殡时请道士做的法师活动）等。不过，醮多为"集体醮"，即在打醮过程中，通常包含了同一祭祀圈的人们共同参与的迎游神明的活动。

"旧时，广东客家人若有重大灾祸发生，如瘟疫、大旱、大涝、虫灾等，往往要请道士或和尚设坛做法事，禳灾祈福，是为打醮。"[①] 醮会乡俗一般隔若干年才举行一次，也有3年、5年、10年才举行一次的，这种醮被称为大醮。在广东地区，打醮仪式不仅种类多，而且名目也多，如求龙醮、求雨醮、祝寿醮、众神醮、上元醮、中元醮、下元醮、社公醮、清明醮、驱邪醮、谢恩醮、还愿醮等，不一而足。从上述名目不难看出打醮的目的性。打醮时，醮会

---

① 钟文典总主编，温宪元、邓开颂、邱彬主编《广东客家》，广西师范大学出版社，2011，第300～301页。

的主神既有民间普遍崇拜的神祇如玉皇大帝、观音菩萨等,也有三仙祖师、定光古佛等地方神祇,还有某些姓氏的祖先神等。打醮时主祭的大多为道士,要设斋道祭祀,道公佬击鼓诵经,甚至还举行演戏娱神诸活动。打醮的主要目的是祈福和祭祀。打醮仪式在广东的几大民系中均较普遍。而客家人打醮往往规模盛大,多请道士做法事,请戏班演出。除道士念经外,还会有上刀山、过火练、咬犁头等惊险节目表演。打醮时,村民多数要斋戒数日,以示其虔诚。现代的打醮往往将宗教、文化和经济活动合而为一。仪式举行时,现场人山人海,热闹非凡。

以广东东莞南社村斋醮习俗为例,南社斋醮始于清光绪三十四年(1908),距今有一百多年的历史,是当地人敬天爱人、祈福求寿的盛大仪式,也是东莞最具本土特色的传统民俗活动之一。传统上,"南社每隔三年,在冬至临近时举行一次'打斋',俗称'做斋'活动,所谓'打斋',实际上是祈禳的一种仪式,'打斋',也叫'太平清醮',又叫'清醮会',即供斋酬神,借以祈求降福消灾"。①

粤西地区打醮活动多在腊月至正月,打醮习俗历来风行。各乡各村几乎每年都有打醮活动,搭棚于祖庙设神坛,请道公佬主持做法事,并沿街游行,同时祭拜设于各街坊及村口的土地公神位(称过社)。富有人家举行婚礼或因发了大财酬神、庆祝生辰等,亦有于自家门口或厅堂设坛打醮的。一般小醮侍弄一昼夜,罗天大醮闹七昼夜,村中设主坛和道场。

凡广东地区打醮,必会供奉玉帝、观音、太上老君、财帛星君,祷告以求禳解灾祟与求降福。又向地藏王、本村所奉庙宇菩萨祭祀,祈求震慑野鬼恶妖,护佑凡间安宁。同时设醮荐(也称附荐)仪节,以此祭奠生前属本村的孤魂野鬼,有些人家为附荐本家夭折冤魂,向打醮值理会交纳神金,为之举行哀送仪式,并能超度,并安然至"西方极乐世界"。

对醮会的组织与参与者而言,既可以是一个自然村组织的醮会,也可以是由一个行政村(通常包括多个自然村)组织的醮会,也可以是多个行政村组织的醮会,再或者是一乡或数乡参与的醮

---

① 参见《2015年广东东莞市南社斋醮民俗旅游文化节举行》,http://www.difang.gmw.cn。

会。当然,大型的醮会不是年年都有的。在粤西的阳江,打醮有一个不成文的传统,较有规模的民间信仰场所每隔一年或两年(时间不等)举行一次。这种大型集体祭神活动,往往需要投入大量的人力、物力与财力去准备。打醮时,除祭神和集体聚餐外,还伴随做大戏、吹八音①、舞龙舞狮等,可谓一次乡民们的狂欢节。

四 画符

画符历来是岭南地区较为盛行的方术之一。"人们坚信,话语不仅仅是空洞的声音或者写、绘出来的字句与图画,而是它们所表达或象征的现实本身。正如所期望的任何巫术效果可以用话语或书写方式来表达一样,利用符咒表述的每一件可想象的事情,也都可以最终变成现实。"②宋人笔记《东轩笔录》有云:"或云蛮人多行南法,畏符箓。"清人张渠的《粤东闻见录》卷上"好巫"条有云:"书符咒水,日夕不休。"道光九年的《新宁县志》也有"寻常有病……师巫咒水书符"的记载。及至民国初年,岭南还有人刻印了一部专门讲述符法的著作《省躬草堂符学秘旨》,作者自称其书传自"祖师"。光绪"戊戌春间,羊城疫症盛行,蒙祖师特赐教缮",书符派送,"以资普遍"。③岭南符咒方术由于历史文化传统的原因以及口口相传,自然是从来都不乏信者。在一般人的眼中,符(又称符箓)和咒语不过是图画文字符号和语言符号而已,没有什么特别之处;而在笃信人的眼中,这些符和咒语具有超自然的力量,神力无比,具有与神灵降临同等的作用与功效,"在驱除鬼魅方面,它们肯定被广泛运用,几乎在人类意识中形成'鬼魅'的概念伊始,符咒就被作为简单的武器来对付它们了"。④符咒方术至今仍在广东民间产生影响。

符的使用范围较为广泛。有用于为人治病者:或丹书符箓于

---

① 八音是广泛流行于我国南方的最古老乐种之一,属民间音乐。八音最早在宋代就出现。因使用8类乐器而得名,即:弦(二胡)、琴(月琴、扬琴、三弦)、笛(唢呐)、管(长、短喉管)、箫(横箫、直箫、洞箫)、锣、鼓、钹。
② 〔荷兰〕高延:《中国的宗教系统——及其古代形式、变迁、历史及现状》第六卷,芮传明译,花城出版社,2018,第1658页。
③ 参见《岭南民间信仰与道教的互动》,http://www.360doc.com。
④ 〔荷兰〕高延:《中国的宗教系统——及其古代形式、变迁、历史及现状》第六卷,芮传明译,花城出版社,2018,第1664页。

第三章 广东民间信仰文化的主要特点

纸，烧化后溶于水中，让病人饮下（这可以算是一种民俗疗法，或许历史上民间的医疗卫生条件落后的状况是其长期存在的社会基础）；或将符箓缄封，令病人佩戴。有用于驱鬼镇邪者：或佩戴身上，或贴于寝门上。同时也有用于救灾止害者：或将符箓投河堤溃决处以止水患，或书符召将以解除旱灾等。至于道士做斋醮法事，更离不开符箓，或书符于章表，上奏天神；或用符召将请神，令其杀鬼；或用符关照冥府，炼度亡魂。整个坛场内外，张贴、悬挂各式符箓。

符箓术的思想基础是鬼神信仰，称其有召神劾鬼、镇魔降妖之功效者，自有可疑之处，而用以治病偶尔称有"小验"者，也不乏其人，有人揣测，喝符水治好病并非其驱逐了致病之"鬼"，可能另有原因。如某些病本轻微的患者，因相信符箓，饮符水后，造成一种鬼已驱去、病已脱身的心理态势。这类似于医学上的心理疗法，起作用的不是符箓本身，而是符箓所引发的积极心理状态，促使人体调动防御机制克服了疾病。这种看法不无道理。

在广东的民间宫庙中，符是必备之物，不同宫庙的符不完全一样，符的种类不少，如有平安符、辟邪符、镇宅符、压煞符、治病符。人们从庙里请回这些符后，可贴、可挂、可随身携带。粤西民间信仰还流传着井字符，由井、天、地、火等汉字构成，用于收邪魔之用。"井"字符，主要传自道教，源于秦汉时期的"画地为狱"巫术。不过"作为岭南民间符法，则并非完全是对道符的复制，在植入过程中仍保有自己的特性。这一特性表现在：其一，岭南符法渊源有自，乃出于对鸟迹的模仿，故其符文自有独特之处；其二，岭南符法的书写材料也不同于道符的物品"。[①] 符还可以作为祛除魅病的良方，可以作为护身符而佩戴，或者放置在病床上、病床边或其他地方，还可以将符浸泡或焚化在水中，甚或将所焚之符的灰烬和于水中，据说患者饮用这一符水后，就有祛除邪魅之功效，从而使身体渐渐复原。有的符水甚或可以被称为"咒水"，这即是被巫师、道士大声念诵过咒语的水，咒水可以撒在房间里或者病人的床上，也有祛除体内或房间内邪魅的效验。符还可以放在钱包里保佑钱财安全，有一次在某庙里做田野调查时，就有人递给笔

[①] 参见《岭南民间信仰与道教的互动》，中国国学网，www.pinlue.com/article。

者一张绘有图案的符,说放在钱包里,说可以保佑钱财不遗失或不被盗。

直到现在,许多潮汕人家庭还习惯于春节前夕去庙里"请"平安符(类似于"万字符"①)回来,有时还不止请一张,或者每间房均有一张。所谓"平安符",大多是一张比巴掌略大的正正方方的黄色草纸,草纸上有一个不太醒目的褐红色的"万字符",即"卍",贴在房间的墙上或门楣上,也可贴在客厅里和厨房里。据说贴"平安符"就是冀望此符能驱邪、驱鬼,保佑家人平平安安。利用符咒来保护住宅,当然也是"风水"体系中的一部分内容。

五 卜杯与求签

中国的占卜和命理文化拥有悠久的历史,过去和现在都不同程度地存在于整个社会,影响着人们的日常生活。尤其当人们在人生的某些关键时刻,或是为一些重要事情举棋不定,或需要挑选良辰吉日时,便需要寻求"神谕"或来自"上天的启示"。此时人们就会去占卜。一直以来,不论是精英阶层还是社会其他阶层,人们总是对占卜充满好奇,对预测未来的技巧趋之若鹜。应该说,占卜在某种程度上打破了精英文化和俗文化的"高雅"与"低俗"之分。

岭南的"占卜"仪式较为独特,且有悠久和深厚的历史传统。岭南地区自古以来一向"信巫鬼,重淫祀",巫鬼信仰从岭南土著的百越人开始就已经存在。《史记·封禅书》记载了汉武帝听信"越人勇之言"后,"乃令越巫立越祝祠,安台无坛,亦祠天神上帝百鬼,而以鸡卜"。② 鸡卜是百越先民所独有的一种占卜方法,其具体操作主要是将竹签插入鸡腿骨,根据鸡骨龟裂的纹理走向判断所卜事物之吉凶。除鸡卜外,岭南还流行石卜、蛋卜、茅卜、珓杯卜等卜筮之法。

直到清代时,占卜风气依然盛行。清人屈大均《广东新语》亦

---

① 万字符是一个历史悠久的宗教符号,象征着宇宙和谐永恒,寓意是吉祥如意、平衡、好运、驱邪御魔。在古印度孔雀王朝阿育王修建的佛教柱子上就刻有万字符,表达了一种对抗邪恶的永恒之力。随着佛教进入中国,万字符也进入了中国社会的各个层面和普罗大众中,在中国的民间信仰中,万字符的主要寓意是平安、吉祥、好运与驱邪等。

② (汉)司马迁:《史记》,中华书局,1982,第1400页。

载:"人有病,辄以八字问巫。巫始至,破一鸡卵,视其中黄白若何,以知其病之轻重。轻则以酒禳之,重则画神像于堂。"① 又如"永安岁除夕,妇人置盐米灶上,以碗复之,视盐米之聚散,以卜丰歉,名曰祝灶。男子则置水釜旁,粘东西南北字,中浮小木,视木端所向,以适其方,又审何声气,以卜休咎,名曰灶卦"。②

直到现在,广东人特别喜欢占卦算命,求签问卜,随手拿起什么都可以占卜。比较常见的是用竹签、卜杯(即阴阳爻杯)等来占卜。笔者在揭东登岗镇孙畔村的风雨圣者庙里曾见识过这种"卜杯"(也称之为"问杯")占卜形式。当时有位长者拿两片由竹头或木头制成的杯,祈祷后掷到地上。如果两片都成反面,便是"笑杯";如果两面都成正面,则是"稳杯",都不吉;如果一正一反,则为"阴阳杯"或"圣杯",这是吉兆,预示着掷杯人的祈求内容可以实现。这种形式也用于人与神的对话,圣杯表示神灵同意掷杯人的祈求,反之则不同意其祈求。笔者当时不由得想到,在外人看来,圣杯的投掷很大程度是出于偶然,但在掷杯人看来,冥冥中还是带着某种"神"的暗示的,而按照神的暗示去行事是不会错的。

笔者以为,来庙里算卦、求签与卜杯的人,无非就是求一个神明的暗示或者求神明对自己不确定的事情拿一个主意,如此,才心安。这其实就是求一个心理慰藉,让自己的不安感减轻或消失,把一部分希望寄托在神明身上,如果日常生活中没有了民间信仰这种求得暗示、发泄不安和获得慰藉的途径,百姓生活是否会变得不太舒适呢?占卜给予了民众极大的心理安慰。

正因为此,在广东民间信仰的庙宇里,"卜杯"是必备之物,卜杯也是庙宇里的常见现象。不管是在节日还是平常,总会有人专为"卜杯"而来,所以无论是佛教的寺庙还是道教的道观,以及稍有名气的民间信仰的庙宇附近,也总会聚集着一大群测字的、看相的、看八字的、解签的、看风水的、卖符的、给人起名的所谓"高人"(这些"高人"中还不乏中老年女性),为其信者和求者指点迷津。

在客家地区,有俗谚"跨进庙门两件事,烧香抽签问心事"。广东崇奉民间信仰的庙宇里多设有签筒,签上编码,问卜者抽中某

---

① (清)屈大均:《广东新语·事语》,中华书局,1985,第302、303页。
② (清)屈大均:《广东新语》,中华书局,1985,第302、303页。

签后依签上编码在司签处取出签诗,司卜者就善信们所卜事项、心理状况等就签诗内容解释吉凶。签诗分为上、中、下三类,上为吉签,中为平签,下为凶签。签诗内容可以应答百事,谋事升学、升官发财、嫁娶求子、消灾免祸、出门平安等生活中的各种小事,都可以卜问求答与求解。

上述行为正如有学者所指出的:"无论是主动利用自然构筑堡垒也好,还是同周围决定他命运的力量进行和解也罢,本质上都是人类想控制自己生存于其中的世界以便控制自己的生存和发展。为了自身的生存和发展,人类企图影响和控制外界的活动从未停止过。无论是险恶的自然环境还是狰狞的鬼邪神魔,人们都会采取他们认为有效的方法和手段加以影响和控制。越是人类能力所不能及,越是会激发他们实现控制的要求。在人类认识能力的局限和积极进取的意愿之下,虚幻的想象和实在的行为才融而为一。"①

占卜是这一类现象的典型代表方式之一,无论"准"与"不准",都要让自己尽早心中有数,以规避人生中的不确定性和模糊性,因为往往与不确定性和模糊性相伴而生的就是一种安全感的缺乏,而后果的无法预料是令人不爽的,也容易使人失去在这个世界上积极生存与发展自己的斗志。

一句话,巫觋信仰存续久远的最根本的原因就在于民众对其认定的能"规避不确定性,寻求确定性"的有效方法和手段"信以为真",它具有某种既重大又神圣且对现实生活起着重要指导作用的意义。其实,"巫"(包括各种巫术活动与仪式)是一种非常久远的、在世界各地都普遍存在的文化现象,文化人类学强调巫术与宗教的一个主要区别就是:在前者中,人的活动的能动性非常突出与重要,巫术是试图通过某些仪式与活动来产生人们心中所要求的结果,而不是像在宗教中,人被动地跪在那里向神、向天、向上帝祈祷。巫术是借助人的力量通神,也就是人来使唤神灵,巫术的仪式与活动本身比敬神更显重要;而宗教则不同,人是没有资格使唤神灵的,人只有跪下去虔诚地向神灵祷告、诉求。一言以蔽之,信神而不是差使神,这是宗教和巫术最大的不同。

---

① 许钢伟:《巫傩的信奉与确定性的寻求——试论黔东北土家族的巫傩信仰》,《青年文学家》2010年第7期。

但需要指出的是，人们常将上述巫觋传统与"封建迷信"画等号，并对之进行批判。事实上，"迷信"就是迷而信之，迷而信之与"封建"一词并无半毛钱的关系；迷可以是痴迷，痴迷中有一种"信"的固执（固执在此不是贬义，如同人们坚信佛祖、坚信耶稣、坚信玉皇大帝一样），只要不犯法、不危害他人、不危害社会安全即可。民间信仰中无疑包含了"巫觋或巫术"的内容与传统，但民间信仰不能简单地等同于或划归于巫觋或巫术范畴，并被鄙视为落后或低端或没有文化的人才相信的陋习，而应将之视为内含了本土价值、生活态度与行为的一种信仰体系。

第四章
广东民间信仰文化的社会历史作用与影响

民间信仰历来就是生活在社会最底层或最基层的老百姓的精神支柱与教化之源，人们常常在强调民间信仰的"功利性"层面的同时，忽略了其对老百姓的潜移默化的道德教化功能与无所不能的心理抚慰功能，同时，民间信仰及其仪式活动也是整合社群与维系社区秩序的有效途径，它既能活跃与丰富民间生活，也是具有地方特色的文化名片，是研究地方社会的历史与现状以及独具特色的地域文化的一扇重要窗口。民间信仰及其仪式活动作为社会场景中的现实存在，其所具有的社会凝聚与认同功能已成为邻里和睦相处、海外同胞联谊以及外地人融入本地社会的纽带与桥梁，是为当下强化社会认同、凝聚大众力量的重要场所之一。

第一节 百姓的精神支柱与教化之源

一 潜移默化的道德教化功能

在大多数中国人的眼中，中国的民间信仰并不具备完整的义理系统，信它的人也没有什么超越的精神性追求。大部分信众进庙求神，用香火和祭品来讨神祇的喜悦，只为达到自己的功利目的，如向神求前程、求平安、求好运、求财运、求官运、求桃花运、求健康、求生子、求升学、求荣华富贵及求消灾延寿等，但凡与人生、与现实生活有关的一切需要皆可求。不同的神祇满足人们不同的需要。民间信仰这种直截了当的功利性目的是普通中国人都清楚明白的，所以人们对岭南地区乃至全中国的民间信仰庙宇中所普遍呈现的"一庙多神、众神和谐"之现象也就见怪不怪了。

第四章 广东民间信仰文化的社会历史作用与影响

笔者在此需要指出的是，广大信众对民间信仰的态度有很功利的一面，而"功利"这个词似乎说来有点贬义，人们敬神拜神，甚至贿赂神，只为自己的好处和自己的实际目的，并无什么脱俗的、超然地对彼岸世界的精神性追求蕴含其中。尽管如此，人们还是得承认，或是看到民间信仰的另外一面，在民间庙宇中众神祇的身上，慈悲怜悯、利国利民、无私利他、忠义孝悌、乐善好施、扶危济困、勇敢正义、救民疾苦、见义勇为、帮扶弱势等这些品质与情操对民众无疑是一股积极且强大的精神感召力量。人们祭拜神祇的同时，超越性的层面也悄无声息地在信众的内心运作起来。人们崇祀膜拜这些神祇的时候，神祇所内蕴的精神感召力量也在温润着他们的内心，因而在千百年的历史长河中，信众们也在不断丰富着神祇的完美道德品质，这些道德品质和精神力量通过民间信仰的仪式与活动，潜移默化地在一代代人中传承，在无形中对社会的道德教化起着非常重要的作用。

笔者在田野调查所做的访谈中，对广东各地村庙的民间信仰的教化作用印象较深的有两点。一是神的威慑作用，村庙的信众虽多，但大多是"无事不登三宝殿""临急抱佛脚"的情形比较普遍，大部分人对神明抱有"宁可信其有，不可信其无"的心态，烧香、许愿与敬神总是有益无害。在村庙里，既可看到天后娘娘善良端庄、观音菩萨仁慈救苦、关公忠义正气的形象，也会在有的村庙中看到其他令人生畏的神灵形象及各种关于"善有善报，恶有恶报"等标语的横幅或旗帜置于神像旁边。这种"举头三尺有神明"之类的民间信条，让人不免产生一种心理上的畏惧感，对促人行善、忌干坏事有重要的道德约束力量，这种发自内心的信仰力量的约束具有潜在的强力度，从而让人舍恶从善，而行善积德、天道酬勤、财德广施等勉励语，也在无形中教化了村民。二是村庙内装饰性的图画对人们形成了无形的教化作用。如笔者在许多民间信仰的庙宇内都见过墙上画有《二十四孝图》，虽然以当代人的眼光来看，这些孝道故事有夸张和愚孝的成分，但在广大乡村，养老模式主要依靠家庭养老，子女孝顺与否直接关系到老人晚年生活的质量，这些图画在无形中对人们也起了一种道德熏染作用。

众所周知，中国各地的民间信仰就是吸收或融合了儒道释三教的许多思想内容的多神信仰，这种多神信仰也是以教化百姓为旨归

的，其道德教化的内容无非也是诸如礼义廉耻、孝悌忠信以及行善行恶终有报应与轮回等学说。

从前历代朝廷的统治者是很懂得"封神"背后对百姓的深层教化意义和社会作用的。以德庆龙母为例，本是起源于南方的图腾崇拜（远古岭南百越族的龙蛇崇拜），其中有着浓重的南越土著文化色彩。其成为正统神灵并流布四方、得以显赫，除其本身所具备的职能与作用外，最重要的原因就是与中原地区的儒家正统文化的加工改造，特别是来自官方的推动分不开。

就来自儒家正统文化的改造而言，这突出了龙母信仰中"母"的元素，这个"母"的元素彰显了人性中母性的宽容、和平与慈爱精神，被誉为"母仪龙德"。具体表现在以下两个方面。其一，龙母信仰中有儒家文化的"仁慈"元素，龙母首先是有恩于民的仁慈圣母。人类总是有与生俱来的对母亲的依恋，而且这种对母亲的依恋又总是与大河、大海联系在一起，人们总是说母亲河而很少说父亲河。虽然渔民、水手多为男性，但大河、大海的危险性和不可预测性，早在人们心底深处埋下了不可抹去的恐惧感，这就使得人们在危难中，在下意识、潜意识和无意识中总是怀念在母腹中的安全感，面对滔滔江海本能地激发出恋母本能和恋母情结。另外，因为母亲的仁慈本能，她绝不会对在危难中的儿女视而不见或视而不救。所以人们祭祀龙母就是为了祈求平安，平复波涛。龙母信仰的最核心内容是保佑风调雨顺、水路畅通与西江来往船只客商平安。唐代中期，江边舟船祭祀龙媪是最主要的崇拜形式，龙母在百姓的心目中就是一位"阿嫲"。她既仁慈又能干，还能预卜吉凶，善治百病，甚至还能保境安民，她"豢龙和养物放生"，泽被苍生，却"无意望报"，且"慨然有利泽天下之心"。其种种善行无不体现了仁慈、博爱的母亲情怀，对当时和后代的人们亲切而温暖。当人们生活中遭受挫折时，就会像向祖母、母亲倾诉一样，向龙母祈祷，从而获得内心的慰藉。尽管历代统治者给龙母头上了加上了许多桂冠与头衔，但是在百姓的心目中，她仍旧是那位慈爱能干且善解人意的"阿嫲"，从历代关于龙母文化的诗词楹联中就能看出，人们始终把龙母视作自己慈爱的老祖母或母亲来歌颂。

其二，是龙母信仰中的"孝"元素。龙母传说中传达出传统中国尊祖敬宗的孝道德行，如五小龙长大后帮龙母捕鱼，五小龙有感于温氏的养育之恩,常常衔来活鱼孝敬她。龙母去世后,原葬于西江南岸,五龙子"漾浪转沙为坟",披麻戴孝为之守灵三年后,终将江北湾地拥成陵寝,于是五龙子化为五秀才,把龙母墓移至此地。"如执亲丧,丧具靡不毕给。"因此,人们历来对龙子的孝行大加赞赏,龙母祖庙背后的五道山梁被人们称作"五龙朝庙",民间传说每逢五月初八日龙母正诞之时,五龙子必定回来朝拜龙母,是时风起浪涌。龙母以孝道教导五龙子,龙子以孝德报答龙母。这符合中国传统的"老有所养、终有所送"的孝道观以及中国人对子女孝顺品行养成的期待。《孝经》云:"夫孝,德之本也","夫孝,天之经也,地之义也,民之行也","天下和平,灾害不生,祸乱不作,明王之以孝治天下也如此","不孝,大乱之道","教民亲爱,莫善于孝"。

因此,"孝道"自古就被历代儒学之士推崇备至,历朝统治者也推崇"以孝治天下"。有孝才有忠,龙母信仰中的"孝"元素正符合儒家历来所推崇的"百行孝为先"的正统思想,与中华民族对孝道所持有的宗教般情怀可谓一脉相承,这也是龙母信仰"正统性"的根本所在。此外,人们还常以为,孝行不仅可以感天动地,还可以通达幽明。所谓"明则有礼乐,幽则有鬼神"。[①] 孝行既然可以与天地鬼神相沟通,那么在形而上的意义世界里也就获得了人们的认同,清人张维屏有诗云:"五男鳞甲现,一孝海天通。"清人谭聘珍诗云:"亘古昭今灵不昧,升天入地孝能通。"这些诗句表达皆为"孝道"之义。现在悦城龙母祖庙旁还有孝通墓(龙母墓),香火依旧旺盛。

又如冼太夫人,她是我国公元6世纪粤西地区杰出的女性政治领袖及军事首领。她历梁、陈、隋三朝,在当地叱咤风云几十年,和辑百越,反对分裂割据。作为一方首领,她尽管雄踞一方,开幕府,置官吏,有权调动六州兵马,具备割据称雄的条件,但她识时务,顾大局,顺应历史潮流与人民意愿,运用自己的实力与威望,平叛锄奸,保境安民。在梁朝,她"请命于朝,置崖州",从而结束了海南岛久乱不统一的局面,并在脱离580年后重新隶属于中央政权管辖。在隋朝,她迎接隋军进入岭南,结束了中国自魏晋南北

---

① (清)孙希旦撰,沈啸寰、王星贤点校《礼乐集解》,中华书局,1989,第988页。

朝以来长达270年的分裂，维护了隋朝的大统一。她言传身教，用"支持统一，反对割据"的思想教育并影响后代。她与高凉太守冯宝的联婚，成为汉族与少数民族关系发展的新标志。

冼太夫人还常以"我事三代主，唯用一好心"来教育后人，她因维护国家统一、民族团结的"好心"，而受到了千秋万代粤西民众的拥戴与敬仰；她促进生产与经济发展，保障地方和平与安宁，推动社会进步，造福人民，在历史上建立了丰功伟绩，功高盖世，也为后人留下了宝贵的精神财富。在其生前，梁、陈、隋三朝对她都有册封；在其身后，宋、明、清等王朝对她均有封号。历代官府每年定期组织祭祀活动，《茂名县志》就有"春秋仲月二十四日及十一月二十四日诞辰，本府率官属致祭"的记载。显然，冼夫人的所作所为在当代仍有重大的教育意义，而且对推进祖国统一大业也有着重大的现实意义。在广东地区，很多次评选都认为冼太夫人是广东有史以来最杰出的三位历史人物之一，其余两位是南派禅宗创始人六祖惠能和近代民主革命的先行者孙中山。

其实只要认真考察从前历代朝廷是如何将地方神祇列入正祀的历史，就不难理解朝廷这些举措的良苦用心。官方不仅需要通过"封神"来教化民众，也需要通过此种方法和手段来加强国家政权对地方社会的控制。从朝廷对地方神祇的封爵加号上，人们不难窥见国家权力与地方社会之间的互动关系，而对于那些没受过系统教育的民众来说，儒家的理性哲学常常对其没有太大作用，而民间信仰的某些观念或者价值观，则常会对其产生作用。如祖先崇拜，特别是没有受到应有待遇的祖先会发怒并且向子孙后代施以报复的信仰，对维系家庭或宗族的繁衍有很大帮助。同样，民间信仰强调诸如诚实、尊重生命和财产、不害别人也不害自己以及维护社会和谐等观点，而且会用因果报应、"举头三尺有神明"等强调"犯错者死后将会在地狱中受尽折磨"的威慑来强化这些观点。这样，民间信仰在一定程度上可以说是通过强调超自然的惩罚而为儒家推崇的道德戒律的实施提供了助力与推力。

当代中国正处在社会的快速转型期，市场经济有了较快的发展，但由于法制建设不完善，社会上总有人不择手段地为攫取财富而置社会公义、公德于不顾，以至于社会整体的道德伦理秩序被破坏的状况不容乐观，守法、诚信、公平、正义、仁爱、扶助弱势等品质逐渐成为稀缺的资源，所以民间信仰的教化意义在当代环境中也仍旧没有过时。如广东各地都奉关公为财神，就体现了人们在商业文化和经济运作中对公平、正义、诚信、仁爱、扶助弱势等品质的吁求与渴望。

需要指出的是，挖掘民间信仰的教化意义，是利用和挖掘传统文化资源，建设现代公民社会的手段之一。但需要指出的是，人们若只是执着于民间信仰的外在形式，而忽视其精神实质，在对民间信仰的开发中过度商业化的话，即只是将其当作敛财工具，更为注重其带来的经济效益，也会逐渐失去民间信仰本来蕴含的教化作用，最终会适得其反，把本可以对人有一定道德教化作用的民间信仰变成低级与庸俗不堪的东西，因此，人们应以尊重和敬畏之心对待传统文化和民间信仰，不可急功近利。

二　无所不能的心理抚慰与调适功能

民间信仰在中国历史中存在的时间如此之久，对中国社会的浸润如此之深广，充分证明了它能满足中国人最基本的心理与精神需求。民间信仰在中国人情感生活中的重要作用为人们所公认。正统的宗教、经典的文化或许特别的高大上，而民间的很多东西，诸如民间信仰并没有那种诸如解脱、救赎、超越等高大上的使命感。它想做的就是在艰难困苦的生活中，以及在精神无助的时候尽可能给大家提供一些心理上的抚慰与调适，而这种抚慰与调适有时确实可以使处于生活动荡或人生困境中的人，减轻、缓解乃至放下沉重的不安感，而获得一种新的心理稳定，有助于改善自己的生活或人生困境。

活在社会底层的人们本来就生活得很是困难，每天都要面对一些很迫切的生存问题与压力，并不是有庙才求神，而是心里面有事情、有问题才找庙求神。如前所言，广府人、客家人、潮汕人的祖上大都是从广东以外的地方移民而来，在千万里的迁徙过程中移民们随身携带的小神像、祖宗牌位等就成为他们重要的能提供庇护和保佑的精神支柱，而在新的环境下遇到严峻的生存与发展的考验时，那些神像、祖宗牌位等依然是能提供庇护和保佑的精神支柱。

举例而言，客家女性普遍地信奉观音，传统的客家女子要恪守儒家的礼法，而客家男人或外出读书做官，或外出工作，或走南洋闯

生活，家中之事（包括田里的活、在市集的买卖以及养育孩子等）多由女子操持，她们还要尽心服侍公公婆婆，内心世界其实是很悲苦的。客家山歌留下了不少关于"童养媳"、"等郎妹"及"隔山妻"的哀怨内容，客家山歌的优美动人中似乎带有某种"哭腔"。唱山歌当然有一定的宣泄作用，但烧香拜观音、"念观音"则更是她们精神上一个不可缺少的寄托，在这个过程中，她们既倾诉了自己内心的悲苦哀怨，同时也吁求大慈大悲的观音菩萨保佑丈夫早日功成名就，或者早日赚钱归来，这或许就是客家人习惯在自己住屋正堂安设观音神位，以方便家人每天叩拜的重要缘故吧，而对那些欲逃避不幸的女子而言，观音宫亦是一出家做斋嫲（妇）的避难所。

即使今天人们的生活已经改善了很多，但在曲折漫长的人生旅途中，谁没有一点磕磕绊绊或弯道险滩呢，人的生活秩序也不总是沿着理性认识的轨道运行，因此，即使是受过教育、有很好的理性思维训练的人，有时也需要一点非理性的东西，甚或用民间的东西来调节一下自己的心理、情绪或精神生活也就不足为怪了。

民间信仰中的人神关系常被人理解为人神互惠关系是有一定道理的，作为个体而言：人祭拜神，神保佑人。人祭拜神是将个体和家庭的在世生存与发展的风险转移给自己信任的神灵；神保佑人是人在跪下去祭拜的那一刻就已经从神那儿得到了某种预期效用或心理安慰，生活中的焦虑与压抑等得到某种程度的释放。但从神那儿得到的预期效用或心理安慰因人而异。有人确实如上所言，通过祭拜得到了预期效用或心理安慰；而有人的祭拜或祈求神灵保佑的行为只是一种日常行为与生活习惯，这是历史社会的传统与记忆使然；也有人的祭拜或祈求神灵保佑的行为（卜杯、算命与参加神诞等仪式活动）只是一种"从众"心理或满足自身好奇心，后两种人其实对神灵的回报预期并不是太在意。无论如何，民间信仰如同一个巨大的容器，可以容纳世世代代的人们对生活的祝祷、期盼与希望，世人在对神祇的祝祷中不仅抚平了心灵，也得到了慰藉。

第二节 整合社群与维系社区秩序的有效途径

在广东民间，所有的民间信仰活动都是在比较自然、自由的状态下进行的，这也是一种生活中的情感认同方式，毋庸置疑，民间信仰及其仪式活动常常伴随着轻松、诙谐甚至是狂欢，民众借助他们自身建构的"神圣空间"里的信仰仪式与活动，来舒展身心，丰富生活，而借助这种"神圣空间"里的信仰仪式与活动，也成为整合社群与维系社区秩序的有效途径。

一 活跃与丰富民间生活

通常在广东民间，人们在"平常日子"里（此处的"平常日子"指的是每月农历的初一与十五）除了吃斋食外，对无论是广府、客家、潮汕还是粤西地区许多虔诚的信众而言，还要去就近或心仪的庙宇（不管是佛教、道教还是民间信仰的庙宇）敬香拜神，祈福求安。所以这两日对于民间信仰的庙宇而言，也会是较平素要热闹得多的日子。当然，平常日子中也包括了不是初一、十五的其他日子，这就根据各人家里的具体情况而定。如家里遇有什么重要或重大的事情，亦可随时去庙里向神祇拜求或问卜、求签等。

但在特殊日子里举办的游神赛会，则成为民间的狂欢节。民间信仰仪式及相关节日是人们在全年当中不可多得的放松、交流和享受多彩生活的机会。民众平素忙于艰难谋生，生活单调、灰暗，几乎没有娱乐。而在游神赛会的节日期间，亲人能够聚餐、交流、玩游戏与看大戏等，整个村子抑或整个社区都变成了充满戏剧性和刺激性的舞台，社区游神的程序和所走过的路线与表演、庙前戏台上的戏曲、村子里的渡火仪式、道士和乩童的神技展示等都是人们接下来可以连续谈论数周的话题。迎神赛会可谓民间社会中一种集信仰、民俗与娱乐于一体的人神互娱活动。

粤地的神诞之多与游神活动常常令人啧啧称奇，清人吴震方编著的《岭南杂记》中有这样的记载："粤俗最喜赛神迎会，凡遇神诞则举国若狂。余在佛山，见迎会者台阁故事，争奇斗巧，富家竞出珠玉珍宝，装饰孩童，置之彩舆，高二丈，陆离炫目。大抵爆俱以缯彩装饰，四人昇之，声彻远近，中藏小爆数百，五色纸随风飞舞如蝶。闻未乱时更盛，土人颇惭此会殊寒俭矣。"[①] 据《顺德县志》载："顺德的演戏酬神活动由来已久，康熙年间便已相当盛行，'演戏赛酬者多'。"

---

① 吴智文、曾俊良、黄银安：《广府平安习俗》，广东人民出版社，2013，第132页。

游神赛会一般与神诞相关。广东因神多，所以神诞自然也就多了。广东的不少地方，几乎从岁首到岁末都有各种各样的神诞，但并不是每个神的神诞都要举行游神赛会，而是由神的身份或地位之显赫所定。有的神诞只是半天或一天，有的则持续几天。神诞自然各有不同的地方特色，如广州有波罗诞、金花夫人诞，佛山有北帝诞，潮州则有青龙庙安济圣王诞，粤西则有冼太夫人诞，等等。

以佛山市的顺德区为例，列举几例他们的游神赛会节日。

顺德是佛山市五个行政辖区之一，位于珠江三角洲中部，北临广州，毗邻港澳，面积约806平方公里。顺德下辖大良、容桂、伦教、勒流4个街道，包括陈村、均安、杏坛、龙江、乐从、北滘在内的6个镇，常住人口250多万人。顺德一带自古就是物华天宝、经济发达的富庶之地。因而其岭南文化积淀深厚，民间信仰传统源远流长。此地大多数神灵的神诞，都成了规模较大且影响广泛的民俗节日。据统计，顺德区内每年约有116万善信参与各类民俗祭祀等活动。时至今日，除举行传统的拜祭神祇与祈福的仪式外，政府和当地民众也逐渐更加重视仪式中的相关传统文化，尤其是非物质文化遗产的保护与传承，不断提升和丰富传统民俗活动的内涵，加进新的与时代相关和更加吸引年轻人的元素，有多项民间信仰活动现已被列入非物质文化遗产项目（见表4－1）。

表4－1 顺德被列入非物质文化遗产的民间信仰活动

活动名称	活动地点	何级非遗
观音开库	容桂白莲池观音堂、龙江观音阁等	省级
龙母诞	杏坛龙潭村	区级
关帝出游	均安"十三乡"	区级

1. 容桂观音开库

每年农历正月廿六，即民间传说的"观音开库"日，也是顺德最为隆重的观音民俗活动日。每逢此日，容桂的白莲池观音堂、龙江镇锦屏山的紫云阁和龙江镇龙峰山的观音阁前都会举行一年一度的祭庙活动，信众们会兴致勃勃地前来观音庙虔诚祈祷，并兴高采烈地举办生菜会、烧大炮、转风车等一系列民俗活动。相传此日是观音娘娘一年一次查点钱库的日子，在子时（即夜间11时至次晨1

第四章　广东民间信仰文化的社会历史作用与影响

时）观音菩萨会大开金库"借钱"给有需要的信众。信众通过各种仪式，可求财运亨通，祈求新的一年一切都好（见图4-1）。

图4-1　容桂观音开库活动现场

"'观音开库'当日，观音堂内会设有几个像房子一样大的金库，库内有取之不尽的金元宝，借库者拿着一把金光闪闪、特制的金钥匙，来打开金库大门，伸手进去取一个金光闪闪的金元宝，金额越大，新年财运越旺。当然，在借库前需要准备观音衣宝、香烛等供奉神灵，且要在还库后才能借新库。"[①] 据说在观音开始开库的时辰之内，能点上头炷香的人就一定能得到观音所送出的一年最好的运气，这个无疑对人们争点头炷香有巨大的吸引力。这就使得每年正月廿五晚上11时起，前来顺德容奇大桥下的观音堂转风车、扔生菜、上大香的香客摩肩接踵、络绎不断。转风车意为"转运"，生菜则为"生财"之意。据统计，容桂的"观音开库"在顺德乃至珠三角地区的影响力都很大，除了容桂本地居民外，还有佛山其他镇区、广州、中山、江门等珠三角地区的市民来参加观音开库活动。甚至不少华侨也会特意赶回来参加。据近年来的不完全统计，每年参加的人数均达到十多万人次。

随着人们生活日益改善，现如今前来参加"观音开库"的民众，其动机已不仅局限于"借富"，更多民众是抱着行善积德的愿望前来祈福。近年来，"观音开库"这一民间信仰活动已与慈善义

---

① 参见百度百科的"观音开库"条目，http://www.baike.baidu.com。

卖、慈善捐款等有机地结合在一起,容桂慈善会携手容桂敬老院等七所福利机构,义卖吉祥风车、鲜花、祈福信物等,并设置现场捐赠点。千禧广场和观音堂两处筹得的善款都将用于容桂困难家庭和个人重大疾病帮扶,以及各级福利机构助残、助老事业。容桂"观音开库"融入了许多慈善元素,得到了市民的大力支持,进一步扩大了民俗活动的文化和慈善内涵。

2. 龙潭龙母诞

每年五月初八,顺德杏坛龙潭村会迎来一年中最重要的民俗节日——"龙母诞"。在这天,龙潭村热闹非凡,巡游队伍鼓乐齐鸣,龙舟说唱等传统民间艺术让人目不暇接,而与此同时还有来自五湖四海的龙船在水上巡游,一并竞渡,好不热闹。来自顺德各个镇街及周边地区村落的近百只龙舟汇聚到龙潭村拜祭龙母,拉开了端午以来镇内最热闹的一幕(见图4-2)。

图4-2 杏坛龙潭村"龙母诞"活动现场

"龙母诞"当日从早上到中午,龙母庙一直香火不断,来自各地的龙舟负责人们拆卸下各自龙舟的龙头和龙尾走进龙母庙拜龙母祈福,而后回到龙舟开始自由巡游。当天中午一点钟,活动达到高潮,近百只龙舟齐聚在一起开始集体巡游,在狭窄的河涌上,龙舟拥挤穿梭,一旦相逢相互泼水以表祝福。

当晚,龙潭村还会举办盛大的龙舟宴,四千多桌的"龙舟饭"遍布24个村小组的大街小巷,掀起了龙母诞当天的又一个高潮。龙潭"龙母诞"至今已有七百多年的历史,现如今龙潭村还在"彩龙竞渡、洗龙舟水、龙船朝拜、吃龙船饭、龙母放生祈福"等民俗活动中加进了现代体育竞技的元素,并将"龙母诞"纳入龙潭水乡文化节,使更多年轻人参与并了解、热爱自己家乡的民俗文化。庙诞当晚,会进行拍卖龙母庙头炷香、书画慈善拍卖等活动,使众多热心人士借助这一契机慷慨解囊,共谋公益慈善,弘扬大爱。2015年的"龙母诞"慈善拍卖就筹得善款39万多元。传统的民俗文化经政府引导,与基层精神文化建设、公益慈善融合,焕发了勃勃生机。

3. 均安关帝出游

均安关帝出游起源于一个传说。相传在宋代,不知从哪来的一位驿丞背着关公灵牌前来南方上任,他将关公供奉于位于均安的驿站内,此后均安乡民便有了每年祭拜关帝的习俗。当时村民除了敬重关帝的忠义勇敢外,还有祈求关帝保佑的意思。因为当时均安的乡民们饱受江河洪涝之苦,从而希望能风调雨顺,生活平安。

"关帝出游"是顺德历史最长且规模最大的游神活动。出游日期定在农历的九月初四到九月十二,整整持续九天。届时,均安镇各村的人们会各以锣鼓柜为单位,抬着关帝与侯王銮舆游遍整个均安镇。"关帝出游"不仅是珠江三角洲范围内极具影响力的传统民俗活动,更是保留了顺德防洪、耕作历史记忆的重要民俗活动。均安人都说这一段日子比春节更为热闹与隆重。早在农历八月,均安镇的村民就开始为即将到来的出游做准备,到了九月初四那天,均安镇人民都如同过节一般开始忙碌起来,海内外的亲友也会赶回来参加这一年一度的盛会。人们聚集在均安镇三华村供奉关帝与侯王的帝王古庙准备迎接关帝与侯王出宫。

笔者两年前曾现场感受了一次"关帝出游",尽管在参加巡游前已做了大量功课,可当身临其境时,仍有时空穿越之感,尤其当见到两面醒目地打着"建设幸福广东、打造文化强省"的彩旗时,颇有一种"今夕何年,身在何方"的眩晕之感,在这场古代与现代相交织的庙会盛宴中,也深切感受到了广东民间信仰的悠久传统、丰富内涵与当代魅力。

中午十二点整,几百位村民集中在帝王古庙外面,关帝出游的第一个环节是"起宫"。"起宫"就是把庙里的关帝与侯王请出来,抬到銮座上。然而,这不是一件人人都能做的事情。按照当地习俗,"起宫"的工作往往会落到村里德高望重的长老身上。当地村民介绍,以往"起宫"的一般是家中有四代同堂的长者,他们将手捧关

帝与侯王神像，然后把关帝与侯王放入准备好的銮舆里，两顶三百多斤重的帝王銮舆在十多位壮汉的呐喊声中缓缓抬起，出游正式开始（见图4-3）。

图4-3　一座銮舆要十多个男子才能抬动

出游队伍有男有女，根据相关人士介绍，巡游队伍中的男女分工也有区别。女性一般负责祭祀，为此，参加巡游的妇女们须头戴大小统一的草帽并且在上面插着黄皮树叶，身穿统一颜色的上衣，手执一炷燃香，下身穿着红色丝绸花裙子。男性则负责抬关帝与侯王的銮舆，举锦旗、罗伞，敲锣鼓柜等重活。令人惊讶的是，仪仗队伍竟然仿效古代帝王出巡的形式，由敲响十三下的头锣开道，领头的是上书"三军司令"的大旗，大旗有三丈来高，在风中飘扬，后面色彩鲜艳的各色彩旗也是迎风招展，紧接着十多个被高高举起的牌匾，牌匾上刻有"肃静""回避""污秽勿近""威武"等字样。接着又是二十多个五颜六色、刻有刺绣的大罗伞，这些罗伞上还有"八仙过海""百鸟朝凤""麻姑追舟"等与民间信仰相关的图画，罗伞上不知为什么还镶有很多小镜子，小镜子在阳光的映射下闪闪发光。高举罗伞的罗伞手们则身穿雍容华贵的统一古装服饰，由八个身强力壮、体格高大的青年抬着的是关帝、侯王端坐的两乘銮舆，銮舆有节奏地上下颠动。紧接着是抬着铜香炉、香案的队伍，行香的队伍，也就是头戴草帽跟随巡游队伍走在后面的妇女们（见图4-4）。

第四章 广东民间信仰文化的社会历史作用与影响

图 4-4 巡游队伍浩浩荡荡行进

接近千人的出游仪仗队伍从三华村出发，青壮年抬着关帝、侯王分别端坐的銮舆，举着精美的彩旗，敲着锣鼓柜走街穿巷。出游所到之处，商户燃起长长的大鞭炮，震耳欲聋，热闹非凡。在商铺前，店主人更是摆设香案供品，如烧猪肉、鸡、水果、饭、茶、酒等来迎接关帝。在行进途中，不断有人跑来，往锣鼓柜上的香油箱里塞红包。在均安，还有送福的说法，在出游队伍经过的商铺或是住家，出游带头人会带着队伍走进大门去"入门送福"，人们抬着关帝与侯王入门去巡一圈，象征关帝与侯王来给你送福气，驱除邪魅。此时，主人和商家把早已经准备好的红包塞进香油箱或交给巡游队伍中的人由他们代替塞进香油箱。

出游的重头戏在农历九月十二，也就是"起宫"那天，出游队伍将会巡游半个均安镇。巡游队伍经过时，市民要盛装打扮，以最美好的形象迎接关帝与侯王。据说如此盛大的出游活动，旅居海外或者他乡的亲人，都常常会在这一天赶回老家参加庆祝活动，加入游行队伍，也有外来务工人员在长年累月的熏陶下，跟随来热闹一番。

古人举办迎神赛会的初衷是祈求村落社区风调雨顺及四季平安。均安的关帝、侯王出游则已举行了一百六十多年，据说人们一开始是敬重关公的忠、义、仁、勇与祈求晏公侯王保佑当地乡民出入平安，后来传说关帝出游有效地停止了乡村间的纷争，所以关帝与侯王出游就一直受到乡间众老少的追捧。

又如潮汕地区每逢神祇的诞辰,如关帝、妈祖、玄天上帝、风雨圣者、三山国王、城隍、土地公等的诞辰,其庙宇所在地都会举办相应的祭祀活动,并请来当地剧团演大戏。以潮汕地区普遍的妈祖信仰为例,潮汕地区各乡村,皆有祭拜妈祖的大型群众性活动,大型活动时间是在春节、元宵和"妈生"(即妈祖生日、农历的三月廿三日)。每逢这三个日子来临时,潮汕各乡村皆有游妈祖神像的大型群众活动,尤以妈生节的游神活动最为隆重。

以汕头潮阳的后溪天后庙为例,后溪天后庙位于潮阳棉北街道后溪古渡,始建于明洪武初年,其香火是从福建湄洲天后祖庙分灵而来,至今已有六百多年的历史。近年来在妈祖诞日这天,这里都会举行大型的祭祀活动和文艺巡游活动(笔者有幸见识过一次),其巡游活动的仪式大致如下。先是妈祖神像在天后庙起驾,巡游队伍浩浩荡荡地从天后庙所处的后溪古渡出发,跟妈祖一起出巡的还有后溪的财神、水仙爷等神明。两千多人组成的游行队伍伴随着妈祖銮驾出游。礼炮声声,锣鼓阵阵,标旗猎猎,前呼后拥,规模宏大。随着妈祖神像出巡的还有各种文艺民俗表演,如醒狮队的醒狮舞,少年武术队的武术表演、英歌队[①]古装扮相成梁山好汉一百零八将的表演。此外,还有五凤旗队、标旗队、纱灯队、笛套大锣鼓队[②]等表演,很是壮观,令人目不暇接。队伍所到之处,观者如潮,这种巡游据说有时甚至要历时十多个小时。

每年农历正月、二月,潮州各地都有游神(营老爷)的习俗(其实广东各地在每年的正月,都有民众自发进行的各种消灾祈福

---

① 这是在潮汕地区流传久远的广场舞蹈或游行舞蹈。这种舞蹈形式融会了戏剧、舞蹈、武术等成分,其舞蹈内容主要有二,一是梁山泊好汉化装卖艺攻打大名府,营救卢俊义,二是梁山泊英雄化装劫法场救宋江。可见英歌舞主要是借梁山泊好汉的英雄故事来表演歌舞的,所以表演者一般最多不超过108人。也有学者认为,英歌舞的产生与我国古代所进行的春季驱傩仪式有相当密切的关系。

② 潮汕笛套音乐源远流长,源于南宋,属于套曲式音乐品种,以笛、管、笙、箫为主奏乐器,配以三弦、琵琶、古筝和其他弦乐、弹拨乐等,领奏乐器大笛(横笛)是28节大锣鼓笛。笛套古乐基本上属于原汁原味的古代宫廷音乐,从曲式结构到旋律进行,都保留着宫廷音乐的风韵。其风格特点是古朴、庄重、典雅、幽逸、清丽、悠扬,具有浓厚的中国民族传统色彩。"潮阳味"的吹奏方法,构成了潮阳笛套音乐浓郁的地方特色。潮阳笛套音乐被誉为"盛开在岭南永不凋谢的华夏正声"。2004年,潮阳被命名为"广东省民族民间艺术'笛套音乐'之乡"。

的民间信仰祭拜活动,而游神当然是消灾祈福的主要祭拜活动),游神活动也被称为"老爷节",这是潮州城乡特有的节日。自明清以来,游神活动就在潮州一带相当盛行。改革开放以后,随着人们生活水平的日渐改善与富裕,潮州各地的游神活动也活跃起来。尤其是潮州城里的游安济圣王活动格外地隆重盛大,游"安济圣王"时,一般庙祝们都会先掷"杯珓"选择吉日,所谓吉日,一般在元月二十三日或二十四日。择定日子后,大家就各司其职,分头去为游神作各样准备。

游神的基本程序如下。首先是游神前的"洗安路",这也是为正式游神做准备。"洗安路"的队伍前头是马头锣,后面是"肃静"和"回避"仪仗,并沿着规划好的出游路线行进,敲锣宣布出游日期。"洗安路"的目的一是扫清路障,驱除妖邪,二是提前通知各家各户,各家各户在知道出游的具体日期后,便纷纷进行大扫除,准备五牲,蒸做甜粿、红桃粿、发粿等,购买香烛、元宝、鞭炮等。①

其次,当然是游神的正式日子。到了这一天,人们便聚集到青龙庙门前鸣放礼炮。"鸣放礼炮后,将安济王爷及'大夫人'、'二夫人'的神像请进銮轿,然后举行'拜起马'仪式。仪式完成后,由几名大汉抬神轿游行。游行队伍最前面是马头锣、十六对绫罗绸缎描金绣银的五彩大标"②,并挑选俊男靓女扛标,上书"国泰民安""风调雨顺""四海升平""合城平安""财丁兴旺"等吉祥祝语,"接着是安路牌'肃静''回避'和八宝法器;接着由一长者着长衫马褂双手捧着小香案,再接着是二十四对锡香炉;后面才是'安济圣王'的第一乘轿,'大夫人''二夫人'的第二、三乘轿。"③ 跟着是化装游行队伍,化装人物往往是按戏曲故事来装扮的,"然后便是十三班潮州大锣鼓。每班有三或六面彩标,一面大鼓、八面锣、两双钹、亢锣、月锣、小钹、钦仔、深波、苏锣、大小唢呐、二十八节大笛、扬琴、古筝、木琴、云锣、大宛、大提胡等。神轿经过路段,各家各户都会在门口设祭"。④ 游神队伍望头

---

① 《潮汕习俗:信仰活动》,http://www.csfqw.com。
② 《潮汕习俗:信仰活动》,http://www.csfqw.com。
③ 《潮汕习俗:信仰活动》,http://www.csfqw.com。
④ 《潮汕习俗:信仰活动》,http://www.csfqw.com。

不见尾,非常壮观。

潮汕地区的神诞之日与游神赛会期间,常常还会请潮剧团演出至深夜,有时会连演数夜,免费供广大乡民欣赏。每年的游神活动,对潮州音乐、潮剧的普及和提高都起了一定作用。潮州音乐中有相当一部分属于古庙堂音乐,专供人们祭拜神祇时使用,这些乐曲的曲调多是高洁雅致,甚是悠扬婉转。而潮剧向人传递的多是"善有善报、恶有恶报"等最朴素的道理,正是这些通俗易懂的道理,成为乡人村妇约定俗成近乎牢不可破的价值取向,成了维系乡民和睦团结的价值标准,并寄予了人们对美好未来的向往和对幸福生活的憧憬,如此才能百演不衰、百看不厌。

再如粤西独特的、每年都要举行的民间游神活动——年例。该活动举行的寓意是庙里的神祇出来巡视民间疾苦,关怀百姓。"年例"顾名思义,即"年年有例",类似闹元宵,但又有所不同。年例最早起源于何时已不可考,至今也无定论。有学者认为年例由元宵衍化而来,还有的学者认为年例由粤西冼夫人祭祀活动发展形成,即年例祭祀圈的形成与冼夫人的崇祀有密切关系,还有学者认为年例是粤西民众为驱赶瘟疫而自发开展的驱鬼活动。

笔者以为第三种说法最有道理。要说明的是,至少从明朝开始,就有了关于"年例"的记载,清末民初时"年例"更为盛行。据嘉庆《茂名县志》卷十七"风俗"载:"自是至二三月,里祠设醮,遂奉神沿门逐鬼,谓之'做年例'。列炬张灯,鸣击鼓,喧沸若狂,信夫!古礼而近于戏矣。"① 据光绪《高州府志》卷六"风俗十二"记载:"自十二月到是月(农历二月)乡人傩,沿门逐鬼,唱土歌,谓之'年例'。或官绅礼服迎神,选壮者赤帻朱蓝其面,衣偏裂之衣,执戈扬盾,索厉鬼而大驱之,于古礼为近。"② 要说明的是,"在传统的年例游神'摆醮'活动中,一般人们请出来的'神'是冼夫人。年例活动最初是由冼氏家族兴起。按当地人的说法:'冼太夫人的后裔按皇帝当年对冼氏家族祭祀和游神时的特许口谕,可以组织 12 支长号,每次可连续打 12 下铜锣,连续燃放 12

---

① 王勋臣修,吴微叙纂嘉庆《茂名县志》,见《广东历代方志集成:高州府部(六)》,岭南美术出版社,2009,第 201 页。
② 《高州年例的古今现状及展望》,http://www.11665.com/culture。

支鞭炮'"。① 到了民国时期,年例习俗已较为成熟,内容更为丰富,有摆醮、游神、游灯、舞狮、舞龙、木偶戏表演、上刀山、过火海、烧纸船、插田旗等。

据《茂名市志》记载:"从正月初二起到正月底止,茂名乡村陆续过'年例节',一般一个村为同一天,少数两天,以元宵前后的居多,个别村庄在农历二月或者三月。'年例'期间家家张灯结彩,村镇街道布置彩楼、彩廊、画廊等,各种民间艺术表演力竭其能,尽献于众。'年例'的主旨是敬神、游神、祭祀社稷、祈祷风调雨顺、百业兴旺、国泰民安。一村过'年例',周围村庄百姓都来看热闹助兴,家家户户大摆筵席招待亲朋,客人登门,不论是否相识,一律热情款待招呼茶饭。"②

年例一般会持续三天,第一天为"起年例",这一天的重头戏为"摆醮"或"做醮",即每家每户在门前或庙前摆放鸡、猪、鱼、糖果、米糕和酒等祭品,然后道士作法,旨在消灾祈福。第二天为"正年例",亲朋好友这一天纷至沓来,络绎不绝,晚上大家会坐在一起看大戏(粤剧)、鬼仔戏、木偶剧、电影等。第三天为"年例尾",这一天的主要活动有扫尘、游神、游灯、摆醮、舞狮、舞龙等。

与其他民间信仰活动一样,1949年中华人民共和国成立后,因为反封建迷信,"年例"活动开始式微并被全面禁止。但改革开放后,"年例"活动又渐趋活跃起来。现在的"年例"一般以自然村为单位,各村的"年例"期不同,"年例"期一般为一到三天。大约从年初二开始就有村落开始做"年例",一直持续到农历二月末,"年例"期比较集中的日子有正月初八、初十、十二、十五、十八和二月初二。还有的村落每年都会做两次"年例",春秋季各一次。春季的"年例"主要是祈福,祈求今年顺顺利利,国泰民安,故称春祈"年例";秋季的"年例"主要是庆祝丰收,称为翻秋"年例"。

笔者的学生曾在茂名化州宝圩镇做过关于"年例"的田野考

---

① 顾书娟:《明清广东民间信仰研究——以地方志为中心》,南方日报出版社,2015,第160~161页。
② 茂名市地方志编纂委员会编《茂名市志》,生活·读书·新知三联书店,1997,第1725页。

察，据其记载，年例这天早上，道公佬问神，在神台上摆有糖果茶酒和牲畜祭品，点檀香，行三叩九拜之礼，抛抛杯胜，假若杯胜向上意味着神灵愿意出门了，此环节称为"起神"。所有参加游神活动的人员按规定时间到庙宇集合，男女不限（一般是男性和小朋友参加，因为女性在家招呼客人）。游神队伍是按照一定的顺序排列的，顺序是扛旗队、放铳队、狮队、大鼓、锣和神轿。年例这天游神队伍按一定的路线在村巷或街道穿行，时进时停，一路上鞭炮声、锣鼓声、唢呐声不绝于耳。各家各户在神灵游来之前已设好祭品，恭迎神驾的到来。

神轿到来时，民众会焚香虔诚跪拜，燃放鞭炮，众神享受供奉。他们深信，祭祀之后就会得到神灵的赐福。舞狮队伴着喜庆的乐声腾挪起舞。拜神结束后，各家各户把供品端回家，和亲戚朋友一起分享神"享用"过的东西，其寓意吉祥。傍晚是游灯仪式，每家每户至少有一人去游灯。游灯队伍拿着"年例"之前就已经准备好了的灯笼到村中穿梭，最后所有游灯的人都到一个特定的地点把灯笼烧掉，寓意把上年所有的厄运都烧掉，接下来新的一年就会有好运来。参加游神的民众，一般是当地青壮年男性或小孩。

晚宴过后，民众会到庙宇前的广场看烟花、木偶戏、粤剧、电影、歌舞团表演等。年例也就随着各种娱神活动的闭幕而结束。而年例活动结束后，按照惯例，交了份子钱的人家都会得到一张所谓的灵符，据说这灵符要妥善保管，因为它是由道士施过法术的。

粤西地区不同地方的年例主要内容大致相同，所进行的形式则大同小异。与从前相比较，在如今的年例中其"傩"的形式逐渐淡化，但游神、烧纸船、道士拜忏等仪式依然保留，烧鞭炮、放烟花、舞狮、演木偶戏或粤剧等活动也一样不减。所谓"年例大过年"，是指粤西人过年，若在外地的无法在除夕和年初一回家的话，年例前则需回家操办年例，趁此机会见见亲戚朋友，拉拉家常叙叙旧。

不难看出，民间信仰中的神诞或庙诞总是与节庆某个"神圣时间"相关，在广东，一年当中这种"神圣时间"还真不少，从春节、元宵、清明、端午、中元到中秋、冬至、除夕等，这或许就是许多学者在论及中国民间信仰的特征时常会提到的"岁时祭祀"。"岁"有历法意义上的周而复始的年度时间概念；"时"在古代除了有节候这一自然属性外，还有某种浓郁的神秘色彩。或许唯有圣人哲人贤人才能通晓"时"的奥秘，即《管子·四时》所讲的"惟圣人知四时"。①

可以说，"岁时"观念既有传统的按照节气时间安排生产生活的农业社会的鲜明特色，同时也昭示了传统中国人对时间有着特殊且神圣的体验。这是因为，人们对时间的认识或许与其对空间的认识也是相似的，按照现象学家伊利亚德的解释，"时间既不是均质的也不是绵延不断的。一方面，在时间的长河中存在着神圣时间的间隔，存在着节日的时间（它们中的绝大部分是定期的）；另一方面，也有着世俗的时间，普通的时间持续。在这种世俗的时间之中，不存在有任何宗教意义的行为……当然在这两种意义的时间中间，有着延续性的中断。不过，借助于宗教仪式，宗教徒能够毫无危险地从普通的、时间持续过渡到神圣的时间"。② 英国人类学家利奇也说过类似的话："其实我们是通过创造社会生活的间隔来创造时间的。在这样做之前是没有时间可以测量的。"③

正因如此，每一个类似的神诞或庙诞，对民间而言不仅是某个节日，而且是"神圣仪式时间"。在此期间的仪式与活动是天地人神的游戏，是人神共欢的日子，是"天地人神和谐共在"的日子。这时的庙宇与各样仪式举行的地方除了是一个"热闹的社会活动中心"外，也是一个能把个体与宇宙、个体与神圣的存在，以及个体与他人的存在相联系，因而从中找到安慰和感受到"集体亢奋"的"神圣中心"。只是在此时，古代世界那种"热闹的单纯"便远离现代世界的"繁杂"而来到了人们面前，当人们以感谢神恩和敬拜神灵的姿态载歌载舞时，其中的"热闹"已不同于那种空洞的"喧嚣"而有了某种"神圣"的意味。不仅如此，通过这些仪式和共同的参与，使参加者体味到在集体中，在社区中，在人与人之间的那种亲善关系中的"美好联结"，即创造精神支撑、信任和希望的共同家园，并有可能领悟到一种人与神之间的联结。在"神圣仪

---

① 参见萧放《岁时——传统中国人的时间体验》，《史学理论研究》2001年第4期。
② 〔美〕米尔恰·伊利亚德：《神圣与世俗》，王建光译，华夏出版社，2002，第32页。
③ 史宗主编《20世纪西方宗教人类学文选》，金泽等译，生活·读书·新知三联书店，1995，第501页。

式时间"中人与神、人与人之间美好的联结,是在俗常时间内颇难感悟或体验到的一种情感。难怪在进行田野调查时,总有当地人告诉笔者,这种神诞游行的仪式即使在那些年的极"左"政策横行时也"屡禁不止"。

著名的社会学家爱弥尔·涂尔干认为,宗教信仰就是从集体仪式庆典中产生的狂热与强烈情感里创造出来的。从社会学的角度而言,宗教仪式象征的过程及其仪礼的重要性就在于它间或中断了日常生活的常规,并且具有整合的力量,其功能在于它将有共同信仰的人联结起来,宣扬社群中相似和共有的文化遗产,缩减社群中的差异,并使他们的思想、情感与行为变得相近,从而有助于扶危济困道德的宣扬,有助于促进奉献社会的善举(活动经费皆由乡民乐捐),有助于众志成城的民心凝聚。简言之,"神圣仪式时间"中仪式的举行,具有某种群体凝聚整合的功能,它似乎是一种深层潜在的群体黏合剂,对一方有共同信仰的民众颇具内聚力。正如20世纪法国著名的社会学家和汉学家葛兰言所言:"他们希望这种有益的接触能够尽可能地亲密,这种亲密似乎可以奇异地扩大其自身的内心世界……他们感受到从这块土地的每一个角落都蔓延开来的一种守护神的神圣力量,人们以各种方式祈求这种神圣力量的降临。"[①]

笔者对这种"热闹"与"喧嚣"的"神圣意味"有过一次深刻的体验。2015 年 10 月 13 日,笔者应朋友之邀,去到她的家乡——广东汕头市龙湖区外砂镇南社村,参加当地关于妈祖的十年一次的祭拜大典。南社村所在的外砂镇原属澄海市,后来划归汕头市龙湖区,而龙湖区是汕头经济特区的发祥地、著名的侨乡。因而南社村并不是笔者想象中的一个较落后的中国传统农村,而是位于汕头市城乡结合区的一个正在逐渐城镇化的村庄,南社村全村总面积 1.2 平方公里,其中耕地面积 800 亩,总人口约 5579 人(一说 5497 人),约 1170 户(一说 1213 户),全村工农业产值连年超过 1 亿元。这里已看不见农田,倒是有几家类似于乡镇企业的厂房,生产着远近驰名的潮州咸菜。

笔者一行人到村里后,稍事休息,就到村里去随意走走,整个

---

① 〔法〕葛兰言:《中国人的信仰》,汪润译,哈尔滨出版社,2012,第 6 页。

村子弥漫着一种过节的气氛。不时能见乡民们挑着担子,担子里有整只烧鹅、烧鸭、烧鸡,苹果、柚子、橙子等贡品。笔者随着他们来到村里的小庙前,大家正忙着把担子里的食物拿出来,并在庙前的几张供桌上将其摆放整齐。小庙的香火味实在是有点呛人,笔者待了一会儿就离开了,然后来到村里较大的公共空间——南社村广场(足有一个篮球场那么大)时,这里的景象好不壮观,只见人们正在摆放长条桌,少说也有四五百张,桌子的正前方是一个张灯结彩的台子,台子的一侧还在不停地放映有真人大小般的类似于剪影的反映春耕夏种、秋收冬藏以及庆贺丰收等喜庆场面的流动木偶。更令人惊叹的是,南社村广场旁边的"天后圣母"庙前,人们正在搭建一排排更加壮观的、错落有致的长台,"天后圣母"庙前游人如织,庙里许多人正在给天后上香和跪拜,供桌上已摆满了各种各样的贡品。香烟袅袅,潮音徐徐。朋友说,有很多在外地的亲戚朋友今天都会来此看热闹。十年一次的祭典是如此隆重而盛大,比潮汕人最看重的春节还要隆重而盛大得多。

转眼就十二点了,村口燃放起美丽的烟花,南社村的天空就像仙女撒下五颜六色、形态各异、绚丽多姿的花瓣一样。烟花燃放了足有半个多小时,人们意犹未尽,久久不愿散去。在回去的路上,笔者不断地问朋友,这么多头猪就一直放在这儿吗?这些烟花谁来买单?潮戏只在南社村演一晚吗?谁来买单?她耐心地告诉笔者,转钟以后村里人就可以把自家的猪抬回去了,接下来的几天就会请亲戚朋友及邻居们来聚餐,还会让他们带些猪肉回去。潮戏班子会一连几天在村里免费演出,这些烟花和请潮戏班子的钱除了村民们自愿出资外(一般每家都会出几百元不等),大头由村里的企业负担。

对生活逐渐好起来的村民们来讲,在祭拜神灵的日子里,最重要的是心诚,心诚则神灵,人们要借助这些仪式(给庙里的神灵上供、赛大猪、看潮戏等)表达心中的诚意,表达对神灵的膜拜,表达对美好幸福生活的向往,以及对亲朋好友邻舍与社区的善意,同时也增强了社群归属感和群体认同感。正如俗语所说:一方水土养一方人,一方人拜祭一方神,一方神灵护佑一方人。当然,祭神仪式的功能与作用还不止这些,年年重复或数年重复的仪式次数多了,就会慢慢变成习惯,这种习惯不仅会指导人们的日常生活行为,也会成为地方文化、地方历史传统代代相传的载体,从而使人们对传统有了更丰富、更生动的了解。

如今民间信仰的庙会仪式、游神打醮等已成为乡村与村落文化的一道文化景观，民间信仰以及仪式活动作为基层与乡村社会文化的主要承载体，其文化娱乐功能近年来变得越来越突出，而通过集体祭神仪式来祛灾的诉求已越来越淡化。如果说人们初一、十五等日子进庙拜神是习惯，是其发自内心地拜神，表达对各路神祇的崇敬，为了满足和解决自己现实生活中的各种需要的话，那么庙诞、神诞等特殊日子有着广泛群众基础的游神仪式活动则表现为人神共娱的文化现象，集体的祭神仪式活动所起的作用就如同一台加了兴奋剂的搅拌机，它通过把个体和社会力量聚集到特定的时间与空间的容器中搅拌，激活人们对神祇、对世界、对社区及对他人的特殊直觉、感受及认知方式，感受到如前所述的那种人与神、人与人之间的"美好联结"。

不过，细细想来，民间信仰的庙会仪式、游神打醮等不仅是乡村社会与村落文化的文化景观，其实它亦提供了展现乡村公共事务的场域，集体祭神的仪式活动提供了社区公共产品，即社区或村落与神灵之间的委托——代理关系，集体祭神活动实质上是对"合境平安"的祈求。通过激活与神祇相关的上述活动，既维护和加强了社区与社区间、乡民与乡民间的联系与情谊，且一定规模上的社会集结性的产生与消费活动也无疑促进了本土社会资本的良性运作。

由上可见，民间信仰的集体祭神仪式在当代社会既有神圣性的层面，亦有某种文化消费性、休闲性和娱乐性的世俗性的层面。此外，也不排除还有一定的经济方面的考量。当代庙会的发展进程，确实有由以前单纯的"拜神庙会"向商贸、文体、娱乐、社交、信息交流兼有的综合性办庙会的倾向，即一种"祭庙拜神文化"—"庙会文化"—文化庙会发展的倾向，或许以后"神圣"的意味越来越少，世俗的意味越来越浓。况且，有些大的仪式活动既能提高当地知名度，又能够吸引海外华人、港澳台地区华人以及外乡人的参与与投入。正因如此，民间信仰的仪式活动有规模越办越大、地方文化色彩越来越浓的倾向，这些无疑会给当地的经济发展带来招商引资的结果。如每年的龙母诞、天后诞、波罗诞等都会给地方政府带来一笔可观的旅游收入。

二 民间信仰是具有地方特色的文化名片

不言而喻,民间信仰不仅是一种深深扎根和积淀于当地社区居民中的传统意识与信仰,也不只是普通百姓日常生活和精神世界的重要内容和表达形式;它同时也是具有地方特色的文化名片,因而也是研究地方社会的历史与现状以及独具特色的地域文化的一扇重要窗口。可以说,某地的民间信仰一定是某地的信仰表达与实践,其信仰表达与实践具有鲜明的地域性,地域性即是民间信仰表达与实践的地方性场景与舞台。

了解广府民系、客家民系、潮汕民系与粤西人的民间信仰,它们的共同性对人们了解作为整体的广东人的特征与文化不无助益,而它们间的不同对了解广东不同地域的人的特征与文化更是不无助益。要知道,独具地方特色的拜神行为与仪式是在漫长的历史过程中形成的具有地方特征的宗教实践,即使同在粤地境内,珠江三角洲、客家地区、潮汕地区和雷州半岛,其信仰表达与实践也各有不同。因地方性场景的不同而形成的各具特色的民间信仰表达与仪式实践就成了当地最具特色的地域文化名片。

此情况说明了一方水土养一方人,一方人信仰一方神,一方神护佑一方人。对民间信仰的组织和实践而言,相信你所敬拜的神祇虽然重要,但更重要的是:你是哪里的人?你归属于哪个地方?你归属于哪个社区?你是广府人,自然拜广府的神;你是客家人,自然要拜客家人的神;你是潮汕人,当然就拜潮汕人的神。即使你离开了家乡去外地生活与工作,同样拜的还是家乡的神祇,甚至到了海外,带出去的也还是自己本地的神像,建的还是与家乡一样的庙宇。这个"归属"感相当重要。另外,在一方历史悠久并有较大影响的神祇,甚至还能够起到凝聚不同社会群体之情感认同的作用,如广州的"波罗诞"、潮汕的大峰善堂、佛山的祖庙、德庆的龙母庙、粤西的洗太庙等,都曾在历史上对地方的社会、经济、文化发展以及凝聚乡里乡亲的群体情感认同产生过积极作用。

在当代社会转型时期,民间信仰的生命力在传统乡村宗族势力的缺失下却茁壮成长,这对构建和谐乡村与基层社会也有着非同寻常的意义。村民们在参与民间信仰活动尤其是在重要的庙诞及神诞活动时,平时松散的社会网络无疑在此时得到加强。同一村里的人，无论平常彼此间的关系处得如何，是相熟还是不相熟，是好友还是关系一般，还是素有芥蒂，在这样的时间和空间里，人们都会把彼此间曾有过的不快、不和等都放下，而满怀热情地自觉地将自己投入同一个空间和场所中，人们在这个空间和场所中进行发自内心的求神敬神、娱乐、表演的活动，这既增强了人与人之间的沟通、交流与了解，同时也增强了对共同地域内共同身份的认同与自豪感。相互间素有芥蒂的人们还往往在参与这些活动时放下成见，和好如初。

"归属"感自然体现在世居于此地的当地居民中，长久的特定的地域生活，使人们还逐渐养成了对那个地方特有的印象、感觉与趣味等，这种带有地方历史文化传统的深层印记又塑造了地方的风物传说乃至于延续至今的那方土地的生活方式的方方面面，而民间信仰对于塑造地方历史文化传统的深层印记功不可没。正因如此，民间庙宇在地方社会中具有超越血亲宗族的地域凝聚与认同功能。

与宗族祠堂不同，祠堂本源于宗族，强调的是宗族内部的"亲亲和善"与尊卑等级。对祖先的崇拜与祭祀仅限于某一姓氏宗族，而无法成为跨宗族的地域性崇拜，这对多姓杂居、百姓混住的基层社会而言，其社会整合效果是有限的。民间信仰虽具有显著的地域特性，却不囿于狭隘的宗族血亲范畴。在某种意义上讲，民间神祇正是摆脱了宗族血亲的羁绊（不享受自己所属宗族后嗣的香火），才得以赢得不同姓氏民众的崇敬。民间神明所在的庙宇亦成为当地民众均可进入祭拜的场所。由此，民间庙宇成为社会的公共空间，在这一公共空间所举办的宗教敬拜活动，尤其是较为大型的神诞、庙诞活动及其连带举办的游神赛会、聚餐等，无不需要周边民众的协同参与，共商其事。长此以往，以民间庙宇为中心，通过各类民间敬拜祭祀神祇行为，构建起某一地域性的社会关系网络。

"归属"感在当代社会与人口流动比较多的地方，对外来者而言也比较重要，这是其融入当地社会的一个重要的心理基础。如侨乡中山是珠三角地区重要的制造业中心，吸纳了大量外省外乡的务工人员。据统计，目前中山市外来常住人口达 160 余万人，大有超过本地户籍人口之势。这些外来人员在中山工作的同时，亦有如同本地人一样的宗教需求。

民间信仰虽有鲜明的地域性、族群性，但中山的民间信仰也向外乡人敞开了大门。如中山小榄镇是我国著名的五金制造业基地,外来务工人员有15万人之众,与当地户籍人口持平。笔者一行在小榄镇葵树庙考察时,庙祝介绍说:"现在镇里面务工的外地人越来越多,他们很多都会来此拜神。"① 石岐区东岳庙地处人民医院附近,当地村里人多搬走移居他处,前来祭拜的多为外来人员和医院护士。她们照顾病人,遇上病人过世,就会来庙里烧香祈福,求得心理平衡,甚至认为庙里的香火可以杀菌。② 而在大涌镇安塘天后宫调研时,恰逢一位四川籍的老板请庙里的老人给他的新车开光(川E车牌)。整个过程包括给新车洒圣水、持香绕车一周、点朱砂、车主点香敬拜、最后放鞭炮,持续了约10分钟。车主会交纳三炷香钱135元,功德钱随意另给。③

近代以来,中山地区的社会面貌发生了显著变化。一方面,本地民众大规模出洋,移居海外;另一方面,中山制造加工业迅速发展,吸引了大批外来务工人员。人员一进一出虽冲击了原有的地域格局,但民间信仰如同黏合剂一般,使得出洋者与故乡多了一份神缘亲情,新来者凭借民间信仰而得以融合于当地社会。基于民间信仰,生活在同一地域中的人们产生了新的认同感,他们之间的差异在一定程度上被消解,这无疑有利于凝聚力的强化。

以广州南海神庙的"波罗诞"庙会为例,它蕴含了广州最有代表性的民俗民间文化元素,有着千年的历史文化传统。每逢庙会期间,除了传统的广州人、来自各地的民众及海外的游客,还有从全国各地来广州工作和打拼的新移民,都会齐聚黄埔,一同祈福、游玩或观赏。2012年,首届岭南民俗文化节与"波罗诞"结合举办,游客人数高达123万人次。现在"波罗诞"更是承载着广州作为全国"一带一路"重要节点的文化底蕴,代表了岭南文化的悠久与灿烂,是每个从四面八方来广州工作和生活的"新广州人"都引以为豪的地方历史文化名片。

再以佛山的三月初三北帝巡游为例,明清时期的珠江三角就有了可被列入官方祀典的佛山北帝祭。"北帝信仰"与佛山的历史进

---

① 2016年6月1日,中山市小榄镇调研。
② 2016年5月25日,中山市石岐区调研。
③ 2016年5月31日,中山市大涌镇调研。

程紧密相连,并渗透进佛山社会的各个方面,深刻反映了佛山由传统的农耕社会转变为工商业城市的过程。直至今天,佛山人对北帝巡游极具乡土情结,在三月初三北帝巡游之际,还伴有佛山传统文化特色的舞狮表演、禾楼舞表演等。佛山人的"北帝信仰"还衍生出当地的一个春节传统习俗,那就是正月初一的"行祖庙(佛山祖庙融古代陶瓷、木雕、铸造、建筑艺术于一体,被誉为'东方艺术之宫'),拜北帝",人们一般在吃过年夜饭或者逛完"花街"之后,就会带上转运风车去祖庙拜北帝,以求"转运"。春节期间,佛山人还会去祖庙向神龟池抛硬币,求北帝保佑来年顺顺利利,这已经成为佛山人过春节的重要习俗之一。祖庙和北帝信仰无疑是佛山最具特色的历史文化名片。

前文曾提到的汕头潮阳的后溪天后庙,每年在妈祖诞日举行大型的祭祀活动和文艺巡游活动,还伴有潮汕地区的"营老爷"游神活动等,无疑都是潮汕地区富有地方特色的文化名片之一。而粤西地区的茂名、高州等地每年举办的年例活动,包括摆醮、游神、游灯、舞狮、舞龙、木偶戏表演、看粤剧等内容。年例活动集祭祀、民间艺术、戏剧表演等于一身,成为粤西地区历史文化的符号与名片。

由此可见,民间信仰的仪式与活动对地方社会的民众或当地社区的凝聚力和认同力而言,具有不可替代的作用。民间信仰及其仪式活动作为社会场景中的现实存在,其所具有的社会凝聚与认同功能,已成为邻里和睦相处、海外同胞联谊以及外地人融入本地社会的纽带与桥梁,是当下强化社会认同、凝聚大众力量的重要方式之一。

余 论

笔者通过近些年来对民间信仰的田野调查与研究，深切地感受到如下几点。

其一，对民间信仰要有平常心、同理心的理解。这种"平常心同理心的理解"一定是种平视的视角。既不需要仰视，也不需要俯视，也可看作人之常情或同情式的理解；人对自己不知道的东西，更要保持一种或谦虚或包容或请教的态度，而不要随意论断。要知道，现实世界总有某些东西是无法完全用人的有限理性去明白与理解的。

对有神论的信仰而言，无须分高级低级、精致粗糙、完备或不完备、现代或原始，上述区分从学术角度而言或许有一定意义，但从治理角度而言，却没有任何意义。有学者提出："中国民间信仰问题理应被吸纳为'文化中国'之极其重要的文化资源和社会资本之一，即在尊重多元社会'内在的文化关联'的前提之下，搁置'优劣'、'高端'或'低端'信仰，进步或落后，科学或迷信等先在的偏见，并借以观照我们自身之生活方式、社会网络、文化身份、价值观念及情感认知的文化基础，进而理解'文化中国'何以走向华夏化（中华性）的信仰机制和文化模式。"[①] 这种见识高屋建瓴，笔者很是赞同。

"民间"就是某种宽泛意义上的文化空间。如果将政治权力与知识分子视为民间的"他者"的话，民间就是一个鄙野庞杂的文化空间。这种包含民间信仰在内的文化空间在民间的"他者"即某些知识分子看来，或许具有某种无知、停顿、稳定、保守等特质，但

---

① 陈进国：《传统复兴与信仰自觉——中国民间信仰的新世纪观察》，载金泽、邱永辉主编《中国宗教报告（2010）》，社会科学文献出版社，2010，第154页。

在这种无知、停顿、稳定、保守之间却隐含了博大的内涵,即一种守护生命的温润,这正是民间的韧性所在。

早在先秦时代,就有哲学家在批评巫,历代知识分子对民间"信仰"的批评也一直不绝于耳,经历了那么漫长的历史,也经历了近代的科学启蒙,可民间信仰在今天科技发达的21世纪和这片土地上依然存在,且仍是有"兴"无"衰"。与民间信仰相伴随的各种仪式活动或民俗活动随季节的变换、时空的流转仍在被人兴致盎然地举行着,那么这些一定有其存在的土壤和理由。这个事实本身就值得深思。正如陈进国所言,"新世纪中国内地关于弘扬中华文化和共建精神家园的'话语转向'促使我们认真反思,本土宗教信仰形态及其仪式实践是否同样作为中华文化的核心要素而被同情地理解,并成为多元的宗教关系'和谐相处'的一极呢?特别是百年来'现代性话语'(民族主义话语或启蒙话语)成功地将'他者'内在化,执着地将民间信仰或新兴教派视为'封建迷信'或历史沉渣,并构成了现代化历程中'反宗教'的背景。当我们梳理关于民间信仰(或民间教派)的认知态度变迁时,能否表明'在中国发现宗教'的中国宗教观或诠释话语的一种象征性转变呢?"[①]

高丙中从公民社会建设的视角来看待今日中国社会的民间信仰观点,很有见地,他认为:"(1)民间信仰是我们理解中国民众的一个必要的范畴,因而是中国整个现代学术的关键词之一。民间信仰今天仍然是认识我们共和国的基本群众和民族精神的基本层面的必修课业。(2)民间信仰是我们认识中国的社会团结发生机制的一个核心范畴。各种民间信仰是使人与人、群体与群体之间的紧密联系成为可能的一种重要因素。民间信仰弥散在民俗之中,是日常生活的一部分,是全体成员在文化上的最大公约数。(3)民间信仰是我们探究中国历史的连续性和民族国家认同的一个有效的范畴。关于民间信仰的知识和话语对中国今天建立公民社会和公民身份具有重要的意义。民间信仰是公民可以选择的一种文化资源。怎样对待他人的宗教信仰(当然应该包括民间信仰),是公民社会的发育水平的一个重要指标。(4)要建立文化的公民身份意识,民间信仰又

---

① 陈进国:《传统复兴与信仰自觉——中国民间信仰的新世纪观察》,载金泽、邱永辉主编《中国宗教报告(2010)》,社会科学文献出版社,2010,第153页。

余 论

是一个亟须进行学术反思的范畴。特别是反省通过贬低、压制而维护文化和政治秩序的知识生产机制,创造公民之间通过交流和沟通而达致相互理解、相互适应的公民社会机制。"①

其实,每一个个体在这个世界上的生存不外乎有三方面的需求,第一是谋生,养活自己和家人,使自己和家人很好地在这个世界生存下去;第二是守法,服从法律,守法既是为了自己的生存平安无事,也是为了他人以及众人的生存均平安无事,这就涉及公共社会的治理;第三是个体心灵的安顿,即所谓人生意义的寻找,这就有了包括民间信仰在内的各种宗教信仰。在当代社会,个体的宗教信仰选择,信什么不信什么,视个人的各种机缘而定。民间信仰同其他宗教信仰一样,属于民众自己的心灵世界和信仰追求,在人生遭到某种挫折和困苦的时候也是比较有效的心灵抚慰剂。显然,正因为人的各方面的有限性,人们才可能抬头仰望,仰望自己的信仰对象,尤其是在可能出现问题而无助甚或是悲观乃至绝望的情形下,人们就更容易向神灵世界发出祈祷,并且不惜献上钱财、花费时间,希望神祇能化解自己的困苦与难题。即使没有遇到什么事情,对于普通的广东人而言,在平常的日子里拜拜神,无非也就是求个平顺安康,反正"礼多神不怪"。

笔者在几年的田野调研中深切体会到:广东人骨子里或基因中就有"功利"与"实在"的特点,老百姓会将深奥的宗教或哲学均"实用"化,纯逻辑的、形而上的超验的词对广东人来说不理解,也勾不起兴致。他们努力赚钱、努力打拼,认真拜神拜祖先,求的就是个"心安"。所以,从政府层面来考虑,社会治理当然也包括对宗教领域的治理,但这种治理不是一种冷漠的管理,而是建立在对其平常心、同理心的理解基础上的依法治理,要给其一定的合法生存空间才好。

其二,广东民间信仰是整个中华民族民间信仰大花园中的一个组成部分,也绽放出自己独具魅力的花朵,包括广东民间信仰在内的岭南文化与内地的黄河文化、巴蜀文化、荆楚文化、齐鲁文化等一样都是源远流长,都是在中国大地上生长出来的中华文化参天大

---

① 高丙中:《作为非物质文化遗产研究课题的民间信仰》,《江西社会科学》2007年第3期。

树中的不同枝丫。正是因为这些不同的枝丫,才有了我们今天为之骄傲与自豪的悠久博大的中华民族的文化传统与历史记忆。

广东的民间信仰在整体上呈现出自己独有的特点。一是广东地处岭南地区,古代是百越民族的聚居地,正如有学者所指出的:"由于地缘因素的影响,以及族属之间的差异,在很长一段时间里,其文化较少受到中原文化的整合,因而保留了较为鲜明的地域特色,而岭南民间信仰作为岭南文化的一种,也因此打上了其独特的个性烙印",① 如"巫"的烙印、符法的烙印等。

与此同时,人们还要注意到:历史并不总是"自古以来"就如此,而总是充满了各种不确定的变化,广东人也并不是自古就生活在广东,凡历史上衰乱之秋、改朝换代之际,如两晋南北朝、唐末、宋末与明末之际,总有大批难民、移民从北方逃往广东,其中不乏宿学旧儒、豪门大族等。广府、客家与潮汕三大族群的形成,无不与移民有关。粤西也是如此,没有什么纯粹的粤西人。历史上的移民潮以及中原文化给广东这块土地带来了政治、经济、文化、宗教等方方面面的影响,因而广东的民间信仰也不是"自古以来"就如此,而是不断有中原文化以及周边如福建等地的元素和印记加入。因此,观察广东的民间信仰应用"变化与动态"的眼光。

二是广东的海岸线漫长,清人陈恭尹的《九日登镇海楼》曰:"清尊须醉曲栏前,飞阁临秋一浩然。五岭北来峰在地,九州南尽水浮天。"后两句诗就是对广东的地理状貌、山水风景的最好概括。无疑,包括广东在内的岭南文化受孕于浩瀚大海,包括民间信仰在内的岭南文化与海洋的关系密不可分、水乳交融,此地的民间信仰亦受到海洋文化和外来文化的影响,并将自己的信仰也传播到海外,尤其是东南亚。由上述这两个特点决定,广东民间信仰的源头可以追溯到百越文化、中原文化、移民文化、海洋文化与外来文化等因素。广东的民间信仰可谓采中原之精粹,纳四海之新风,融会融合而自成宗系。广东民间信仰传统的多样与丰富性更是说明了广东文化传统中一直以来的包容与开放性格。

其三,笔者为了研究方便,在此课题中,将广东的民间信仰分

---

① 刘晓明:《试论以巫啸、符法为中心的岭南民间信仰》,《世界宗教研究》2001年第9期。

余　论

成了四个区域，即广府的民间信仰、客家的民间信仰、潮汕的民间信仰和粤西的民间信仰。人们常将广东人分为广府、客家与潮汕三大民系，这种划分本身就是一件既复杂又费力不讨好的事，也不太科学，这种划分无疑给笔者的研究带来了一定程度的方便，但同时可能会使问题变得更加复杂，但笔者既无精力也无能力另起炉灶，只好将研究还是建立在前人相关研究的基础上。其实，不管在上述的任何一个地方，包括民间信仰在内的文化元素都是错综复杂的，是你中有我、我中有你的。

举例而言，潮汕地区的揭西县，从目前的行政区划来讲，虽地处潮汕，但其包括民间信仰在内的文化传统却是两方面的，一是以棉湖地区为中心以讲潮汕话为主的潮汕文化传统；一是以河婆地区为中心以讲客家话为主的客家文化传统，所以在论及潮汕的民间信仰与所拜的神祇时，要注意到潮汕也有客家文化传统的影响。再具体一点，"潮汕地区的基本区划范围，在一千多年前的南汉时期就已形成轮廓。潮汕地区与相邻的福建漳州地区、广东梅州和惠州地区在历史上行政区划时有分合，直接影响到潮汕地区从方言语音到民风民俗上，形成了与漳、梅、惠地区既相差别又有不同程度的联系的复杂关系，这是潮汕地区形成以潮汕文化为主体，又存在多元文化教育因素的重要原因"。① 对于潮汕的民间信仰形成因素也是如此。又如现在已划归广州市管理的增城区，南与东莞隔江相望，东临惠州，北界从化，以现在的眼光看，其属于珠江三角洲的区域。但若以历史的眼光来看，增城虽然从隋开皇九年（589）起就是广州的属县，但直至唐朝，广府文化的影响在此都还是很有限的，此地在交通不方便的古代主要受到客家文化传统的影响，因为那时的居民大多是客家人移民而来的，所以现在的增城既有来自客家民系的民间信仰与神祇，也有来自广府民系的民间信仰与神祇。再如粤东地区今天的行政区划，有的属于客家所在之地，有的属于潮汕所在之地，但因为靠近福建的关系，这两地都受到了福建民间信仰的影响，如客家人的保生大帝信仰，伏虎佛、定光佛的崇拜；潮汕人的妈祖信仰、大峰崇拜等。这些例子说明，同一个地方，其核心地区与边远地区的文化传统都会发生渐变，如果说核心地区的

---

① 陈泽泓：《潮汕文化概说》，广东人民出版社，2013，第 34 页。

文化传统特征最强烈、最集中的话，那么离核心区越远，核心地区的文化传统特征就会越来越淡薄，或者说呈现出一种变化较大的状态，就会越来越受到周边其他文化传统特征的影响。而越是地处不同文化传统交界的地方，就越容易看到不同文化传统在同一个地方的影响。比如与潮汕地区相邻的汕尾市以及周边的大浦、丰顺县等，这些地方被认为是客家人的地盘，但在很大程度上却受到了潮汕文化传统的辐射与影响。此外，即使在同一个地方，由于现当代人口流动的影响（尤其是改革开放四十年更是加速和加剧了人口的流动，比如深圳市一城便有近四百万的潮汕人），也会有来自不同地方的民间信仰传统。这就是为什么在广府、客家、潮汕与粤西等地，你都可以找到不同民间信仰传统的神祇与拜神仪式，它们互相交织，互相影响，且又互不干扰，这也从另一个侧面说明了广东文化传统中一直以来的包容与开放性格。

同理，在论述民间信仰的神祇时，为了论述方便，笔者也是就广府、客家、潮汕与粤西四个不同地方分别来展开论述的。其实，或许还有别的甚至更好的分类方法，如不按地区而是按照神的属性与功能，如水神（江海河湖神，如南海神、天后、龙母等之类）、火神、山神、树神等自然神，包括所有的医神在内的巫神（鲍姑、何仙姑、金花夫人等），包括英雄神与祖先神等在内的人神（康公、双忠公、韩愈、冼太夫人等），佛教、道教的俗神（如关公、观音、郑仙等）与杂神等，或许又会呈现出另一番景象。而且，笔者的研究也不可能将广东所有的神祇都囊括进来。就上述广府、客家、潮汕与粤西四个不同地方的某一地的神祇做全面研究都无可能。

综上所述，中国的疆域广大，中国的民间信仰无疑带有地域特征，即所谓一方水土养一方人，一方人拜祭一方神，一方神保佑一方人。要搞明白其中的内由，只靠在书斋内看书与冥思苦想是不能解决的（当然，大量阅读和思考也是必不可少的）。宗教研究不是神学研究，而是关于人的研究，关于当下社会的研究，做宗教研究的学者如果把自己囿于书斋或者知识范畴，而不去到"现场"，甚至不愿关注"现场"，那就会偏离宗教研究的核心。尤其是关于现实生活中民间信仰的研究，研究者一定要迈开双腿，深入这一方水土中去探幽不可，如此才有对其贴近的"接地气"的理解与思考。

附录一
广府民间信仰中的女神信仰探略

贺璋瑢　蔡彭冲

摘　要：学界对于民间信仰中女神信仰的研究自20世纪70、80年代以来日益增多，以女性神祇众多的闽台地区的研究成果最为兴盛。而广府地区的女神信仰历来比较繁盛，且颇具地方特色，如女神大多与水、与婚姻生育、与刺绣之类的行业相关。然而，相关学术研究却远不及闽台地区之盛。对包括女神在内的民间信仰研究关系到当代社会新型多元文化与和谐社会的建构，意义重大。

关键词：广府　民间信仰　女神信仰

20世纪70、80年代以来，随着民间信仰及其学术研究的复兴，尤其是女性主义神话学的引入，学界对于民间信仰中女神信仰的研究日益增多，其中以女性神祇众多的闽台地区的研究成果显得最为兴盛。而作为本文研究对象的广府地区①，其女神信仰同样繁盛，人们若去到今天依然香火鼎盛的广州南沙天后宫、广州长洲岛的金花庙、广州增城的何仙姑庙等地，不难感受到广府地区女神信仰的

---

① 广府具有广义和狭义之分，广义的广府通常指的是使用粤语方言地区的汉族族群。如李权时在《岭南文化》一书中圈出的广府民系地区大致包括广东东南部珠江三角洲一带（含今香港、澳门），整个粤中和粤西、粤西南部、湛江地区和广西南部地区。狭义的广府大致指明朝开始设立的广州府的范围。例如陈泽泓等学者认为广府地区的范围应该与历史上的行政区划名称有关，认为广府即广州府的简称，大致包括今天的广州、南海、番禺、顺德、东莞、从化、龙门、增城、新会、中山、三水、新宁、新安、清远、花县以及香港、澳门、佛冈、赤溪等地。本文是在狭义上使用"广府"一词。

浓郁气息。广府地区的女神信仰颇具地方特色,如女神大多与水、与婚姻生育、与刺绣之类的行业相关。然而,相关学术研究却远不及闽台地区之盛。人们对包括女神信仰在内的民间信仰不仅存在认识上的片面性,而且缺乏正确引导和管理。此研究关系到建构新型文化与和谐社会,意义重大。

一 广府女神信仰的历史源流

先秦时期,广府地区所在的岭南一域几乎不见于文献记载。秦汉时期,尽管岭南地区逐渐纳入中央王朝的统治,但此时岭南居民的信仰仍以原始信仰为主,信鬼尚巫之风盛行。如《史记》所载,"是时既灭两越,越人勇之乃言'越人俗信鬼,而其祠皆见鬼,数有效。昔东瓯王敬鬼,寿百六十岁。后世怠慢,故衰耗'。乃令越巫立越祝祠,安台无坛,亦祠天神上帝百鬼,而以鸡卜。上信之,越祠鸡卜始用。"[①] 所谓"鸡卜"是在岭南地区十分流行的一类占卜习俗。上述越俗信鬼尚巫之风在广府所在的岭南地区影响久远。

汉末以后,随着大批汉族陆续南来和汉族与当地土著的不断结合,中原文化逐渐开始影响和同化岭南地区。儒家的伦理道德逐渐影响岭南,而随着汉末两晋以后佛教与道教的传播与发展,大量佛教和道教神祇信仰逐渐渗入和冲击岭南地区传统的民众信仰。相对于佛教,道教对岭南地区的女神信仰影响更大,大量为道教吸纳的民间女神——道教女仙也随着移民传入岭南。如禾谷夫人、西王母、花王父母(花婆)等。与此同时,岭南之地"好巫尚鬼"的传统也为此地的造神运动提供了素材。在道教的影响下,岭南地区的地方道教女仙也随之出现,最具代表性的便是晋代著名道士和医家葛洪的妻子、著名炼丹术家、我国医学史上第一位女灸学家鲍姑(约309~363)。

唐宋元时期是广府民间信仰的大发展时期,此时外来的女神继续传入与逐渐地方化,如天后(妈祖)、观音等;且本地女神也在不断涌现,如广州的金花夫人、广州增城的何仙姑、绣工神卢眉

---

① (西汉)司马迁:《史记》,线装书局,2006,第75页。

娘、铁匠神涌铁夫人等。而在多元文化为背景的民间信仰中，各路神灵逐渐出现整合的现象，一方面是官方对民间信仰的整合——用儒家伦理对民间神祇进行甄别并纳入官方祭祀，赋予其伦理教化的意义，如有宋一代，妈祖自宣和五年（1123 年）起受封号 16 次，广东德庆悦城龙母在熙宁十年（1077 年）加封录济崇福圣妃，赐额"永济"，后改额"孝通"；另一方面则是佛教道教的神灵与民间神灵的整合。民间信仰中的女神信仰亦反映了如此趋势。本为民间神灵的天后（妈祖）、龙母、金花夫人等进入道教宫观即是其例证。而且佛教道教的一些神灵也日益民间化、世俗化、平民化，如观音在南北朝以后逐渐从男相转变为女相，唐朝以后女相逐渐占主导地位，被称为观音娘娘，到了宋代更是出现了千手观音、白衣观音、鱼篮观音①、水月观音等诸多变相。以观音为名号的寺、庙、庵、堂、阁等在广府地区大量涌现出来。从观音传说中妙善公主的故事、道教八仙信仰中何仙姑的故事均不难看出民间信仰对佛道教神灵的改造与融合。因此，广府地区女性神祇的本身故事在唐宋以后则更加丰富，且融入了符合儒、释、道思想的内容，更加符合主流的意识形态思想，同时也更加迎合了民众的心理需求。

　　明清时期，广府民间信仰的主要女神神祇已经大致固定下来。要说明的是，明清两朝在大力整顿神明体系的同时，针对民间信仰中的"淫祠""淫祀"一度实行废禁，但一些包括女神在内的民间信仰却有着深厚的民众基础，欲禁不得，反而愈加兴旺。如嘉靖三年（1522 年）提督魏校有废淫祠之举，将金花庙毁祠焚像，但是广州人仍笃信金花女神，又成立金花会，金花夫人不仅香火不断，而且发展至供有八十余神并十二奶娘，这些奶娘各司其职，如生男祈白花夫人曹氏、生女祈红花夫人叶氏、保胎夫人陈氏、养育夫人邓氏等，这十二位夫人，加上主神金花夫人，都与女性生儿育女相关，济济一堂，香火旺盛。阮元《广东通志》云："南粤神祠，不列祀典者颇多。如悦城龙媪。见于《太平寰宇记》、《舆地纪胜》

---

① 鱼篮观音又被称为马郎妇或锁骨观音。传说观音化身为一卖鱼妇，来到一淫乱之村落，允诺下嫁给最会背佛经的男子。马郎成功夺魁，但在迎娶之日，卖鱼妇却突然病逝。数日之后，外地来的一位僧人称卖鱼妇实为观音化身，并带着卖鱼妇所幻化的锁子骨升天而去。当地人则因此神迹而从此信佛。

诸书,由来已久。金花之祀,以祓无子,于古高禖为近,皆未可略。其余淫祠,一概弗登,俾知秩祀谨严于以儆人心、正风俗,而不黩于邪焉"①。由此可见官方实际上对民间信仰深广者不得不予以正视与承认。

二 广府民间信仰中主要的女神神祇

如上所述,到明清时期,广府民间信仰中关于女神的主要神祇已大致固定下来,笔者根据明清时期广府地区的地方志中"祠(坛)庙""风俗""祀典""仙释"以及明清时期的士人文集、笔记有关中有关女神的记载,草拟成广府地区女神一览表如下:

明清时期广府地区女神一览表②

祭祀神祇	盛行地区	资料来源	功能备注
观音（慈航圣母）	广州府各地均有	广州府各地方志中"祠庙""寺观""风俗"栏多有记载	送子、保平安、发财
鲍姑	"鲍姑,靓之女也,与洪相次仙去,至唐时人尤见其行灸于南海,有崔炜者得其越井冈艾灼赘瘤尤验"《南海县》	万历《南海县志》卷十三《外志·仙释》	医药神
斗姥（斗姆元君）	"斗姥宫:一在东门外线香街,一在城西卢狄巷口（斗姥即摩支利神明,两广总督熊文灿平海寇于空中见之,遂立庙以祀,据南海志番禺志参修）"（广州府）	光绪《广州府志》卷六十七《建置略四·坛庙》	福禄神
	"斗姥宫:在大通堡秀水南塘村外"（南海县）	同治《南海县志》卷五《建置略二·祠庙》	

---

① 道光《广东通志》卷一百四十五《建置略二十一·坛庙一》,道光二年刻本。
② 此表格中神祇的"盛行地区""资料来源"主要参见广州美术出版社出版的《广东历代方志集成》中"广州府部"以及屈大均《广东新语》的内容。神祇"功能"的主要依据为:沈丽华,邵一飞编《广东神源初探》,大众文艺出版社,2007;叶春生,施爱东编:《广东民俗大典》（第2版）,广东高等教育出版社,2002。

附录一 广府民间信仰中的女神信仰探略

续表

祭祀神祇	盛行地区	资料来源	功能备注
西王母	"广州多有祠祀西王母。左右有夫人。两送子者,两催生者,两治痘疹者,凡六位,盖西王母弟子若飞琼、董双成、萼绿华之流者也。相传西王母为人注寿注福注禄,诸弟子亦以保婴为事,故人民事之惟恐后……"	屈大均《广东新语》卷六《神语》	主婚姻、生育、平安
何仙姑	"会仙观,在万寿寺右即何仙姑故居","何仙姑祠,在会仙观内,祠前有井,即仙姑化身处。"(增城县)	乾隆《增城县志》卷八《祠祭》	女仙,无专门职能
	"仙姑庙,在县东旧城基脚。何仙姑者乃增城县民何泰之女,唐开耀间人……"(清远县)	民国《清远县志》卷十七《胜迹下·祠宇坛庙》	
天后（天妃）	广州府各地均有	广州府各地地方志"坛庙""祀典""风俗"栏中多有记载	海神、商业保护神、生育神
龙母	广州府各地均有	广州府各地地方志"坛庙""祀典""风俗"栏中多有记载	水神,保平安
金花夫人	广州府大部分地区都有,就地方志记载来看,金花庙在南海县、顺德县、番禺县、龙门县、新宁县、香山县、新会县、清远县均有分布。	同治《南海县志》卷五《建置略二·坛庙》 咸丰《顺德县志》卷十六《胜迹略·祠庙》 乾隆《番禺县志》卷二十《杂记》 道光《龙门县志》卷六《建置三·坛庙》 乾隆《新宁县志》卷一《建置》 乾隆《香山县志》卷六《建置·坛庙》 道光《新会县志》卷四《坛庙》民国《清远县志》卷十七《胜迹下·祠宇坛庙》	生育神

续表

祭祀神祇	盛行地区	资料来源	功能备注
七娘神	广州府各地均有	广州府各地地方志中"风俗"栏	婚姻、爱情保护神
三娘	"三娘,在沙滘"(顺德县)	咸丰《顺德县志》卷十六《胜迹略·祠庙》	广州、顺德、新会等地皆有三娘庙,不过关于三娘为何神,学界并无定论,有说三娘是宋帝杨太后的,也有认为三娘是三霄娘娘的。
三娘	"河南有三娘庙,妓女伤迟暮者祈之"(番禺县)	同治《番禺县志》卷五十四《杂记二》	
三娘	"三娘古庙,在迳南山麓祀元列妇陈赵氏(采访册府志邑志有传)"(新宁县)	光绪《新宁县志》卷九《建置略上·坛庙》	
月娘神	"妇女设茶酒于月下,罩以竹箕,以青帕覆之,以一箸倒插箕上,左右二人连之作书,问事吉凶,又书花样,谓之'踏月姊'"(新会县)	屈大均《广东新语》卷十二《诗语》	保佑合家团圆、家庭幸福兼占卜之职
花婆(阿婆神、花王父母、花王)	"花王庙,一在佛山山紫铺地藏庙右,一在岳庙铺永丰社前,一在石路头铺兴隆街,一在观音堂铺涌边坊"(南海县)	宣统《南海县志》卷六《建置略》	生育与健康之神、保佑添丁与小孩平安
花婆(阿婆神、花王父母、花王)	"越人祈子,必于花王父母。有祝辞云:白花男,红花女。故婚夕亲戚皆往送花,盖取'诗华如桃李'之义。诗以桃李二物,兴男女二人,故桃夭言女也,摽梅言男也,女桃而男梅也。华山上有石养父母祠,秦人往往祈子,亦花王父母之义也"	屈大均《广东新语》卷六《神语》	

附录一 广府民间信仰中的女神信仰探略

续表

祭祀神祇	盛行地区	资料来源	功能备注
禾谷夫人（禾婆）	"禾谷夫人祠"（广州府）	光绪《广州府志》卷六十七《建置略四·坛庙》	农神
	"禾婆庙，在砺溪堡横江墟"（南海县）	同治《南海县志》卷五《建置略二·祠庙》	
	"禾花，祀姜嫄，右祀金花，在三桂，凡八十有四"（顺德县）	咸丰《顺德县志》卷十六《胜迹略·祠庙》	
	"禾谷夫人庙"（新宁县）	道光《新宁县志》卷五《建置略·坛庙》	
痘母	"在佛山山紫铺社地"（南海县）	宣统《南海县志》卷六《建置略》	健康神，儿童保护神
黄道姑	"黄道姑者，新会人，女释也，生于皇祐，其父母富而无子，惟道姑承业。少慧，因有所感，遂不用纺绩，指海成田万顷，施于光孝、南华及开元、东禅、西禅、仁王、龙兴诸寺而光孝尤多。绍兴元年卒，年八十三，光孝寺僧为立祠墓在江门明冢"（新会县）	乾隆《南海县志》卷十七《人物志三·仙释》	女释，无专职
陈仁娇	"陈仁娇，南海人，其父纪寓居于琼。仁娇尝梦为逍遥游，及寤，每思旧游不可得，忽八月望丙辰，有仙数百从空招之，仁娇超然随众朝谒于帝，遂掌蓬莱紫虚洞。宋元祐中降于广州进士黄洞之家"（南海县）	崇祯《南海县志》卷十三《外志·仙释》	女仙，无专职
	"陈仁娇者，汉廷尉临之后也。父纪，母邓氏。自幼灵敏，父母名之曰安。乃自以仁娇为字，家人叹异之。尝梦为逍遥游，餐丹霞，饮玉液，及寤不瞑。……"（香山县）	嘉靖《香山县志》卷八《杂志·仙释》	

续表

祭祀神祇	盛行地区	资料来源	功能备注
卢眉娘	"卢眉娘生而眉绿,人称为眉娘。顺宗朝南海贡之京师,称北祖帝师之裔,幼聪慧,能于尺绢上绣法华经,字如粟……后数年不食,尸解,香气满室。将葬,举棺轻,及撤其盖,惟存旧履而已,其后有见眉娘乘紫云于海上。"(南海县)	崇祯《南海县志》卷十三《外志·仙释》	绣工神
涌铁夫人	"相传有林氏妇,以共夫通欠官铁,于是投身炉中,以出多铁。今开炉者必祠祀,称为涌铁夫人。其事怪甚"(佛山)	屈大均:《广东新语》卷十五,《货语·铁》	铁匠神
陈日娘	"顺德俗,每于岁之八月二十五,妇女群为日娘为祝,识者笑其不典;盖'日'而又'娘'之故也。然据故老相传,则别有故实。先是县东门外,有某妇名日娘者,素工刺绣,小女子从学者多,既死无子,其徒弟相率于其生日致祭。八月二十五即其生日,故他县皆无之。因其爲女红师,故其祀事遍一邑也"(顺德县)	光绪《广州府志》卷十五《舆地略七》	绣工神
紫姑 (三姑、 三姑仔)	"请紫姑仙于厕以咏吉凶"(香山县)	嘉靖《香山县志》卷一《风土志》	厕神、冥神,占卜
	"相传紫姑以是夜为大妇所逐死,故俗悯而祀之,亦相戒以不妒也"(东莞县)	民国《东莞县志》卷九《舆地略八·风俗》	
红娘	"又广州男子未娶,亦多有犯红娘以死。谚曰:'女忌绿郎,男忌红娘',皆谓命带绿郎红娘者可治,出门而与绿郎红娘遇者不可治。此甚妄也"	屈大均《广东新语》卷六《神语》	冥神、煞神,主男婚姻及命相,与绿郎相对

附录一　广府民间信仰中的女神信仰探略

续表

祭祀神祇	盛行地区	资料来源	功能备注
曹主娘娘（虞夫人）	"英德虞夫人祠。在恩洲堡缁步。志称其生能挫黄巢之锋，死能制峒寇之暴，今为盐船香火，俗称曹主娘娘，道光中叶创建，颇具园林花木之盛"（南海县）	同治《南海县志》卷五《建置略二·祠庙》	水神、祖先神、平安神
	"曹主庙，在下廊石狮巷。神为唐时英德县麻寨乡神将曹某妻，称为曹主娘娘虞夫人，宋嘉定敕封诏书云：'生能抗黄巢之锋，死能据峒寇之虐'，多显灵应，故邑人祀之"（清远县）	民国《清远县志》卷十七《胜迹下·祠宇坛庙》	
杨太后	"杨太后庙：在山南堡石浦村东，庙左右古松数百株……"（南海县）	同治《南海县志》卷五《建置略二·祠庙》	职能不详
	"全节庙，即宋慈元殿，在崖山西向以祀杨太后，明弘治四年布政使刘大夏建"（新会县）	康熙《新会县志》卷四《祀典》	
吴妙静	"贞女祠，在龙江，祀宋贞女吴妙静"（顺德县）	乾隆《广州府志》卷十七《祠坛》	贞节妇女，无专门职能
南海夫人（明顺夫人、沈氏夫人）	"明顺者，王之夫人，皇祐所封号也"	屈大均《广东新语》卷六《神语》	配偶神，保护孩童

女神虽多，若不论学界论说最多的天后、观音等从广府以外来的女神，广府当地"出产"的最为著名的女神有：

（一）中国医学史上第一位女灸学家鲍姑。鲍姑出生于一个官宦兼道士之家，其父鲍靓是广东南海太守。鲍姑自幼在父亲的耳熏目染下，对道教十分熟悉，嫁给了晋代著名道士和医家葛洪后，成为葛洪的得力助手。她以专治赘瘤和赘疣而闻名于时，以艾线灸人身之赘瘤，一灼即消，疗效显著。鲍姑行医、采药，足迹广阔，遍及南海县、番禺县、广州市、惠州市、惠阳县、博罗县、罗浮山一带，经常出没崇山峻岭，溪涧河畔。其足迹所到之处，至今皆有县志、府志及通史记载，这些地方志书，都把她作为仙人，称为鲍仙姑,她制的艾也称"神艾"。葛洪在罗浮山逝世后,鲍姑和其弟子来到广州越岗院,一面修道,一面为百姓治病。她医术精湛。往往药到病除,她去世后人们为纪念她而凿井修祠。今广东博罗罗浮山冲虚古观内有鲍仙姑殿,广州越秀山下的三元宫内也有鲍仙姑殿和纪念碑。

(二)广州增城的何仙姑。何仙姑是道教八仙中唯一的一名女性,然而有关何仙姑出身籍贯的说法众说纷纭,少说有八九处,其中以湖南的永州和广东的增城最为有名。明吴元泰的《八仙出处东游记》将增城的何仙姑列为正宗,从此确定了现在我们熟知的八仙队伍。① 增城的何仙姑庙、何仙姑井至今犹存。

何仙姑最早见于北宋初的《太平广记》中引述唐戴孚《广异记》的记载:"广州有何二娘者,以织鞋子为业,年二十,与母居。素不修仙术,忽谓母曰:住此闷,意欲行游。后一日便飞去。上罗浮山寺。山僧问其来由,答云:愿事和尚。自尔恒留居止。初不饮食,每为寺众采山果充斋,亦不知其所取。罗浮山北是循州,去南海四百里,循州山寺有杨梅树,大数十围,何氏每采其实,及斋而返。后循州山寺僧至罗浮山,说云:某月日有仙女来采杨梅。验之,果是何氏所采之日也。由此远近知其得仙。后乃不复居寺,或旬月则一来耳。唐开元(713—741)中,救令黄门使往广州求何氏,得之,与使俱入京。中途,黄门使悦其色,意欲挑之而未言,忽云:中使有如此心,不可留矣。言毕,踊身而去,不知所之。其后绝迹不至人间矣。"②

《广异记》所记载的"何二娘"已二十岁,却与母亲居住在一起,让人不解,不修仙术,竟"飞"去,更令人匪夷所思。这里的何二娘是一位道教女仙的形象,不过她并不修仙术,无人点化却能飞,"巫"的气质比较浓郁,"愿事和尚"之说或许反映了唐宋时期岭南佛道教的融合。

---

① 有关八仙的传说,说法各异。宋元时期,一般以张果老、汉钟离、曹国舅、铁拐李、吕洞宾、韩湘子、蓝采和及徐仙翁为八仙,称"宋元八仙",元代陶宗仪《南村辍耕录》等典籍有所记载。明代,吴元泰的《八仙出处东游记》将徐仙翁剔出八仙队伍,代之以何仙姑,称"明八仙"。现在民间流行的八仙信仰多为明八仙。

② (北宋)李昉等:《太平广记》,中华书局,1961,第390页。

到了元代，何仙姑的形象更加具体，如"何仙姑，广州增城县何泰之女也。唐天后时时住云母溪，年十四五。一夕梦神人教食云母粉可得轻身不死，因饵之，誓不嫁。常往来山顶，其行如飞，每朝去，暮则持山果归，遗其母。后遂辟谷，语言异常。天后遣使召赴阙中，路失之。广州《会仙观记》云：景龙中白日升仙，至玄宗天宝九载，何仙姑居此食云母，唐中宗虚观会乡人斋，有五色云起於麻姑坛，众皆见之，有仙于缥缈而出。道士蔡天一识其为何仙姑也。代宗大历中又现身於小石楼。广州刺史高晕具上其事於朝。"①在赵道一的记载中何仙姑的身份更为具体——增城何泰之女，还增加了"誓不嫁""采山果遗其母"的细节，凸显了何仙姑的贞洁和孝行。此外"食云母"而成仙的经历与《太平广记》中的记载也有出入。增城何仙姑并没有一些与民众互动的记载，也没有求雨、治病此类显灵事件，她之所以能在增城一方广受供奉，甚至取代湖南永州何仙姑的地位，成为八仙之一，这或许与地方士绅的支持和改造不无关系。

（三）广州的金花夫人。亦称金华夫人、金花娘娘、惠福夫人、金花圣母等，广州人称其为"送子娘娘"，她是广府人传说中的生育女神。从前广州很多地方都有"金花庙"，奉祀金花夫人。据广州的《金花庙碑》，她生于明代洪武七年（1374），"成仙"于洪武二十二年（1389）三月初七日午时，享年（阳寿）仅为15岁。农历四月十七日是金花夫人的生日，这一天到金花庙烧香祭拜的人络绎不绝。金花的故事源于广州，遍及广东全省，以珠三角一带最为流传。有别于我国传统公认的送子观音，金花夫人堪称广州以至广东一大地方特色。

据民间传说，金花本是一民女，一直没有嫁人。有一日溺死湖中，尸身数日不坏且有异香，人设庙祀之，多为求子祈福。清代李调元《南越笔记》记载："夫人字金华，少为女巫，不嫁，溺死湖中，数日不坏。有异香，即有一黄沉女像浮出，绝似夫人。众以为水仙，因祀之，名其地曰仙湖。祈子多验，妇女有谣云：'祈子金

---

① （元）赵道一：《历世真仙体道通鉴后集》，卷五《续修四库全书》第1295册，上海古籍出版社，2002，第167页。

华，多得白花：三年两朵，离离成果。'"①

清代屈大均《广东新语》的记载大同小异："广州多有金华夫人祠，夫人字金华。少为女巫不嫁，善能调媚鬼神，其后溺死湖中，数日不坏，有异香。即有一黄沉女像容貌绝类夫人者浮出，人以为水仙，取祠之，因名其地曰仙湖，祈子往往有验。"② 此处的的金花夫人形象带有明显"巫"的性质。还有另外一种说法，"神本处女，有巡按夫人方娩数日不下，几殆。梦神告曰：'请金花女至则产矣'。密访得之，甫至署，夫人果诞子，由此无敢昏神者，神羞之遂投湖死，粤人肖像以祀神。姓金名花，当时人呼为金花小娘，以其能佑人生子，不当在处女之列，故称夫人云。"③ 即是说，从前，有一位巡按夫人分娩数日，仍生不下孩子，有神托梦教她去求金花女，果然顺利产子。人们都认为金花是神，没人敢娶。羞愧之下，金花投湖而死。后人祀以为神。由于金花能庇佑人生育，称少女不太合适，遂改为金花夫人。这后一说与前一说有两点不同，其一，金花夫人形象由女巫变成了处女。其二，金花夫人的"显灵"，从原来的"观竞渡"时不小心掉入湖中，尸体不腐，闻有异香而成神；到后来成功帮助巡按夫人生产，羞愧投湖而成神。显然后一种说法更符合儒家的思想，从而为金花夫人信仰提供了官方支持。

广府地区的妇女怀孕祈求顺利产子，多拜祀金花娘娘。明清时，金花娘娘庙已遍及广东各地，清代梁绍壬《两般秋雨庵随笔》记载："广东金花夫人庙最多。"④ 以往，广东民间有"金花诞""金花会"习俗，每年农历四月十七金花娘娘诞期均会举办盛大祭祀活动。《羊城古钞》载："每岁首夏神诞，报赛者烟花、火炮、百戏骈集，歌舞之声旬月末已焉。"⑤ 此外竹枝词中也记有金花诞的盛况："金花葵扇及高香，许愿酬神逐队忙。妾久住居鸡鸭窖，嫁郎须近凤

---

① （清）李调元：《南越笔记》，中华书局，1985，第65页。
② （清）屈大均：《广东新语》，中华书局，1985，第215页。
③ （清）黄芝：《粤小记》，《清代广东笔记五种》，广州人民出版社，2006，第392页。
④ （清）梁绍壬：《两般秋雨庵随笔》，新疆人民出版社，1995，第214页。
⑤ （清）仇巨川纂《羊城古钞》，广东人民出版社，2011，第146页。

冈。"① 据史料记载，旧时广州城河南金花庙规模最大，内供有金花夫人及十二奶娘像，气势宏大，香火旺盛。有一首流传甚广的广州民歌："一条河水曲弯弯，顺风顺水到河南，河南有个金花庙，有人求神保仔生……"足证其知名度之影响深远，堪称广州金花庙"之最"。现今广州还存长洲岛的金花庙，南海神庙内仍附祀有金花娘娘殿。

（四）龙母神。龙母信仰是岭南地区，尤其是西江流域、珠江三角洲流域盛行的民间信仰，影响远及香港、澳门、福建、江西等地。关于龙母的传说大概形成于汉晋（这比天后信仰的历史要悠久得多），自唐代起，历代敕封，龙母遂成为正统神灵，并传播四方。到明清时期，龙母日渐成为岭南诸神信仰中的主要神祇之一，龙母庙遍及广州府、肇庆府、高州府、韶州府等地。广州府仅南海县就有6座龙母庙。许多地方的史志文献碑刻都记载了人们祭祀龙母，为的是祈求平安，平复波涛，治水患，降甘霖，消除疾疫，保护母婴等，上述功能体现在龙母庙中广为流传的《龙母真经》中。

三 广府民间信仰中女神的职能与作用

人们之所以要拜神，最主要是因为神的职能与作用，民间信仰最主要的特征就在于其功能性与实用功利性。换言之，民间信仰中的各种神灵都有满足百姓日常生产和生活所需要的具体职能，而且神的职能不是单一和固定不变的，每一个神灵都有一种主要职能，同时兼掌其他多种职能，神阶越高，职能越多。如天后最初的主要职能是祈雨和预测吉凶，宋代以后被奉为航海保护神，同时增加了驱邪治病、降魔镇妖、祈求子嗣等职能。又如龙母本是水神，后来也有了"送子"与保护母婴的功能。

基于上述表格对于广府女性神祇的梳理，不难看出广府地区女神有如下功能与作用。

（一）降雨除旱、保驾护航

广府地区的地理范围主要为珠江三角洲区域，这里水道纵横，河涌密布，水患频仍，又濒临海洋，水神信仰尤为兴盛。在明清时

---

① 叶英华：《珠江棹歌》，雷梦水等编《中华竹枝词》第4册，北京古籍出版社，1997，第2878页。

期广府地区的神灵体系中,南海神、雷神、飓风神、北帝、伏波神、龙王等均为水神,而且香火鼎盛,信众众多。与这些男性水神相比,女性水神信仰毫不逊色,其中以海神天后与水神龙母尤为典型。龙母水神是岭南地区的本土女神,也是该地区出现时间最早的女神之一。广州府的龙母庙的数量仅次于龙母信仰发源地的肇庆府。在南海、顺德、佛山、增城、东莞、新会、香山等地均有分布。而广府地区的天后宫(妈祖庙)更是不可胜数,广州府各县都有天后宫,以南海为例,同治年间所编《南海县志》所记载的女神庙中,天后宫的数量仅次于观音庙,共计17间,远远超过金花庙(4间)、斗姥宫(1间)、禾婆庙(1间)、杨太后庙(1间)的数量。①

人们不禁要问,为什么女性水神能降雨除旱、保佑人们的水上安全?这或许是因为中国传统文化中的阴阳观念使得女性与水同属一类,即"阴"的类别,人们认为,山为阳、水为阴、日为阳、月为阴,男为阳、女为阴。所谓"天有地即有山水,水阴物,母阴神,居人因水立祠,始名女郎祠。后祷雨有应,庙制始大。坐瓮之说,盖出于田夫野老、妇人女子之口,非士君子达理者所宜道也"②。而且"水滋养万物,被誉为生命之源,这与女性被赋予孕育生命的功能相同。水、月亮和妇女就被视为构成人类和宇宙的丰产轨迹"③。

(二)婚姻生育的护佑

中国传统社会历来关注传宗接代之事,对女子而言,能否生个男孩,直接关系到自己在家庭、家族中的地位以及个人的幸福。因此,与生子有关的女神格外受到女性的顶礼膜拜便是自然的了。在广府地区的女神信仰体系中,许多女神,无论是龙母、金花夫人,还是天后(天后在广府地区常被称为娘妈,并因其求子有应而广受供奉)、观音等,也都是生育保佑神。她们都具有送子、助产和护幼的功能。甚至作为行业神——蚕神的沈氏夫人,同样也具有保护幼童的职能,并被信众们亲切地称为"姑婆"。逢年过节,人们就

---

① 此数据来源于同治《南海县志》卷五《建置略二·坛庙》,同治十一年刻本。
② 嘉靖《太原县志》,卷三《杂志》,嘉靖三十年刻本。
③ 〔美〕米乐恰·伊利亚德:《神圣的存在——比较宗教的范型》,晏可佳、姚蓓琴译,广西师范大学出版社,2008年,第171页。

会前往庙中祈求"姑婆"福佑孩童。①

金花夫人无疑是广府地区的女性普遍信奉的生育女神,明清时期,广府地区各地建有多处"金花庙",专祀金花夫人。每年四月十七为金花夫人诞,届时各类仪式活动甚为热闹。"四月十七日,'金花夫人神诞'。祈子者率为'金花会'报赛,亦繁盛,然以拟珠江南岸之金花庙则远不逮矣。"② 在金花夫人庙中,常以十二奶娘像作为配祀,这使得金花夫人的生育神色彩更为浓厚。广东民间各地供奉十二奶娘专庙多为小庙,在大庙中一般供奉在侧殿,常与金花夫人一并供奉。十二奶娘是指十二位专司生育等职的女神,分工细致,从投胎、怀胎、定男女、保胎,直到分娩、养育,乃至吃、喝、梳洗、行走、去病等无所不包,尤其受到负责养儿育女的妇女们的欢迎与崇拜。正如清道光时《佛山忠义乡志》所说:"金花会盛于省城河南,乡内则甚少。唯妇人则崇信之。如亚妈庙各处,内有十二奶娘,妇人求子者入庙礼拜,择奶娘所抱子,以红绳系之,则托生为己子,试之多验。然年卒不少。"③

生育女神的功能主要表现在"生"与"育"两大内容上。前者包括不孕者求孕,无子者求子;后者包括在婴儿出生后,保佑孩童健康成长、无病无灾。在传统社会,生育繁衍的功能被归诸女性,很少认为婚后长期无嗣是男性的责任。妇女在生育问题上所遭受的巨大精神压力,使得她们具有强烈的求神赐子的心理需求。虽然也有去男性神祇的庙宇中祈子的现象,但是社会风俗更多地认为女神与生育有更直接的关系,因而将保佑生育的功能赋予女神。

除了保佑生育,女神还在婚姻等方面给予女性以依赖感。在中国传统社会,女性没有婚姻自主权,往往是遵循"父母之命,媒妁之言"。牛郎织女"鹊桥相会"的浪漫传说,体现出了古代女子对婚姻和美好生活的向往。广府地区亦保留着许多有关祭拜织女的风俗,如"七娘会"(在民间也称为"拜七姐")。这种活动在清初尤其盛行。在每年七夕那天,未出嫁的女性便用自己的巧手制作祭拜

---

① 沈丽华、邵一飞编《广东神源初探》,大众文艺出版社,2007,第242页。
② 道光《佛山忠义乡志》卷五《乡俗志》,道光十年刻本。
③ 道光《佛山忠义乡志》卷十四《杂录》,道光十年刻本。

七姐的贡品。她们不仅希望祈求织女赐予她们一双灵巧的手,更期盼一桩称心如意的姻缘。

(三)行业女神的经济职能

行业祖师是民间信仰的一大分支,所谓"行行有祖师爷,业业有守护神",人们的常识中,行业神多为男性神,但在广府的行业神中却不乏女性神。前文所言的鲍姑,无疑是针灸业方面的行业神。广府地区较为著名的女性行业神还有卢眉娘、黄道姑、陈日娘和涌铁夫人等。

"粤绣"作为中国四大名绣之一,其祖师是南海的卢眉娘。卢眉娘,唐代永贞年间广东南海人,后被封为女仙、绣工神。据《杜阳杂编》:"眉娘幼而慧悟,工巧无比,能于一尺绢上,绣《法华经》七卷,字之大小,不逾粟粒,而点画分明,细如毛发;其品题章句,无有遗漏。更善作飞仙盖,以丝一缕分为三缕,染成五色,于掌中结为伞盖五重,其中有十洲三岛、天人玉女、台殿麟凤之像,而外列持幢捧节之童,亦不啻千数。其盖阔一丈,秤之无三数两,自煎香膏缚之,则虬硬不断。"① 由于卢眉娘高超的刺绣技术,"唐顺宗皇帝嘉其工,谓之神姑,因令止于宫中。……至元和中,宪宗嘉其聪慧而又奇巧,遂赐金凤环,以束其腕。"② 然而眉娘不喜欢被约束的生活,遂当了道士,宪宗只好放她回南海,赐给她道号——"逍遥"。后来卢眉娘便在南海西樵山紫姑峰修道并传授技艺。

陈日娘是明清时期广东顺德一带有名的绣工神,与卢眉娘同为粤绣祖师。据《顺德县志》记载:"顺德俗,每于岁之八月二十五,妇女群为日娘称祝,识者笑其不典;盖'日'而又'娘'之故也。然据故老相传,则别有故实。先是县东门外,有某妇名日娘者,素工刺绣,小女子从学者多,既死无子,其徒弟相率于其生日致祭。八月二十五即其生日,故他县皆无之。因其为女红师,故其祀事遍一邑也。"③ 日娘是顺德大良一带的刺绣大师,刺绣技艺高超,许多女子都拜其为师。因日娘终生未嫁,并无子嗣,她死后众弟子每

---

① (唐)苏鹗:《杜阳杂编》卷中。
② (唐)苏鹗:《杜阳杂编》卷中。
③ 光绪《广州府志》卷十五《舆地略七》,光绪五年刻本。

逢其生日都会举行仪式，备果品香烛以拜祭追念，年复一年，逐渐被神化，成为顺德一邑刺绣行业崇拜的神祇。

卢眉娘与陈日娘虽同为广府地区的刺绣神，但她们在民间的影响力上大为不同。唐代的卢眉娘被奉为神仙，有关她的事迹见诸道教经典、地方志书、士人文集中，但在民间似乎少有祭祀，而陈日娘这位女红师傅，竟被一邑妇女祭祀。或许是因为她有不少徒弟，从而在死后受到其拥趸的供奉，并日渐神化。对于陈日娘的身份，更有学者猜测她极有可能是自梳女。① 不论陈日娘的身份如何，颇为兴盛的日娘诞从侧面反映了清代顺德妇女对于刺绣技艺的崇尚。这种崇尚与刺绣行业在广府经济中的重要性不无关系。明后期至清代，清政府只限广州一口通商，"广货"② 闻名海外，广绣成为颇受欢迎的外销品，绣货交易日渐兴旺。在顺德，妇女多拜日娘，这或许与顺德刺绣行业的从业者多为女性有关。

涌铁夫人，是广东冶炼业祭祀的女神，据说姓林，为了帮丈夫出更多的铁而投身炉中，"相传有林氏妇，以共夫逋欠官铁，于是投身炉中，以出多铁。今开炉者必祠祀，称为涌铁夫人。其事怪甚"。③ 至于冶铁之神何以为女性，同书说是由于"铁于五金属水，名曰黑金，乃太阴之精所成，其神女子"④。中华铁冶自古深受"阴阳五行说"的影响，奉女性为冶神，其缘由或许是"水"克"火"、"火"克"金"之故，所以才奉祀按"五行"属"水"的女性冶神。⑤ 涌铁夫人作为佛山的冶铁业的祖师，受到铁匠们虔诚的祭拜，"大凡开炉之日，一定向她祭拜，以求铁流滚滚，多获得成品。"⑥

不难理解，在传统社会，女性相对于男性总是处于弱势地位，这使得她们对可能影响个人生活是否顺利的各种因素如身体的健康、生活际遇的好坏、好的婚姻、生育顺利和得子等格外敏感，加

---

① 详见龚伯洪《万缕金丝 广州刺绣》，广东教育出版社，2010，第31页。
② "广货"即广州府（简称广府）的商品，包括广绣、广彩、广钟、广铁等。
③ （清）屈大均：《广东新语》卷十五《货语·铁》，中华书局，1985，第409页。
④ （清）屈大均：《广东新语》卷十五《货语·铁》，中华书局，1985，第409页。
⑤ 详见姜茂发、车传仁《中华铁冶志》，东北大学出版社，2005，第154页。
⑥ 佛山市地方志编纂委员会办公室：《佛山史话》，中山大学出版社，1990，第89页。

之缺医少药，人的平均寿命比较短，而婴儿的死亡率更高。因此，那些能保佑其个人生活顺利和好运、护佑母婴的女神，无论其来自何方，在她们眼中都别具特色和魅力，并不断赋予其神力，虔诚祭拜。这种信仰及其仪式与行为为许多善男信女提供了重要的精神支柱和心理支持。

结 语

在知识普及、科学昌明的今天，人们有病、生孩子会去医院，恋爱婚姻更多依靠自己的判断和抉择，女性也有了自己的职业选择。不像过去的女子，凡事求神。但今天的人也不是万能的，生活中也有许多人"搞不定"的地方，这就是为什么民间信仰，包括女神祭拜在内的民间信仰及其仪式活动（如"生菜会"和南海"波罗诞"等）还会在我们的生活中时隐时现，并不断撩拨我们的记忆……

民间信仰并不是"过去式"，而是一种活态的、具有顽强生命力和广泛影响的文化，具有丰富的文化内涵、美学价值和娱乐功能，当人们将这些功能与旅游、文化交流、商贸等进行整合的时候，民间信仰的开发利用又可以满足人们的多元化的文化口味，成为民众调剂生活的一种方式。如广州俗谚云："正月生菜会[①]，五月龙母诞[②]"，这是旧时广州、南海一带民间两个盛大的节日，现如今人们对传统生菜会作了彻底的改革，以醒狮比赛为主要竞技项目，以生菜会共叙乡情，联谊四方，开展贸易洽谈和物资交流。而五月初八各地的龙母诞以其悠久的历史底蕴和独特的文化形式成为广东省首批国家级非物质文化遗产的申报代表，对龙母文化的崇尚，是"龙的传人"对"心灵"中的"母亲"的缅怀和敬仰，它是汉民族龙文化的一个组成部分。龙母文化正成为两广及港、澳、

---

① 一种祈拜观音以求子求财的集会。汉族民间以夏历每年正月二十六日为观音菩萨诞辰。流行于广州、南海、顺德一带，起源于明末清初。活动除观戏、听曲之外，就是朝拜观音、摸螺求子，食生菜包更是一项必不可少的活动。生菜包的材料几乎都含有寓意，如生菜寓生财，粉丝象征长寿，酸菜表示子孙，蚬肉表示显贵发达，韭菜表示长长久久，吃生菜包希冀人财两旺，长久发达。

② 每年农历的五月初八为龙母诞。

台同胞以至海外侨胞寻根问祖的精神纽带,具有巨大的向心力和凝聚力。由此可见,对包括女神在内的民间信仰的认识与管理关系到当代社会新型多元文化与和谐社会的建构,意义重大。

(原载于《世界宗教研究》2016 年第 4 期)

附录二
龙母女神信仰的社会性别视角思考

华南师范大学历史文化学院教授　贺璋瑢

摘　要： 学界对于民间信仰中女神信仰的研究自20世纪七八十年代以来日益增多，以女性神祇众多的闽台地区的研究成果尤为丰富。而广东的女神信仰历来也比较兴盛，龙母女神即是广东的女神信仰中的突出例子，学界已有许多关于龙母信仰的研究，本文则是从社会性别视角出发对龙母信仰所做的一点思考。

关键词： 龙母女神　社会性别视角

20世纪七八十年代以来，随着民间信仰及其学术研究的复兴，尤其是女性主义神话学的引入，学界对于民间信仰中女神信仰的研究日益增多，其中以女性神祇众多的闽台地区的研究成果尤为丰富。其实，广东地区的女神信仰也同样兴盛，人们若去到今天依然香火旺盛的广州南沙天后宫、广州长洲岛的金花夫人庙、广州增城的何仙姑庙等地，不难感受到广东女神信仰的浓郁气息。而作为本文研究对象的龙母信仰，虽起源于西江流域，却也和天后、金花夫人、何仙姑等一样，同属于广东声名显赫的女神之列。学界已有许多关于龙母信仰的研究，本文是从社会性别视角出发对龙母信仰所做的一点思考。

一　从图腾到女神

在人类历史上，女神信仰和男神信仰一样古老而普遍，女性之神的信仰与崇拜无疑是人类历史上最古老并存在最长久的信仰和崇拜。不过，需要指出的是，在我国现存的文献资料中，原始女神屈指可数，觅其佼佼者不过就是女娲等少数几位而已，但在远离中原汉地的边缘（依古代的地理概念）之地，地方女神的身影倒是常常

附录二 龙母女神信仰的社会性别视角思考

见到,后来受到中原汉文化影响,这些地方女神的形象在得到加工改造之后,逐渐高大起来,并与男神比肩而立。龙母女神就是其中突出一例。

龙母,俗称德庆龙母、悦城龙母、温媪、护国通天惠济显德龙母娘娘等。龙母信仰来自远古岭南百越族的龙(蛇)崇拜,一种通行的观点认为,龙母的原型来自以龙为图腾的"西瓯越族"的一位女首领"译吁宋"①(译吁宋是头人、君长之意)。广东民间传说龙母原为周秦时期广西藤县一弃婴,后被广东德庆县悦城镇温姓渔民收养,随父姓温,捕鱼为生。某日拾一巨卵,归置器中,有五龙孵化飞升。龙母死后,五龙子呼风唤雨,葬母于西江北岸,后人设庙致祭。据专家考证,龙母是远古母系氏族社会中岭南地区某部落的首领。著名的民俗学专家叶春生认为,龙母是秦代生活在西江上游的一个庞大的龙族团支系领袖,她带领族人从广西到广东,并落籍德庆悦城,发展壮大,为当地人做了不少好事,因而受到人们的敬仰。

关于龙母的传说大概形成于汉晋(这比天后妈祖信仰的历史要悠久得多),汉朝敕封龙母为"程溪夫人",唐朝敕封"永安郡夫人",后封"永宁夫人",唐代刘恂的《岭表录异》被学界认为是较早详细记载了龙母事迹的文献。自唐代起,龙母得到朝廷历代敕封,明朝时龙母被封为"护国通天惠济显德龙母娘娘"。从这些封号可见,龙母不仅是女神,也是一方民众的保护神。从宋代起,龙母信仰成为西江流域最重要的信仰,并逐渐扩散开来,成为整个西江流域、珠江三角洲流域盛行的民间信仰。明代时,龙母信仰更是得到朝廷的推崇,得到很高规格的待遇。朱元璋下诏:"世世遣官致祭,亿万斯年,与国无疆",不久又将悦城龙母庙周围山林田地赐予祭祀之用。从明代到清代,龙母日渐成为广府文化圈内的主要神祇之一,香港中文大学游子安教授所藏《粤境酹神》(光绪十六年春月镌,沐恩康宁堂刊)记录了近代广东地区的道教神明,其中有"龙母娘娘,五月初八圣诞"的记载,与华光大帝,洪圣大王、

---

① 参见陆发圆《岭南古越人酋长称谓语源考》,《贵州民族研究》2003年第2期,第150~152页。

金花夫人等神明并列，丝毫没有把龙母娘娘当作"外人"①。研究龙母信仰的论文大多提到，明清时龙母庙已遍及广州府、肇庆府、高州府、韶州府等地。广州府仅南海县就有6座龙母庙。其影响除了广东、广西以外，还远及香港、澳门、福建、江西等地，"晋康郡悦城之龙母，闻于天下矣"。在屈大均的《广东新语》、范端昂的《粤中见闻》、刘后麟的《南汉春秋》、李调元的《粤东笔记》等明清笔记小说中对龙母信仰的盛行均有很多记载，龙母信仰在明清时期俨然成为地道的两广粤语地区的汉民族信仰，成为岭南广府文化的一部分。龙母终于从图腾崇拜上升到女神崇拜，当然，龙母信仰的成型与发展过程也体现了信仰主体族群的变迁。

近代以来，龙母信仰的推动逐渐由政府转向民间。1949年以后，由于众所周知的原因，龙母信仰沉寂了一段时间，自20世纪70年代末改革开放后，龙母庙又开始在各地得到恢复和复兴，1983年6月，悦城龙母祖庙重新开放，该祖庙平时就香火不断，逢节假日更是人头攒动、盛况空前。西江沿岸的一些地方政府，为了推动旅游与当地经济的发展，以及塑造地方的文化品牌形象，也逐渐开始参与到打造龙母文化中来，且力图将龙母文化打造成西江流域的妈祖文化。

二 女神何以显赫

西江龙母女神本起源于南方的图腾崇拜，有着浓重的南越土著文化色彩，但龙母成为正统神灵并流布四方、得以显赫有两个最重要的原因，一是与中原地区的儒家正统文化的加工改造，特别是来自官方的推动分不开；二是与女神本身所具备的性别职能与作用分不开。

就来自儒家正统文化的改造而言，突出了龙母信仰中"母"的元素，这个"母"的元素彰显了人性中母性的宽容、和平与慈爱精神，被誉为"母仪龙德"。具体表现在以下几个方面。其一，龙母信仰中有儒家文化的"仁慈"元素，龙母首先是有恩于民的仁慈圣母，人类总是有与生俱来的对母亲的依恋，而且这种对母亲的依恋

---

① 游子安：《清末广东道教文献探研——〈粤境酬神〉》，《香港中文大学道教文化研究中心通讯》2006年第3期，第1页。

附录二　龙母女神信仰的社会性别视角思考

又总是与大河、大海联系在一起,人们总是说母亲河而很少说父亲河。虽然渔民、水手多为男性,但大河、大海的危险性和不可预测性,早在人们心底深处埋下了不可抹去的恐惧感,这就使得人们在危难中,在下意识、潜意识和无意识中总是怀念在母腹中的安全感,面对滔滔大水本能地激发出恋母本能和恋母情结。而母亲的仁慈本能,不会对她在危难中的儿女视而不见,视而不救。所以人们祭祀龙母就是为了祈求平安,平复波涛,龙母信仰的最核心内容是保佑风调雨顺、水路畅通与西江来往船只客商平安。唐代中期,江边舟船祭祀龙媪是最主要的崇拜形式。况且,龙母在民众的心目中还是一位慈爱能干的"阿嫲",她能耕能织,能渔能牧,能预知祸福,能医治百病,能保境安民,她"豢龙和养物放生",泽及苍生,却"无意望报",且"慨然有利泽天下之心"。其种种善行无不体现了仁慈、博爱的母亲情怀,对当时和后代的人们亲切而温暖。当人们生活中遭受挫折时,就会像向祖母、母亲倾诉一样,向龙母祈祷,从而获得内心的慰藉。尽管历代统治者给龙母加上许多头衔,但百姓始终把龙母称作"阿嫲",从历代关于龙母文化的诗词楹联中就能看出,人们始终把龙母视作自己慈爱的老祖母或母亲来歌颂。

其二是龙母信仰中的"孝"元素。龙母传说中传达出传统中国尊祖敬宗的孝道德行,如五龙子长大后帮龙母捕鱼,五小龙有感于温氏的养育之恩,常常衔活鱼孝敬她。龙母去世后,原葬于西江南岸,五龙子"潆浪转沙为坟",披麻戴孝守灵三年,后于江北湾地拥成陵阜,把龙母墓移此。五龙子化为五秀才,"如执亲丧,丧具靡不毕给"。人们因此对龙子的孝行备极赞扬,龙母祖庙背后的五道山梁被人们称作"五龙朝庙",民间传说每逢五月初八日龙母正诞时,五龙子必定回来朝拜龙母,是时风起浪涌。龙母以孝道教导五龙子,龙子以孝德报答龙母,这既反映了"老有所养、终有所送"的孝道观,同时也寄托了人们对自己子女孝顺忠义的期待。《孝经》云:"夫孝,德之本也,教之所生也。""夫孝,天之经也,地之义也,民之行也。""天下和平,灾害不生,祸乱不作,明王之以孝治天下也如此。""不孝,大乱之道。""教民亲爱,莫善于孝。"因此"孝道"自古就被历代儒学之士推崇备至,历朝统治者也推崇"以孝治天下",龙母信仰中的"孝"元素正符合儒家历来所推崇的"百行孝为先"的正统思想,与中华民族对孝道所持有的宗教情怀可谓一脉相承,这也是龙母信仰"正统性"的根本所在。不仅如此,人们还常以为,孝行可以通达幽明。清张维屏诗:"五男鳞甲现,一孝海天通。"清李世桢诗:"是真神物孝能通,降迹依稀五守宫。"清谭聘珍诗:"亘古昭今灵不昧,升天入地孝能通",都是这个意思。传说中还有龙母在五小龙的相助之下,带领乡亲们辟山引水,治理洪灾,为民造福,让大家过上风调雨顺的日子的故事。正如龙母祖庙中有对联曰:"龙性能驯,奋雷雨经纶,皆吾赤子;母仪不朽,挹江山灵秀,福我苍生。"现在悦城龙母祖庙还有孝通墓(龙母墓),香火依旧鼎盛。

就来自官方的推动而言,突出了龙母信仰中"龙"的元素,龙母文化无疑内含了对龙图腾的崇拜,中国人历来自认为是龙的传人,黄帝、炎帝所出的汉族图腾崇拜物是"龙",历代帝王都把自己说成是龙子龙孙,古代中国南方人也有崇拜"龙"的习俗,如农历正月的舞龙,二月有祭龙节,祈祷人畜平安,五谷丰登,五月初还有赛龙舟等。温氏因豢养龙而成为龙母,又受"龙"的图腾影响,与其所具有的"母仪龙德"而受崇拜就不难理解了。换言之,龙母信仰可视为龙的图腾文化在中国南方的典型体现。此外,官方的推动还有一个更实际的原因,即西江是连接长江水系和珠江水系最重要的通道,也是中原文化南下的重要通道,西江龙母作为西江流域往来船只的保护神,亦为中原文化南下保驾护航。史志文献碑刻均记载了历史上龙母几次护佑官军平乱、保境安民的神迹,如北宋熙宁九年(1076)名将郭逵(1022~1088)率军征讨交州叛乱,收复邕州、廉州,"甲兵粮馈之运,舟尾相继,未尝有风波之虞"。朝廷认为这是龙母的护佑之功,于第二年即1077年加封龙母"灵济崇福圣妃"。再加之龙母信仰在岭南地区有如此广泛的群众基础,历代帝王也乐得借助龙母信仰的影响加强对岭南地区的统治,并通过敕封龙母,在龙母诞举办大型祭祀活动等形式增添国家意志在岭南地区的影响,这就是龙母得到朝廷历代册封的重要原因之一。因此龙母信仰从唐宋时开始受到中央政府的重视,龙母得到册封,龙母庙得到"庙额"。朝廷一则是通过封爵加号,希望通过把龙母尊奉为西江流域保护神,达到控制岭南地方社会的目的;二则随着唐宋以后国家观念和礼制逐渐被地方社会所接受,随着中原以儒家为主流意识形态的文化逐渐在岭南落地生根,岭南的地方政府也希望把龙母纳入国家神灵的信仰体系中,从而名正言顺,并借以扩大岭南地方神灵的影响力。正是在朝廷和地方政府两股力量不断相互作用下,龙母崇拜必定会走出悦城、走出西江,向外拓展。

其三,就女神本身所具备的性别职能与作用而言,人们之所以要拜神,最主要是因为神的职能与作用,民间信仰最主要的特征就在于其实用功利性。换言之,民间信仰中的各种神灵都有满足百姓日常生产和生活所需要的具体职能,而且神的职能不是单一和固定不变的,每一个神灵都有一种主要职能,同时兼掌其他多种职能,神阶越高,职能越多,如龙母本是水神,后来也有了"送子"与保护母婴等功能。

龙母女神的具体职能与作用表现在以下几个方面。

其一,保佑风调雨顺,水路畅通,如前所述,这是龙母最早的也一直是其最主要的职能。唐诗中对此有所描述,如李绅《移家来端州,先寄以诗》有"音书断绝听蛮鹊,风水多虞祝媪龙"等句。悦城龙母庙所在的水口位于西江、悦城河和绛水汇合处,其上下皆有险滩,水流湍急,布满旋涡,行船相当危险,在同治《藤县志》、《宋史·五行志》、乾隆《梧州府志》等史书上,均记载了历史上西江沿岸发生的自然灾害。珠江流域与西江流域一样,就地理环境而言大多处于亚热带地区,均是水道纵横、河涌密布、水患频仍,又濒临大海,由于大量雨水过分集中在夏季,往往容易造成洪水泛滥成灾,因此人们把风调雨顺、农渔丰收的希望寄托于龙母,冀盼她赐福万民,护佑众生免遭大自然的侵害。这就是历史上广州府的龙母庙数量仅次于龙母信仰发源地的肇庆府、香火鼎盛、善信众多的缘由,且在南海、顺德、佛山、增城、东莞、新会、香山等地均有分布。人们不禁要问,为什么女性水神能降雨除旱、保佑人们的水上安全?这或许是因为中国传统文化中的阴阳观念使得女性与水同属一类,即"阴"的类别,人们认为,山为阳、水为阴,日为阳、月为阴,男为阳、女为阴。所谓"天有地即有山水,水阴物,母阴神,居人因水立祠,始名女郎祠。后祷雨有应,庙制始大。坐瓮之说,盖出于田夫野老、妇人女子之口,非士君子达理者所宜道也"。[①] 而且"水滋养万物,被誉为生命之源,这与女性被赋予孕

---

① 嘉靖《太原县志》卷三《杂志》,嘉靖三十年刻本。

育生命的功能相同。水、月亮和妇女就被视为构成人类和宇宙的丰产轨迹"。① 况且,南方属阳,多火阳盛,龙母女神还有"克火补阴"之功效。

其二,婚姻生育的护佑。中国传统社会历来关注传宗接代之事,且生育繁衍的功能被归诸女性,很少有人认为婚后长期无嗣是男性的责任。女性相对于男性总是处于弱势地位,这使得她们对可能影响个人生活是否顺利的各种因素,如身体的健康、生活际遇的好坏、好的婚姻、生育顺利和生儿子等格外敏感,对女子而言,能否生个男孩,直接关系到自己在家庭、家族中的地位以及个人的幸福,这使得她们具有强烈的求神赐子的心理需求,因此,与生子有关的女神格外受到女性的顶礼膜拜便是自然的了,以生育信仰为核心而产生各种礼制、风俗与仪式,自然形成了广东地区褒扬具有护佑生育功能女神的习俗。因而龙母与广府地区的其他女神如金花夫人、天后、观音等一样,同是生育护佑神,具有送子、助产和护幼的功能。在龙母祭的民俗活动中,有一项就是"摸龙床",即是到悦城龙母祖庙梳妆楼上的龙母卧床上摸摸龙枕、龙被和龙帐。据说,摸一摸,便时来运转;坐一坐,就早生贵子。因此每年摸龙床、坐龙床、铺龙席的香客来到龙母祖庙拜龙母的,很少有不到龙母梳妆楼摸摸龙床的,或捐一点"香油钱",或摸一个"龙母符"之类的,这些对早生贵子有积极作用。护佑母婴的女神,在善男信女眼中一直都别具特色和魅力,并不断赋予其神力,虔诚祭拜,直到今天也是如此。

其三,治疾除疫。龙母的这一功能见载于宋人吴揆所撰《赐额记》,称悦城龙母庙,"每以水旱疾疫祈禳,悉随叩随应"。以后的史志亦多有这方面的记载。旧时龙母诞,特别是五月初七那天不少人在庙外露宿,睡在地上,称为"打地气",相传这样可以接纳天地之灵气,祛病消灾。

其四,岭南人历来以水为财,所谓"有水便有财",龙母是水神,她的五龙子更是翻江倒海的好手,所以龙母也被尊为财神,因而有龙母开金库的民俗,德庆悦城龙母祖庙的"龙母开金库"的日

---

① 〔美〕米尔恰·伊利亚德:《神圣的存在——比较宗教的范型》,晏可佳、姚蓓琴译,广西师范大学出版社,2008,第171页。

子是在正月二十二日，广西梧州"龙母开金库"的日子则是在前一天，即正月二十一日。近年来有媒体报道，每每德庆悦城龙母祖庙的"龙母开金库"日，有许多从四面八方来的信众，有时甚至达数万人。不过，龙母助人发财的功能似乎在史志文献中鲜有记载，龙母开金库的民俗是何时有的，还有待考证。

三 女神显赫的背后

在儒家伦理"大传统"影响至深的中国，女神信仰这个所谓的"小传统"竟然在中国的一些地方社会如广东、广西、福建、台湾等东南沿海的地方长久深入地存在，是一个非常值得关注的话题。民间信仰中的女神研究，对于我们全面了解与认识中国的文化传统中的社会性别因素，有重要意义。

在一般人的心目中，儒家传统伦理在性别意识的主导方面比较阳刚，主张"男尊女卑""男女有别""男主外，女主内"等，并划定了男人与女人的活动空间，划定了男人与女人在家庭和社会中的主从位置，赋予了男人和女人不同的社会价值观。即男人在社会上做大丈夫，"立德、立功、立言"，女人则要在家庭中温顺贤良，生下传宗接代的儿子，料理好家事等。

但也不能因此而简单地理解传统儒家的性别意识，在儒家看来，一个有秩序的社会是经由男女的性别关系、夫妇关系开始的。有学者说："中国哲学的原初问题，不重求知自然实物之相，也不重反省为知识立根的问题，先秦哲人所追探的是人间秩序之法则……"[①] 而人间的社会秩序要从家庭的秩序开始，正如孟子所说："天下之本在国，国之本在家，家之本在身。"[②] 而家庭的秩序要从家庭内部的男人女人的性别秩序开始。换言之，性别关系只是社会的总体关系格局中的一个局部，而且其对性别关系的思考一定离不开对社会所应建立的整体的正常的关系格局的思考。这就是为什么性别关系在儒家经典的语言表述中，常以夫妇关系来指代，而且在论及夫妇时，常常要同时论及父子、君臣。在儒家看来，当作为个体的男人

---

① 梁燕城：《哲学与符号世界——古代宗哲的精神资源》，香港华汉文化事业公司，1995，第177页。
② 《孟子·离娄上》。

女人以夫妇的身份进入家庭、宗族或国家的政治体制的关系网络时，他们之间的关系就不再是纯粹两个个体之间的事，而是事关家庭、宗族或国家的全局，而这个全局的和谐与稳定正是建立在上下尊卑有序的基础上。儒家的这种思路既是传统社会的现实，也是儒学的哲学精神与人文关怀使然。在中国传统社会，就性别关系和性别的等级秩序而言是男尊女卑，但这种男尊女卑是建立在阴阳相济、相和的思想基础之上的。男女之别、尊卑之别如同宇宙间有天地、日月、阴阳、雌雄的分别一样，但这种分别不是绝对的，是阳中有阴，阴中有阳，"上下无常，刚柔相易，不可为典要，唯变所适"。① 由于性别与家庭、家族、国家在"宇—宙—论"上的联系（如《易传·说卦》云："乾，天也，故称乎父；坤，地也，故称乎母。"《易传·系辞下》云："天地絪缊，万物化醇。男女构精，万物化生。"），由于阴阳、乾坤在最终极的意义上相互需要，"阴"与"女性"的地位就不会在根本处被轻贱。儒家最为关心的是家庭和社会的正常秩序，他们并不一味地反对和仇视女性，这与古希腊哲学将男人与精神、灵魂相联系，将女人与身体、感性相联系从而贬损女人，以及西欧中世纪早期天主教会认为女人的性欲望妨碍了男人的灵性追求，因而提倡禁欲主义，并对女性有许多诋毁是完全不同的。中国的哲学向来是强调"中庸"而不走"极端"的。

汉代以后，包括性别意识在内的儒家思想与传统在中国获得了"独尊"地位，儒家的性别意识遂成为官方主导的主流的性别意识形态，在中国历史上产生了广泛而深远的影响。但即便如此，在中国历史上的不同时段、不同地域，儒家的性别意识的影响也不可一概而论，而是有很大的差异。以往人们对传统女性之真实处境的研究过于笼统和概念化，不够具体细致。就广东、广西、福建、台湾等中国东南沿海这些地方而言，这里作为最具海洋文明个性的区域，以往的男子多靠江河、大海谋生，女性不仅要承担家庭内的"慈母"角色，还要参加田间劳动，担当起操持整个家庭事务的重担，她们下田能劳动，在家能主持家政，于是在家庭生活中自然有一定的话语权和地位。加之男人在江河、大海里讨生活，危险性大，因而人们对平安与传宗接代特别重视，对母亲的依赖也含有更

---

① 《易传·系辞下》。

深的社会学意义。更何况,由于儒家主张孝道,所谓"母仪龙德",重在体现了母慈子孝。孝既是尊祖敬宗,也是善事父母。普通中国人对"母亲"的角色和地位总有一份深厚的尊重和孝敬,同为女性,母亲的身份与地位似乎比妻子的身份与地位更重要、更受敬重,媳妇"熬"成了婆,苦日子似乎就到头了,"母权"总是高过"妻权"。看看中国的女神,无论是原始的女娲神还是后来的如龙母这样的地方女神,似乎均缺失了两性之爱的内容,有关龙母的记载中从来没有提到龙母有无婚配,有无丈夫,在中国的文化传统中,既有男尊女卑的性别偏见,又有尊母的传统。而兼具"母性"的女神更是受到人们的虔诚敬奉。对龙母的信仰和敬拜,一方面反映了"龙的传人"们对"心灵"中的"母亲"的缅怀和敬仰;另一方面与我们文化中的"尊母敬母"传统不无关系。

当然,我们还要"客观"地认识到:传统儒家虽然主张"男女有别""男主外女主内",并因此划定了男人与女人的活动空间,但实际上宗教生活、宗教的节日庆典和仪式在某种意义上给了身居闺门(如上所述,东南沿海的女性少有真正严格的"身居闺门")的女性一定的生活空间,女性通过参加宗教生活、宗教的节日庆典和仪式与"神圣"相关联,从而实现自我精神的慰藉。正因如此,女性过去是、今天依然是各种民间的神祇膜拜仪式的积极参与者。一般而言,女性比男性具有更为强烈的参拜神祇的热情,她们不仅膜拜女性神祇,也膜拜各种男性神祇,只要有神庙的地方,不论里面供奉的是男神还是女神,女性都是神性力量的积极膜拜成员。她们在神灵的诞辰日和宗教性节日的活动中,表现得尤为积极主动。

亦正因如此,女性常常以个人或团体形式到各地龙母庙进香朝圣,是龙母信仰的积极参与者,这种"积极参与"有两方面的效果。一是闲暇生活的一种消遣或娱乐活动,正如赵世瑜先生指出:"在明清时期,妇女可以借口参加具有宗教色彩的种种活动,以满足她们外出参加娱乐性活动的愿望……一方面,妇女的闲暇娱乐活动往往都是一些宗教性的活动;另一方面,女性参加娱乐活动与投身宗教活动往往具有类似的动机和社会背景。"[①] 二是满足自己内

---

① 赵世瑜:《明清以来妇女的宗教活动、闲暇生活与女性亚文化》,载郑振满、陈春声主编《民间信仰与社会空间》,福建人民出版社,2003,第148页。

心深处的精神慰藉，一般来说，女性在感性和直觉方面的能力远胜于男性，在男人身上，理性的成熟每每以感性的退化为代价，值得庆幸的是，这种情形在女人身上较少发生。女性在和外部世界的接触中比较注重自己的感觉或直觉，她们用"心"多过用"脑"，注重身心的感受而不习惯于抽象的、理性的或泛泛的思考。女性生存的现实性和她们真实而鲜活的生存体验（相对于男性而言，女性其实更关心的是自己生活中的实际问题，自己身上发生的事，无论轻重，都不是小事），使得她们更容易走近神。对于相当一部分女性来说，信仰是一种直截了当的情感，无须任何理念也用不着深沉的思索。说到底，女性对自己的"软弱"（来自身体和心灵两方面的软弱）有着比较透彻的了解。的确，今天的社会和时代为女性的自强自立、独立自主已经提供了许多的条件和便利，但是，我们也应看到，今天的世界仍然较多地不利于女人，"男女平等"除了有其积极含义外，还蕴含另一层含义，即在面临外界的压力、竞争与风险等方面，男女也是平等的。女性在生儿育女、家庭成员的平安健康和自身幸福等方面依然承受着较大压力，来自身心的疲惫困倦使得女性，尤其是那些精神上饥渴、心灵上饱受创伤的女性更需要神的抚慰，母亲般的女神，如龙母的抚慰使她们更有亲切感与亲和感，她们需要在这种抚慰中得到力量、得到信心与盼望。说到底，信仰之为信仰，其之所以不能被还原为一套客观封闭的知识系统，就是因为它关乎生命、指向未来。信仰若是真的，就必能为我们添加意义和勇气去面对生活和未来。这个信心，不是对抽象的未来的信心，而是对与今日息息相关的未来的信心。女性在神诞日，如龙母诞的五月初八通过参加宗教仪式活动，诉诸冥冥之中的神灵，无财则求财，无子则求子，运气不好则求吉星高照，夫妻纷争则求家庭和合，等等，此时此地的神庙除了是一个"热闹的社会活动中心"外，也是一个能把个体与宇宙、个体与神圣存在，以及个体与他人的存在相联系，因而从中找到精神慰藉的所在，女性于此时此地获得了内心深处的精神慰藉，哪怕是短暂的。而她们在不知不觉以其自身的兴趣、方式和关怀参与到民间信仰的节日庆典和仪式活动中的同时，也参与了传承包括龙母信仰在内的女性文化资源。

综上所述，龙母女神信仰不仅具有深厚的历史文化底蕴，也为我们当今传统文化的继承与发扬提供了一个很好的载体，龙母文化中"利泽天下"的思想、"龙德母仪"的观念和"母慈子孝"的伦理宣扬,潜移默化地影响着一代又一代人,在民间产生了一种博爱、信善、孝忠的道德力量,对人们心灵的净化起到了潜移默化的作用与影响,而龙母信仰的社会性别视角的观察与思考,对于我们更加全面深入地了解我们文化传统的性别意识以及女性的心灵求索和信仰生活也有一定的积极意义。

(原载于《世界宗教文化》2019年第2期)

参考文献

一　著作类

1. （汉）班固：《汉书》，中华书局，1987。
2. 陈华文：《丧葬史》，上海文艺出版社，1999。
3. 陈泽泓：《潮汕文化概说》，广东人民出版社，2013。
4. 陈泽泓：《广东的原始宗教与民间信仰》，载广东省民族宗教研究院编《民族宗教研究》（第2辑），广东人民出版社，2012。
5. 陈泽泓：《广东塔话》，广东人民出版社，2004。
6. 陈泽泓：《广府文化》，广东人民出版社，2012。
7. 陈泽泓：《羊城钩沉——广州历史研究文集》，广东人民出版社，2018。
8. 陈志坚：《湛江·傩舞文化》，广东人民出版社，2017。
9. 陈卓坤、王伟深：《潮汕时节与崇拜》，香港公元出版有限公司，2005。
10. 〔美〕杜赞奇：《从民族国家拯救历史》，王宪明等译，江苏人民出版社，2009。
11. （清）范端昂撰，汤志岳校注《粤中见闻》，广东高等教育出版社，1988。
12. 方志钦、蒋祖缘主编《广东通史·古代上册》，广东教育出版社，1996。
13. 房学嘉：《客家民俗》，华南理工大学出版社，2006。
14. 房学嘉、宋德剑、钟晋兰、夏远鸣、冷剑波：《客家妇女社会与文化》，华南理工大学出版社，2012。
15. 房学嘉、肖文评、钟晋兰：《客家梅州》，华南理工大学出版社，2009。

16. 佛山市地方志编纂委员会办公室：《佛山史话》，中山大学出版社，1990。
17. 〔荷兰〕高延：《中国的宗教系统——及其古代形式、变迁、历史及现状》第六卷，芮传明译，花城出版社，2018。
18. 〔法〕葛兰言：《中国人的信仰》，汪润译，哈尔滨出版社，2012。
19. 顾书娟：《明清广东民间信仰研究——以地方志为中心》，南方日报出版社，2015。
20. 广东客属海外联谊会组编、谭元亨主编《广东客家史》，广东人民出版社，2010。
21. 广东省立图书馆编《旧报新闻：清末民初画报中的广东》，岭南美术出版社，2012。
22. 广东炎黄文化研究会编《岭峤春秋：海洋文化论集》，广东人民出版社，1997。
23. 贺喜：《亦神亦祖——粤西南信仰构建的社会史》，生活·读书·新知三联书店，2011。
24. 胡希张、莫日芬等：《客家风华》，广东人民出版社，1997。
25. 黄淑娉主编《广东族群与区域文化研究调查报告集》，广东高等教育出版社，1999。
26. 黄挺、陈利江：《潮州商帮》，暨南大学出版社，2011。
27. 黄挺、陈占山：《潮汕史》，广东人民出版社，2001。
28. 黄挺、马明达：《潮汕金石文征（宋元卷）》，广东人民出版社，1999。
29. 姜茂发、车传仁：《中华铁冶志》，东北大学出版社，2005。
30. 金泽、邱永辉主编《中国宗教报告（2010）》，社会科学文献出版社，2010。
31. 〔法〕劳格文主编《客家传统社会（上编）》，中华书局，2005。
32. 李利安：《观音信仰的渊源与传播》，宗教文化出版社，2008。
33. （清）梁绍壬：《两般秋雨庵随笔》，新疆人民出版社，1995。
34. （清）梁廷楠等：《南越五主传及其它七种》，广东人民出版社，1982。
35. 林国平：《闽台民间信仰源流》，福建人民出版社，2003。
36. （元）马端临撰《文献通考》，中华书局，1986。
37. 马新、贾艳红、李浩：《中国古代民间信仰：远古——隋唐时代》，上海人民出版社，2010。

38. 〔美〕米尔恰·伊利亚德：《神圣与世俗》，王建光译，华夏出版社，2002。
39. （清）屈大均：《广东新语》，中华书局，1985。
40. 沈丽华、邵一飞编《广东神源初探》，大众文艺出版社，2007。
41. 〔美〕史华慈：《中国古代思想的世界》，程刚译，江苏人民出版社，1995。
42. 史宗主编《20世纪西方宗教人类学文选》，金泽等译，生活·读书·新知三联书店，1995。
43. （汉）司马迁：《史记》，中华书局，1982。
44. 司徒尚纪：《岭南历史人文地理——广府、客家、福佬民系比较研究》，中山大学出版社，2001。
45. （清）孙希旦撰，沈啸寰、王星贤点校《礼乐集解》，中华书局，1989。
46. 谭伟伦主编《粤东三洲的地方与社会之宗族、民间信仰与民俗》（下），国际客家学会、海外华人资料研究中心、法国远东学院，2002。
47. 汪毅夫：《客家民间信仰》，福建教育出版社，1995。
48. （明）王临亨撰《粤剑编》，中华书局，1997。
49. 王善军：《宋代宗族和宗族制度研究》，河北教育出版社，2000。
50. 巫秋玉、黄静：《客家史话》，中国华侨出版社，1997。
51. 吴今夫：《三山国王文化透视》，汕头大学出版社，1996。
52. 吴善平编《客家文化学术研讨会论文集》，黑龙江人民出版社，2010。
53. 吴兆奇、李爵勋：《冼夫人文化》，广东人民出版社，2006。
54. 吴智文、曾俊良、黄银安：《广府平安习俗》，广东人民出版社，2013。
55. 许地山：《扶箕迷信之研究》，商务印书馆，1999。
56. 杨庆堃：《中国社会中的宗教》，上海人民出版社，2007。
57. 叶春生：《岭南民俗文化》，广东高等教育出版社，2011。
58. 叶曙明：《其实你不懂广东人》，广东高等教育出版社，2005。
59. 苑利主编《二十世纪中国民俗学经典传说故事卷》，社会科学文献出版社，2002。

60. 〔美〕约翰·杜威：《确定性的寻求》，傅统先译，上海人民出版社，2005。
61. 张磊主编《冼夫人文化与当代中国》，广东人民出版社，2002。
62. （清）张渠撰，程明校点；（清）陈徽言撰，谭赤子校点《粤东闻见录 南越游记》广东高等教育出版社，1990。
63. 中山市人民政府南区办事处编撰《良都风物》，南方日报出版社，2014。
64. 钟敬文：《民俗学概论》，高等教育出版社，2010。
65. 钟文典总主编，温宪元、邓开颂、邱彬主编《广东客家》，广西师范大学出版社，2011。

二 论文、报告类

1. 陈春声：《"正统"神明地方化与地域社会的建构——潮州地区双忠公崇拜的研究》，《韩山师范学院学报》2003年第6期。
2. 陈春声：《正统性、地方化与文化的创制——潮汕民间神信仰的象征与历史意义》，《史学月刊》2001年第1期。
3. 陈彦：《文本以外的"锣鼓柜"——以顺德均安地区为例》，《文物鉴定与鉴赏》2018年第3期。
4. 陈志坚：《雷州石狗文化初探》，《岭南文史》2004年第9期。
5. 房学嘉：《从香花佛事及其科仪看客家文化的特征》，《客家研究辑刊》2000年第2期。
6. 高丙中：《作为非物质文化遗产研究课题的民间信仰》，《江西社会科学》2007年第3期。
7. 何方耀、胡巧利：《岭南古代民间信仰初探》，《广东社会科学》2002年第6期。
8. 何秋娥：《梅州客家民俗文化特点研究》，《科技咨询导报》2007年4月21日。
9. 何天杰：《论雷祖的诞生及其文化价值》，《华南师范大学学报》（社会科学版）2008年第6期。
10. 何天杰：《论雷祖的诞生及其文化价值》，《华南师范大学学报》（社会科学版）2008年第6期。
11. 〔日〕河合洋男：《梅州地区的风水与环境观——以围龙屋、现代住宅、坟墓为例》，《客家研究辑刊》2008年第1期。

12. 贺喜：《土酋归附的传说与华南宗族社会的创造——以高州冼夫人信仰为中心的考察》，《历史人类学学刊》2008 年第 6 期。
13. 贺璋瑢：《〈礼记〉的性别意识探略》，《上海师范大学学报》（哲学社会科学版）2013 年第 1 期。
14. 贺璋瑢、蔡彭冲：《广府民间信仰中的女神信仰探略》，《世界宗教研究》2016 年第 4 期。
15. 蒋明智：《论岭南冼夫人信仰衍变》，《世界宗教研究》2009 年第 3 期。
16. 李庆新、罗燚英：《广东妈祖信仰及其流变初探》，《莆田学院学报》2011 年第 12 期。
17. 林悟殊：《潮汕善堂文化及其初入泰国考略》，《海交史研究》1997 年第 2 期。
18. 刘晓明：《试论以巫啸、符法为中心的岭南民间信仰》，《世界宗教研究》2001 年第 9 期。
19. 陆发圆：《岭南古越人酋长称谓语源考》，《贵州民族研究》2002 年第 2 期。
20. 饶宗颐：《潮人文化的传统与发扬》，载香港《国际潮讯》1990 年第 11 期。
21. 任雅萱：《七月十五与亡灵祭祀礼俗》，东方早报 2016 年 8 月 16 日。
22. 申小红：《北帝崇拜的文化情结》，《中国文化报》2007 年 8 月 23 日。
23. 王焰安：《北江流域水神崇拜的考察》，《韶关学院学报》2009 年第 10 期。
24. 冼剑民：《从巾帼英雄到神灵偶像——冼夫人崇拜现象的探析与思考》，《广西社会科学》2005 年第 3 期。
25. 萧放：《岁时——传统中国人的时间体验》，《史学理论研究》2001 年第 4 期。
26. 许钢伟：《巫傩的信奉与确定性的寻求——试论黔东北土家族的巫傩信仰》，《青年文学家》2010 年第 7 期。
27. 游子安：《清末广东道教文献探研——〈粤境酬神〉》，《香港中文大学道教文化研究中心通讯》2006 年第 3 期。

三 地方志文献

1. 程志远、王洁玉、林子雄等撰《乾隆嘉应州志》（上），广东省中山图书馆古籍部，1991。
2. （清）戴肇辰《广州府志》。
3. （清）道光《广东通志》卷九二《舆地略十·风俗》，道光二年刻本。
4. （清）光绪《广州府志》卷一百六十《杂录四》，岭南美术出版社，2007。
5. （清）嘉靖《广东通志》卷四《事纪二》，嘉靖四十年刻本。
6. （清）嘉庆《雷州府志》卷十八《艺文上》，岭南美术出版社，2007。
7. 茂名市地方志编纂委员会编《茂名市志》，生活·读书·新知三联书店，1997。
8. 王勋臣修，吴徵叙纂嘉庆《茂名县志》，见《广东历代方志集成：高州府部（六）》，岭南美术出版社，2009。
9. 王之正编纂、程志远等整理《乾隆嘉应州志》卷1，广东省中山图书馆古籍部，1991。
10. 吴川市地方志办公室编《吴川县志》，中华书局，2001。

四 网络资源

1. 《2015年广东东莞市南社斋醮民俗旅游文化节举行》，http://difang.gmw.cn。
2. 《潮汕人对妈祖和佛神的崇拜》，http://www.360doc.com。
3. 《潮汕习俗：信仰活动》，http://www.csfqw.com。
4. 《潮汕中元节七月半习俗》，http://www.sohu.com。
5. "大颠"，百度百科，http://baike.baidu.com。
6. 《道公佬》，百度百科的"大颠"条目 http://baike.baidu.com。
7. 《道教诸神及民间俗神》，http://www.zupu.cn/lishi/2017。
8. 《二十四节气民俗：惊蛰之日"打小人"驱晦气》，http://www.sina.com.cn。
9. 《福缘真人：搬家应注意什么？》，http://blog.sina.com。
10. 《高州博物馆：高州地区冼太庙述略》，http://blog.sina.com。

11. 《高州年例的古今现状及展望》，http：//www.11665.com/chlture。论文大全网

12. 《观音开库》，百度百科的"观音开库"条目。http：//baike.baidu.com。

13. 官景辉：《雷州文化是广东四大区域文化生态区之一》，http：//bbs.southcnn.com。

14. 《广东省情》，http：//wenku.baidu.com。

15. 《广东省情库：地理位置》，http：//www.gdnfo.gov.cn/shtml/guangdong/gdgl/dlgk/2011/08/29/48316.shtml。

16. 《广东省商务概览》，http：//xxhs.mofcom.gov.cn。

17. 《广东省商务概览》，http：//xxhs.mofcom.org.cn。

18. 《吉日搬家相应问题》，http：//www.gzbj333.com。

19. 《客家民俗文化——客家香花佛事》，https：//tieba.baidu.com。

20. 《雷州半岛——百度百科》，http：//baike.baidu.com。

21. 《岭南民间信仰与道教的互动》，http：//www.pinlue.com/article。

22. 《岭南写真：粤西茂名人过"鬼节"热情堪比清明节》，http：//gocn.southcn.com。

23. 《论客家民间多神信仰及其文化源头》，中国民俗学网站，China Folklore Network。

24. 《南方的"兵马俑"——粤西雷州石狗》，http：//culture.gansu.com。

25. 普适社会科学研究网：《明清北帝祀典及其对民间信仰的影响》，http：//www.pacilution.com。

26. 《山中野老：家乡的中元节习俗》，http：//blog.sina.com。

27. 《生菜、生菜包、生菜会》，http：//www.xueshu.baidu.com。

28. 《试谈雷州文化的区域特征及保护价值》，http：//news.southcnn.com。

29. 《(腾讯视频)2014年3月8日的潮阳棉城第四届双忠文化节——潮汕》，http：//bbs.tianya.cn。

图书在版编目（CIP）数据

广东民间信仰文化探析/贺璋瑢著.--北京：社会科学文献出版社，2020.9
（羊城学术文库）
ISBN 978-7-5201-6920-2

Ⅰ.①广… Ⅱ.①贺… Ⅲ.①信仰-民间文化-研究-广东 Ⅳ.①B933

中国版本图书馆CIP数据核字（2020）第128075号

·羊城学术文库·

广东民间信仰文化探析

著　　者 / 贺璋瑢

出 版 人 / 谢寿光
组稿编辑 / 王　绯
责任编辑 / 孙燕生

出　　版 / 社会科学文献出版社·政法传媒分社（010）59367156
　　　　　 地址：北京市北三环中路甲29号院华龙大厦　邮编：100029
　　　　　 网址：www.ssap.com.cn
发　　行 / 市场营销中心（010）59367081　59367083
印　　装 / 三河市尚艺印装有限公司

规　　格 / 开　本：787mm×1092mm　1/16
　　　　　 印　张：16.25　字　数：255千字
版　　次 / 2020年9月第1版　2020年9月第1次印刷
书　　号 / ISBN 978-7-5201-6920-2
定　　价 / 89.00元

本书如有印装质量问题，请与读者服务中心（010-59367028）联系

▲ 版权所有 翻印必究